KB040350

68혁명
상상력이 빚은
저항의 역사

68혁명
상상력이 빚은 저항의 역사

1판 2쇄 인쇄 2023년 3월 22일
1판 2쇄 발행 2023년 3월 31일

지은이 정대성
펴낸이 박미옥
디자인 이원재

펴낸곳 도서출판 당대
등록 1995년 4월 21일 제10-1149호
주소 04047 서울시 마포구 독막로3길 28-13 (서교동) 204호
전화 02-323-1315~6
팩스 02-323-1317
전자우편 dangbi@chol.com

ISBN 978-89-8163-173-4   93920

* 이 도서는 한국출판문화산업진흥원의 출판콘텐츠 창작자금 지원 사업의 일환으로
국민체육진흥기금을 지원받아 제작되었습니다.

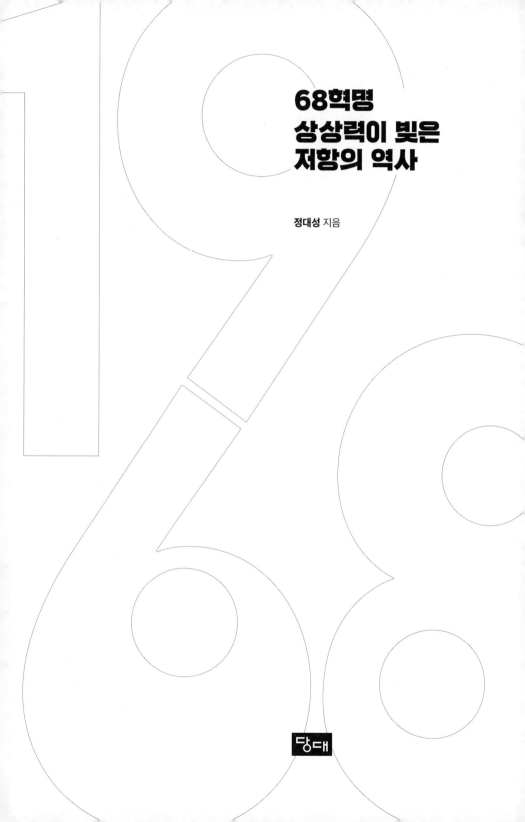

68혁명
상상력이 빚은
저항의 역사

정대성 지음

당대

차례

68혁명 50주년,
상상력의 역사가 빚은 저항의 지도

"우리 모두 세상을 바꾸려 한다."

_ 비틀스 〈혁명〉(Revolution, 1968)

'68혁명'이나 '68운동'이라 불리는 역사적 사건이 50주년을 맞았다. '68'이 무엇인가. 그 혁명과 운동의 이름이 된 1968년의 한복판에서 비틀스도 "우리 모두 세상을 바꾸려 한다"고 거침없이 노래했다. 뉴욕 근교 우드스탁의 무대에서 50만 명을 앞에 두고 지미 헨드릭스가 베트남전을 비판하며 미국국가(國歌)를 기관총과 포탄의 기타소리로 난도질하던 열정과 분노의 나날이었다. 68은 동에서 서로, 남에서 북으로, 아메리카에서 아시아로, 그야말로 온 세상이 변화와 변혁의 열기로 들끓던 놀라운 시절의 이름이었다. 그래서 발발 이후 50년의 타임라인을 따라 세상을 바꾸려는 사람들에게 지금도 '상상력의 원천'으로 기억되는 역사적 사건이다. 온갖 불의와 억압에 저항해 궐기한 당대의 목소리와 함성이 오늘날까지 거대한 울림으로 이어져 온 때문이다.

또한 68은 역사가 되자마자 끊임없이 현재로 호명되어 논쟁과 대립의 장으로 변모하곤 했다. 68은 치열한 해석투쟁의 격전지로 연신 되살아나는 '역사 아닌 역사'였다. 68은 그런 이름이었다. 그리하여 68은 '끝나지 않은 역사'의 이름인 것이다.

68의 중심으로 꼽히는 당시 서구사회는 우리가 생각하는 것보다 훨씬 더 어두웠다. 독일의 경우 만 20세가 넘은 여성이라도 혼자 사는 집에 남성이 방문해 밤 10까지 돌아가지 않으면 방을 빼야 했고, 그런 상황을 용인한 집주인도 고소를 감수해야 했다. 프랑스에서 여성은 남편의 동의 없이 은행계좌조차 개설하기 어려웠으며, 스위스는 알다시피 1971년에야 여성에게 투표권이 주어졌다.

하지만 이런 이야기는 빙산의 일각일 뿐, 60년대의 서구사회는 상상 이상으로 덜 '문명적'이었고 생각보다 더 모순으로 가득 차 있었다. 비단 남녀문제를 떠나 60년대의 서구는 한편으로 개혁과 자유화가 서서히 물밑에서 진행되었지만, 다른 한편에서는 권위적인 사회 그물망이 여전히 개인의 자유를 얽매고 정치적 불의나 억압이 국내외적으로 횡행하는 곳이었다. 베트남에서는 미국이 수행하는 전쟁이 벌어지고 있었고, 전쟁반대의 목소리는 미국을 넘어 유럽으로 퍼져나갔다. 물론 베트남전 반대를 빼면 저항의 이유는 나라마다 제각각이었지만, 저항의 목소리는 거대하게 하나로 울려퍼졌다.

과거의 그 현장으로 돌아가 당대를 수놓은 대사건의 지형도부터 간략히 그려보자. 세계를 뒤흔든 그 저항의 지도는 실로 국제적이었다. 유럽과 미국, 동유럽과 아시아 및 중남미를 망라해 수많은 나라의 격동이 파노라마처럼 펼쳐진다. 지구촌은 파리와 베를린, 뉴

욕, 런던을 넘어 로마, 프라하, 샌프란시스코, 도쿄, 멕시코시티까지 시위와 집회, 바리케이드와 가두투쟁이 뒤섞인 저항과 반란으로 소용돌이친다. 파리를 중심으로 프랑스는 학생과 노동자의 빛나는 연대가 1천만에 육박하는 노동자들의 사상 유례 없는 대파업으로 번져간다. 독일이 바이마르공화국 이후 처음으로 바리케이드 투쟁에 휘말리는가 하면, 미국에서는 머리에 꽃을 인 히피가 코앞 군인의 총신에 평화의 꽃을 심는다. 체코 시민들이 '프라하의 봄'을 지키려 소련 탱크에 용감히 맞서는 동안, 전투적 학생시위가 일본열도를 휘감고 중국대륙은 서구 청년학생들에게 지대한 영향을 끼친 문화대혁명의 광풍에 휩싸인다. 멕시코올림픽 시상대 위에서는 흑인 육상선수가 검은 장갑을 낀 주먹을 치켜드는 블랙파워식 인사로 미국의 인종차별을 만방에 고발한다. 이렇게 시위와 저항과 반란의 대장정은 지구촌 곳곳을 휩쓸고 휘돌았다.

역사가 에릭 홉스봄(Eric Hobsbawm)도 말하듯 68은 미국과 프랑스·이탈리아·서독 같은 서유럽에서 한껏 꽃피었지만 동유럽의 체코와 유고를 넘어 '지구적 규모'로 뻗어나간 운동이었다. 즉 서유럽에서 동유럽으로, 북반구에서 남반구로 혹은 그 반대로 확장하고 팽창해 나가 프랑스 5월혁명과 프라하의 봄에서 정점을 찍은 20세기 최초의 '전지구적 운동'에 다름 아니었다. 이러한 규모에 걸맞게 68

은 '저항의 세계화'의 출발점이기도 했다. 쿠바혁명과 베트남혁명 같은 제3세계의 혁명은 잠자던 서유럽 1세계에서 변혁의 욕구를 일깨웠고, 서유럽의 저항은 다시금 억압된 동유럽 2세계 청년들을 잠에서 깨어나게 했다. 대서양 건너 미국의 민권운동과 반전운동은 유럽으로 건너와 시위대를 일으켰고, 냉전도시 베를린의 저항은 파리의 봉기를 고무하고 일본 학생운동의 시위전술과 헬멧은 유럽과 미국 청년들에게 재빠르게 수용되었다. 서유럽의 함성은 철의 장막에 숨막힌 동유럽에서 봄의 노래를 꽃피웠고, 중국의 문화혁명 열풍은 유럽과 미국 학생들의 환호성을 불러냈다.

특히 베트남전에 분노한 시위와 저항은 말 그대로 '저항의 세계화'의 증좌였다. 1968년 벽두를 열어젖힌 베를린 국제베트남회의에 유럽과 아메리카, 제3세계를 망라한 세계 곳곳의 활동가들이 참석해 베트남전 비판을 한목소리로 외쳤고, 냉전도시 서베를린을 가로지르는 거대한 시위행진은 '68의 정신'을 일으키며 궐기정서를 한껏 드높였다. 파리와 런던의 저항청년들도 독일 활동가들을 초청해 토론과 시위에서 어깨를 걸었고, 1968년 4월 독일 68의 아이콘 루디 두치케(Rudi Dutschke)가 총에 맞자 세계 곳곳에서 연대 저항시위가 벌어지며 운동진영의 국제적 연대를 만방에 고한다. 거꾸로 베를린 청년들도 '동백림사건'으로 인한 한국학생들의 강제압송에 항의하거나 이란과 콩고 독재자의 방문에 반대하는 시위를 조직하고 전쟁과 기아로 고통받는 비아프라(Biafra)를 위해 모금활동을 벌였다.

그것은 인류사 처음으로 경험한 '연대의 세계화'였다. 각국 활동가들의 실질적인 교류와 연결도 빈번해, 가령 같은 해 6월 영국 BBC 프로그램 〈반란의 대학생〉(Students in Revolt)을 통해 유럽과 미국·일본의 학생들이 한자리에 모였다. 또한 유럽 활동가들은 거듭 미국을 방문하고 유럽대륙 내에서도 전지역을 막론하고 초대와 방문 같은 교류가 빈발했으며, 프랑스와 스페인의 활동가들은 문화혁명의 현장을 목격하기 위해 곧장 중국으로 날아갔다. 이를 통해 68은 나라마다 다른 정치상황과 특수성에도 불구하고 서로 영향을 주고받으며 공통점을 가진 거대한 형상을 이루어나갔다. 특히 유럽 활동가들은 스스로 '동일한 국제혁명운동의 일부'라고 자각했다. 그것은 일종의 연대의지와 동질감이 빚어낸 '상상 가능한 혁명적 공동체'이자 '저항과 연대의 세계화'였다.

나아가 68은 기존 혁명이나 격변과는 양상이나 성격이 사뭇 달랐다. 68은 '새로운 문화혁명'이었다. 베트남전과 인종차별이 횡행하는 기성 정치, 권위주의와 구태에 물든 기성 제도에 맞서는 거리의 저항과 시위가 하나의 얼굴이었다면, 새로운 삶과 정치를 일상생활 속에서 실험하는 다채로운 문화적 기획과 행사는 68의 또 다른 얼굴이었다. 그래서 반전시위가 록 콘서트와 어우러지고 거리연극이 거리시위와 뒤섞인다. 수많은 토론과 논쟁이 대학 안팎에서 조직되며 이른바 '목소리의 전장'이 펼쳐진다. 전쟁 대신 사랑을 외치며 새롭고 수평적인 주거를 꿈꾸던 젊은이들은 다른 삶을 추구하는 공동체를 일구어내며 낡은 생활방식에 강력한 도전장을 내민다.

68의 반란은 정당과 의회의 범위를 훌쩍 뛰어넘었다. 그래서 학교와 법정, 관청과 감옥을 망라하는 거대한 진격이자 돌격으로, 교육과 정치뿐 아니라 남녀의 교제방식과 주거 및 삶의 양식까지 가로지르며 기존의 모든 것을 뒤흔들었기에 변화의 장이 따로 없었다. 저항의 거리가 때론 계몽의 극장이 되고 엄숙한 법정이 순식간에 선동과 토론의 현장으로 뒤바뀌었다. 연극과 영화와 음악도 거센 변화의 바람에 내던져지는가 하면, 운동 내부 남성의 권위주의와 독단에 환멸을 느껴 새로운 여성운동의 깃발도 우뚝 솟아났다. 이렇게 만화경처럼 다면적인 68의 해방적 기획은 정치와 삶이 서로 어깨를 걸고 문화와 정치가 하나로 만나는 일이었다. 그것은 다름 아닌 일상적 삶의 영역에서 정치의 의미를 새로이 일깨우는 '일상의 혁명'일 뿐만 아니라, 개인적 해방과 집단적 해방을 동시에 겨냥한 '새로운 변혁'이었다. 그것은 정치와 경제, 사회와 문화, 일상과 삶의 모든 영역을 아우르는 '혁명적 기획'이었다.

삶의 지평을 전방위로 가로지르는 이러한 68이 내뿜은 영향력은 다양한 방식으로 인정된다. 역사가 잉그리트 길혀홀타이(Ingrid Gilcher-Holtey)는 "기존 지배질서에 맞서 대항구상을 내세운 최후의 저항운동"이라고 평가하고, 노르베르트 프라이(Norbert Frei)도 68의 파괴력과 여파가 너무 거대해 "그 무엇도 68을 비켜가지 못하고 이후 모든 것이 변했다"고 진단한다. 68의 아우라는 물론 철학자들에게도 예외가 아니었다. 세계적인 저항의 소용돌이에 깊은 인상을 받은 한나 아렌트(Hannah Arendt)는 자기 세대가 1848년 혁명에서 배웠듯 "다음 세기의 아이들은 1968년에서 배울 것으로 보인다"고 갈파했다. 또한 아렌트의 '권력과 폭력' 연구가 68의 폭력논쟁에서 촉발되었음은 주지의 사실이고, 미셸 푸코(Michel Foucault)가 '미시권력'을 통해 권력 개념을 재규정한 것 역시 68의 영향력 속에서 이루어진 작업임이 누차 공언되었다.

사실 1998년 발발 30주년부터 본격적으로 닻을 올린 68의 기념 열기는 지난 40주년에서도 '세계혁명'의 면모에 걸맞은 국제적 현상이었다. 1968년에 절정에 오른 그 저항의 중심부에 자리잡은 독일이나 프랑스 같은 나라에서 특히 전시회와 학술대회, 특집방송, 출판물이 꼬리를 물고 쏟아졌다.

이런 기념열기의 한복판에서 축하 일변도의 합창소리만 울리지는 않았다. 무엇보다 68은 숱한 논쟁을 양산하고 그 찬반과 의미를 놓고 벌어지는 갈등의 저장고 같은 역사주제였다. 운동의 탄생과 진행궤적이 그려낸 전선의 치열함 못지않게 열띤 논쟁과 대립의 대상으로 연이어 되살아나곤 했던 탓이다. 예를 들어 지난 2007년 사르코지 프랑스 대통령의 68 비판 및 청산 선언과 더불어 찬반논쟁이 불붙고 세간에 큰 관심을 끌었다. 한쪽에서는 68이 낡고 억압적인 사회에 반기를 든 운동이자 잊지 말고 '지켜야 할 유산'이었던 반면, 반대쪽에서는 폭력을 조장하고 무질서가 판을 친 사건으로 '청산의 대상'이었던 것이다.

프랑스·미국·이탈리아와 함께 68의 핵심 국가에 속하는 독일도 사정은 마찬가지였다. 진정한 민주주의의 출발점이라는 뜻에서 68은 '제2의 건국'이라고 일컬어지는 동안, 적군파(Rote Arme Fraktion) 테러를 비롯한 '무수한 악의 근원'이라는 주장도 목소리를 내었다. 다시 말해 68은 한편에서 '민주주의를 확장하고 공고하게 한 운동'으로 높이 평가된 반면, 맞은편에서는 '좌파 테러주의의 선구' 및 '나치 전체주의 운동의 후신'으로 신랄히 격하되곤 했다. 사건 50주년에도 상황은 별반 다르지 않다. 68은 진정한 민주주의로 가는 '직행열차'라는 신화화와, 현사회가 처한 각종 얼어붙은 해악의 발원지로 달리는 '설국열차'라는 악마화의 극단을 쉼없이 오가는 중이다.

사실 68은 학문의 대상으로 진입하기 전부터 '전설과 신화'로 점철된 격전지였다. 정치진영과 운동주체가 경험담과 후일담으로 쌓아올리고 허물어버리는 바리케이드이자 현실정치와 기억을 둘러싼 전장의 진원지로 작동했다. 한쪽에서는 68의 역사는 현실의 변혁을 위한 눈부신 영광의 기억이자 희망 가득한 신화로 추켜세워지고, 다른 쪽에서는 68의 경험은 대립의 격화와 악화만 불러온 어두운 상처이자 악몽의 기억으로 추락한다. 68이 어떤 이들에게는 혁명의 깃발 아래 개혁을 획득하며 서독의 실질적 민주화와 근본적 자유화가 닻을 올린 '희망의 원년'으로 각인되었다면, 또 어떤 이들에게는 전체주의의 망령에 투항해 사회 전반의 유의미한 가치 및 규범의 퇴락을 낳고 극좌테러주의까지 불러낸 '악몽의 원년'으로 새겨졌기 때문이다. 여하튼 논쟁은 식지 않았고 '68의 역사'는 박물관에서 쉬기에는 너무 뜨거운 현재진행형의 사건이자 운동이다.

　이렇게 68은 비판과 대립이 난무하는 최전선 같은 주제이다. 특히 독일에서 68이 그 활동가나 비판자의 감정적인 후일담 같은 당대 증인들의 대결을 벗어나 본격적인 역사학의 연구대상으로 올라선 것은 발발 30주년을 전후해서이다. 이후 다양한 분야에서 연구가 진행되고, 폭과 깊이와 다채로움이 더해져 적잖은 성과가 쌓여왔다. 하지만 역사학계의 개별 연구성과와 함께, 68이 무엇이고 어떤 영향을 미쳤는지에 대한 주장과 논쟁은 사건 이후 지금까지 진행형의 과정이다. 그 속에서 68은 찬탄과 경탄, 탄식과 비방이 난무하는 가운데 숱한 신성화와 악마화의 양극단을 오갔고 반복해서 정치투쟁의 수단으로 도구화되었다. 즉 "모든 것은 68 탓이다"는 말로 모아지는 낙인과 "모든 것이 68 덕이다"라고 하는 신화화 사이를 가로지르는 숱한 비판과 대립의 각축장이 펼쳐졌다. 이처럼 68은 그 평가와 의미를 놓고 첨예한 '비판과 반(反)비판'이 맞서는 전장에 다름 아니었다. 그런 가운데, 발발 50년의 타임라인을 따라 68이 무엇인가를 놓고 벌어지는 해석과 논쟁의 바닷속에서 숱한 명칭이 솟아났다. 68이 펼쳐낸 해석의 바다는 지금도 거센 회오리폭풍에 휩싸여 있는 것이다. 이렇게 논쟁과 해석은 아직 끝나지 않았다.

———

이 책이 독자들에게 68의 다양한 면모를 읽어내며 68을 스스로 평가하고 판단할 기회가 되기를 기대한다. 책의 내용은 그간 여러 지면에 실은 글에서 출발한다. 책의 형태에 맞는 구성이 되도록 필요한 부분을 추가하거나 삭제했다. 책 내용 가운데 '문화혁명'을 다룬 장을 제외하면 '독일 68'이 중심에 놓인다. 독일은 미국, 프랑스, 이탈리아와 나란히 68의 4대 핵심 국가에 속한다.

국내의 기존 논의는 프랑스 5월의 폭발에 방점을 찍는 경향이 있다. 하지만 유럽 68은 독일에서 출발했다고 해도 과언이 아니다. 앞서 말한 1968년 2월의 베를린 국제베트남회의는 프랑스와 영국을 비롯한 전세계 활동가들이 '68의 정신'을 느끼고 호흡한 출발점 같은 역할을 했다. 이 열기와 궐기는 뒤이어 런던 같은 유럽 대도시로 퍼져갔다. 게다가 60년대 중반 서베를린 학생운동으로 닻을 올린 독일 68은 이미 1967년 6월에 시위 대학생의 죽음을 계기로 일찌감치 폭발한다. 그리고 이듬해 4월 바리케이드의 '부활절 봉기'를 통해 절정에 이르며 서구 대도시에서 연대시위가 펼쳐지는 계기로 작용하고, 프랑스 5월혁명에도 일정한 영향을 주었다. 또한 독일은 '68세대'라는 말이 생겨날 정도로 68과 그 여파를 둘러싼 담론과 논쟁이 이후 치열하게 펼쳐진 나라이다. 그런 대목에서 독일을 중심에 놓고 68의 지형과 논점을 바라보는 일은 적지 않은 의미가 있을 것이다.

책은 크게 4부로 나뉜다.

제1부의 주제는 오늘날의 문제의식에서 출발한다. 한편으로 권위주의 정권과 포퓰리즘 정당이 득세하는 작금의 민주주의 위기와, 다른 한편으로 정치적 참여가 투표행위로 국한되는 우리 시대의 정치에 대한 문제제기와 연결된다. 우선 1장에서는 당대 민주주의 위기에 맞서 독일 68이 어떻게 직접행동으로 대응하고 대결하는지 그

려진다. 지금의 문제의식과 더불어 독일 68 속으로 들어가, 그 격동의 역사를 수놓은 몇 가지 핵심 프리즘을 통해 당대 민주주의 위기와 '의회 외부적인 비판'에 담긴 의미를 논한다. 독일 68을 대변하는 이름인 의회외부저항운동(APO: Außerparlamentarische Opposition)이 직접행동을 동반한 거리의 비판과 저항을 앞세워 국가폭력과 권위주의, 극우정당의 재정치화라는 위기의 시대를 항해하던 서독사회에서 어떤 역할을 하고 전망을 열었는지 진단해 본 것이다. 그 결과 서독은 APO의 저항과 거부를 통해 중층적인 위기를 돌파하고 좀더 안정적인 민주주의로의 전환점을 열었음이 드러났다.

2장은 68의 '문화혁명'이 의례적인 투표행위에 갇힌 의회민주주의를 비판하고 정치의 의미를 일상생활의 영역으로 확장하는 '새로운' 혁명적 기획임을 밝히는 과정이다. 68에 대한 '통상적인' 문화혁명 해석을 대변하는 아서 마윅(Arthur Marwick)을 비판하며, 68이 과연 '어떤' 문화혁명이었는지를 탐색하고 그 근본적 의미를 되묻고 되새긴다. 마윅은 68의 '문화'혁명이 정치·사회·경제적 변화와는 동떨어진 것으로, 문화 외적인 분야에서는 별다른 의미나 여파가 없었다고 주장한다. 이는 중대한 오해로서, 68은 '정치의 의미' 자체를 재규정하고 다양한 층위에서 이를 실행함으로써 전사회적인 관계망을 뒤흔들어놓은 저항운동이었다. 기실 68의 문화'혁명'은 정치와 일상의 분리를 뛰어넘어 일상생활을 둘러싼 여러 공간에서 정치적 함의를 끌어낸 실로 획기적인 실험이었다. 68은 정치의 공간을 일상으로 확장하고, 개인적 해방과 사회적 해방을 동시에 겨냥한 집단적이고도 혁명적인 운동이었던 것이다.

제2부의 주제는 언론자유를 위한 68의 투쟁과 그 전사(前史)이다. 1장에서는 독일 68의 핵심적 기획인, 슈프링어 언론제국에 맞서는 '반(反)슈프링어 캠페인'을 다룬다. 서독 언론지형의 1/3을 장악한 보수 언론출판그룹과의 대결과정 및 여파를 그리고 있다. 기존 연구자들의 해석과 달리 이 캠페인은 단순히 학생들의 저항운동이 아니라 독일 68의 핵심 진영을 포괄하는 체계적인 운동이었다. 학생운동의 대표조직인 독일사회주의학생연합(SDS: Sozialistischer Deutscher Studentenbund)의 내부분열을 막아주는 방파제 역할을 했을 뿐만 아니라, 전체 68을 묶어주는 교차로 같은 기능을 수행했던 탓이다. 게다가 '반슈프링어 캠페인'의 실패를 말하는 기존 연구와 달리, 심대한 타격을 받은 슈프링어 그룹은 이후 더 유리한 팽창기회를 상실하고 말았다.

2장에서 다루는 '슈피겔 사건'은 68과 반슈프링어 캠페인의 전사(前史)적인 측면이 있지만 이번에는 대결상대가 국가권력이었다. 공권력을 앞세운 『슈피겔』 탄압에 맞서 서독 전역이 저항과 시위의 물결로 뒤덮이는 과정을 생생히 복원한다. 슈피겔 사건은 국가공권력의 언론침탈이라는 점에서 비록 반슈프링어 캠페인과는 결을 달리하지만, 언론자유의 수호를 위한 저항과 동원이라는 점에서 독일 68과 그 캠페인의 전사로 보기에 모자람이 없었다. 슈피겔 사건에서 분노한 학생과 지식인들이 불과 5년도 지나기 전에, 다시금 언론자유를 지키기 위해 독점적 '언론제국'과의 투쟁에 나서기 때문이다.

　제3부 "68의 사람들"에서는 독일 68의 결정적인 순간을 각인한 두 인물이 등장한다. 1장은 먼저 '부활절 봉기'라는 68의 절정을 가져오는 루디 두치케의 이상과 행동전략이 현실에서 발현되고 굴절되는 과정을 추적한다. 당대 두치케와 신좌파의 행동전략은 사람에 대한 공격이나 테러를 명백히 반대하지만 현실에서는 폭력과 뒤엉키며 경찰과의 대결양상이 격화되고 운동이 급진화하는 데 일조했다. 뒤이어 체 게바라가 제3세계 해방운동을 위해 주장한 '포코 이론'과 관련해 두치케가 말한 메트로폴리스 '도시게릴라의 행동의 선전'이 의미하는 바를 논한다. 두치케가 체 게바라의 호소를 따라 서구 메트로폴리스 '도시게릴라 전략'을 주창함으로써, 70년대 무장투쟁을 벌인 적군파로의 길을 열었다는 주장에 대해 검토하고 비판한다.

　2장에서는 '독일 68의 순교자'라 할 대학생 베노 오네조르크(Benno Ohnesorg)가 주인공이다. 그의 죽음 및 추모조형물에 담긴 의미와 이른바 '공공역사'(public history)의 가능성을 주제로 다룬다. 1967년 6월 2일, 국빈으로 독일을 방문한 독재자 이란국왕에 맞선 시위에서 오네조르크가 사살되는 과정을 먼저 상세하게 재구성한다. 그런 다음 세월이 흐르고, 오네조르크가 경찰의 총에 맞는 사건의 시발점인 베를린 독일오페라 하우스 앞에 세워진 조형물 〈시위자의 죽음〉의 의미를 되새긴다. 오네조르크 추모 부조는 '경찰폭력에 대한 준엄한 경고'를 잘 내포한 공공역사의 형식으로, 독일 68의 결정적 전환점인 '6월 2일 사건'의 의미를 제대로 형상화하고 있다. 더구나 지금 지구촌을 휩쓰는 테러와 폭력의 물결 속에서 '폭력의 역사'에 대한 고찰기회를 제공하며 '역사의 기억'이 배움으로 전환될 가능성을 열어준다는 점도 이 부조의 현재적 의미를 드높인다.

제4부는 '68, 그 이후'를 다룬다. 68 이후 펼쳐진 정치문화의 지형에서 어떤 쟁점과 논쟁이 부각되고 오늘날까지 논란을 일으키고 있는지를 살펴본다. 1장의 주제는 '독일의 뉴 라이트'이다. 지금 유럽의 '난민위기'가 독일에서 뉴 라이트 정당의 돌풍으로 이어진다는 인식을 토대로, 뉴 라이트가 등장하는 배경에서 시작해 그 탄생과 분화 그리고 현재의 성공까지 분석해 나간다. 뉴 라이트는 당대의 '뉴 레프트' 68에 큰 영향을 받으며, 이 좌파 저항운동의 성공과 반향 속에서 사상적·조직적으로 새로운 정체성 찾기라는 도정에

오른다. 절치부심하던 뉴 라이트는 2013년 창당된 '독일을 위한 대안'(AfD: Alternative für Deutschland, 이하 독일대안당)과 함께 화려하게 부활한다. 출발부터 뉴 라이트 세력과 긴밀한 관계를 유지하던 AfD는 2017년 가을 연방의회에 제3당의 이름으로 입성한다. 이렇게 작금의 난민위기를 배경으로 전후(戰後) 최초로 우파 포퓰리즘 정당의 성공과 인종주의의 득세가 우려되는 독일의 현실은 68에 대한 적대감을 숨기지 않은 뉴 라이트의 역사와 접점이 있다. 그런 대목에서도 뉴 라이트의 급부상은 68의 의미를 놓고 격한 논쟁이 벌어지는 배경 역할을 했기에 '68 이후 논쟁'의 전사(前史)로 살피기에도 적합하다.

2장은 68을 둘러싼 오늘의 중요한 논쟁지형을 보여준다. 우선 2장 1절의 주제는 독일 68의 폭발적 고조에 결정적 역할을 한 경찰 칼 하인츠 쿠라스(Karl-Heinz Kurras)가 2009년에 동독첩자로 밝혀진 사건을 기화로 벌어지는 '68역사 다시 쓰기' 공방이다. 즉 1967년 시위 도중 경찰의 총에 대학생이 사망하는 '6월 2일 사건'의 유발자인 서독경찰 쿠라스가 동독 비밀경찰의 끄나풀이었음이 밝혀지며 벌어지는 논쟁의 경과를 추적한다. 한쪽은 동독첩자가 68의 핵심 사건을 유발했으니 그 운동 자체가 동독산이라고 주장하고, 다른 쪽에서는 경찰 한 명이 아닌 전체 경찰의 집단적 폭력과 당국의 동조 및 쿠라스의 무죄석방이 운동과 분노를 더 불질렀다고 반박한다. 전자는 '68 다시 쓰기'가 필요하다고 강변하고, 후자는 동독이 별다른 영향력을 행사하지 못했으며 당시 쿠라스의 정체가 밝혀졌다 해도 역사는 별반 달라지지 않았을 것이라고 되받는다. 구체적인 논쟁경과의 재구성과 분석 속에서 '68 다시 쓰기'의 진위가 모습을 드러낸다. 끝으로 2장 2절에서는 폭력문제를 둘러싸고 펼쳐진 '68의 논쟁지점', 즉 폭력문제와 결부된 68의 비판과 반비판이 격돌하는 주요 전장이 다루어진다. 68이 나치 청년운동과 유사하다는 '나치후예론'을 놓고 벌어진 논쟁이 하나의 축을 이루고, 독일 좌파 테러주의의 대명사인 '적군파가 68이 급진화한 결과'라는 비판과 반비판이 대결한다. 비판진영은 68의 폭력성과 행동주의는 '나치의 후예'에 다름 아니라고 목청을 높였고, 그 폭력성과 과격성으로 인해 68은 결국 '적군파의 산파 역할'을 했다는 주장으로까지 나아갔다. 반비판진영에서는 68이 폭력의 고조 속에서 운동 쇠퇴의 길을 밟았음은 인정하지만 독자적 역동성을 갖춘 운동으로, 나치 전체주의와 결부시킬 수 없다고 반박했다. 더불어 일부 인적인 연관성과 폭력적 레토릭에도 불구하고 적군파를 비롯한 좌파 테러주의와는 근본적으로 구분되어야 한다고 역설한다. 대립하는 주장의 논거와 논리를 검토하며 그 타당성이 평가될 것이다.

68은 이렇게 역사가 되자마자 격렬한 논쟁의 대상이었다. 당대의 그 현장으로 돌아가 68이 빚어낸 다양한 저항과 궐기의 지형을 살피고, 그 역사를 둘러싼 대립과 논쟁의 지점을 느끼고 호흡하는 시간여행을 이제 시작한다.

제1부

68의 직접행동과 문화혁명

"민주주의는 거리에 있다!"

68은 문화혁명이었다. 하지만 정치와 경제·사회적 영역과 무관하지 않고, 투표함에 결박된 기존 대의제 민주주의의 한계를 넘어서기 위해 일상을 비롯한 사회 전영역에서 참여를 통한 정치의 재정립을 시도한 '새로운' 문화혁명이었다. 이는 정치의 의미와 함의를 새로이 규정하고 실험하는 혁명적 기획이었다. 또한 68은 의회 외부의 압력과 저항을 통해 민주주의의 위기를 넘어서려 한 '직접행동'이었다. 그래서 당대의 쟁점이던 핵심 사건과 운동을 직조해 독일 68의 다른 이름인 의회외부저항운동(APO)이 의회 외부에서 펼쳐낸 저항의 지도를 재구성한다. 당시 상황을 '민주주의 위기' 혹은 '민주주의 비상사태'로 진단한 APO가 직접행동을 앞세워 궐기하고 대응하는 과정을 당대의 목소리로 복원함으로써 세계적 68의 일부를 이루는 서독 상황의 구체적인 궤적을 그려본다.

제1장

독일 68과 민주주의 위기

직접행동으로 위기를 돌파하다

21세기 지금 우리가 목도하는 세상은 '민주주의 위기'를 말하기에 모자람이 없어 보인다. 러시아 역사에 차르가 있음을 되새겨주는 무소불위의 권력자 블라디미르 푸틴을 지나, 인근 필리핀에서 법치의 경계를 넘나들며 인기몰이로 집권한 로드리고 두테르테는 물론이려니와 미대선 역사상 유례가 없는 만장일치의 비판을 뚫고 당당히 백악관에 입성한 도널드 트럼프까지, 세상은 민주주의를 비웃거나 무시 혹은 월경함으로써 권력을 얻고 유지하는 사례를 지금도 쉴 새 없이 상영하고 있다. 민주주의의 대척점에 자리한 권위주의 정치의 주도자가 동서양 가림 없이 등장해 부정적 카리스마를 내뿜으며 21세기 정치의 중요한 축으로 등장한 것이다.

그런가 하면 서구문명의 심장이라 자처하는 '문명의 대륙' 유럽에서는 난민과 테러의 시대를 거치며 너나없이 우파 포퓰리즘 정당이 인종주의적 혐의가 짙은 이민반대나 난민반대 정책을 앞세워 민심을 얻으며 무시 못할 정치력으로 부상하고 있다. 유럽에서 (극)우파 포퓰리즘의 득세는 어제오늘의 일이 아니다. 2017년에 나온 한 연구서에서는 "경악스런 우파 포퓰리즘의 파노라마"라는 말로 지난 25년간 유럽의 상황을 대신한다.[1] 프랑스와 오스트리아, 폴란드와 헝가리 및 덴마크는 말할 나위도 없고 이탈리아와 네덜란드, 핀란드, 스위스, 벨기에까지 그런 정당들이 성공을 거두고 있다. 인류가 나치 전체주의와 뒤엉킨 참혹한 대전쟁의 잿더미를 건너오고 반세기를 지

나 세상은 다시금 배타적이고 차별주의적인 정책이나 정부가, 다양
성이나 차이를 무시하는 획일성과 불안 및 두려움을 전면에 세운 권
위주의적인 정당이나 정권이 안전과 안정의 이름을 걸고 정치 전면
으로 개선하는 역사의 역행을 바라보고 있는 셈이다. 더욱이 유럽연
합의 중심 독일에서도 독일대안당(AfD)이라는 포퓰리즘 뉴 라이트
정당이 정치권 태풍의 핵으로 등장해, 지난 수년간 지방선거에서 이
어온 승리를 발판으로 2017년 9월 연방의회 선거에서 전후(戰後) 최
초로 유사 극우세력이 전국적 정치세력으로 발돋움하는 충격적인
일이 눈앞에서 펼쳐지고 말았다.

   이는 공히 민주주의 '위기의 징후'이거나 민주주의 자체에 내재
한 '위기의 가능성'이 투영된 시대적 현상들이다. 이런 시대를 배경
으로 역사 속의 민주주의와 그 위기의 극복에 대해 논할 필요성은
유의미함을 넘어 이미 적실하고도 절실한 일이 되었다. 따라서 이 장
에서는 우리가 68 운동이나 혁명이라 부르는² 역사 속에서, 당대 민
주주의 위기를 진단하고 '위대한 거부'(Große Verweigerung)를 통해
그 너머를 향한 시도이자 저항을 재구성하고 의미를 부여할 것이다.

   사실 68운동은 세계사적 사건³으로 불리고 그간 다양한 해석
이 시도되었지만, 서구로 한정할 경우 공히 '참여민주주의'를 포함하
는 '민주주의 문제'와 결부된다.⁴ 68운동을 둘러싼 의제는 당대 서구
사회의 민주주의가 과연 제대로 작동하는지에 대한 진단과 비판의
문제로 연결되었던 것이기 때문이다. 더불어 참여민주주의와 '민주
주의의 민주화'라는 차원에서 '의회 외부 정치'가 거리시위나 '직접
행동'이라는 전략전술을 통해 '정치의 의미'를 재규정하거나 새로이
환기하는 일이기도 했다.⁵ 나아가 독일 68운동의 핵심 의제를 보면,

1950~60년대 고도의 경제성장과 나란히 펼쳐진 의회민주주의라는
정치적 날개가 잘 작동하는지에 대한 진단과 문제제기가 중요했다.
이런 당대 민주주의의 상황진단이나 의미를 둘러싸고 벌어진 비판
과 대립 및 저항이 그 거대한 격동의 시기를 수놓았다. 그 결과 이후
68운동의 해석을 놓고도 학계나 정계를 막론하고 논쟁과 대립이 벌
어졌다. 한편에서는 68운동이 전후 허약한 민주주의에 힘을 실어주
고 서독의 자유화에 기여한 유의미하고 중요한 사건이었다면, 다른
한편에서는 민주화의 진전은 고사하고 나치 전체주의와 비견되며
기존의 유의미한 가치를 파괴한 운동이자 적군파의 전사(前史)로도
파악했다.
　　이 장에서는 기본적으로 68운동이 서독 민주주의의 공고화에
기여했다는 입장에 서서 '민주주의 위기'라는 측면으로 연결해 의회
외부저항운동(APO)의 저항을 재구성한다. 즉 APO가 당시 사건과 현
실 속에서 민주주의 위기를 이해하는 방식 및 저항을 당대의 목소
리로 살려내어 재구성함으로써 '68운동의 민주주의 위기 파악과 대
응'이라는 측면을 복원하고 의미를 부여하는 것이다. 기실 독일의 68
저항을 대변하는 이름이 다름 아닌 APO, 즉 '의회외부저항운동'이었
다. 왜냐하면 68운동이라는 명칭은 사후 연구자들이 붙인 것이고 당
대 그 운동의 대변자들은 APO의 이름으로 활동했던 때문이다.
　　APO는 1966년 기민기사연합과 독일사회민주당(SPD: Sozialdemo-
kratiche Partei Deutschlands, 이하 사민당)의 대연정 출범과 더불어 야
당의 견제력 상실을 지적하며 의회 밖에서의 비판과 항의 및 압력
행사를 주도한 상징적 연합조직이자 사회운동이었다. 물론 APO라는
명칭은 지금도 68운동을 구성하는 다양한 조직들의 총합을 상징하

는 이름이자, 그 운동 자체로도 쓰인다. 대연정이 민주주의와 의회정
치의 불구화를 낳는다고 비판한 각종 정치세력과 노조, 학생단체가
포함된 일종의 상부 네트워크인 APO는 국가기관과 법원, 학교와 가
정을 망라하며 사회 곳곳에서 전통적인 권위에 비판의 화살을 겨누
고 문제를 제기했다.[6]

　나아가 APO는 비상시 국민의 기본권을 제한하는 이른바 '비상
사태법'(Notstandsgesetze)과 베트남전을 비판의 도마에 올리고 침묵
된 나치 과거를 들추며, 친미반공의 보수 언론제국을 구축한 악셀
슈프링어 출판그룹(Axel Springer Verlag)뿐 아니라, 전후 재결집해 정
치력 확장의 기지개를 켜던 극우정당의 선전선동에 맞서 반대 캠페
인을 벌이고 시위했다. 이런 다양한 비판대상은 신생 서독 민주주의
를 위협하는 존재로 비치기에 모자람이 없었고, 의회외부저항운동
(APO)의 이름으로 계몽 캠페인과 나란히 연좌시위(sit-in)와 진입시위
(go-in) 같은 '직접행동'의 옷을 입은 새로운 항의형태가 곳곳에서 시
험되고 실험되어 나갔다.[7]

　무엇보다 1967년 한 대학생이 시위 도중 사복경찰의 총에 맞아
사망하는 사건은 민주주의 역행의 징후이자 심각한 '위기의 현실성'
을 증거하는 것으로 비치며 운동의 거센 폭발과 확산에 불을 질렀
다. 나치즘의 기억과 악몽이 채 가시기도 전에 서독의 민주주의는 다
면적으로 위기에 처한 듯했다.

　유사한 맥락에서, 유럽 좌파의 지난 150년 역사를 '민주주의 벼
리기'(Forging Democracy)라고 이름 붙인 제프 일리(Geoff Eley)는 "인
간의 잠재력을 파괴하는 불평등의 체제에 맞서 민주주의를 쟁취하
기 위한 투쟁"을 그 긴 여정의 핵심으로 건져올리는 한편,[8] 유럽 좌

파의 역사와 미래를 바꿔놓은 분기점인 68운동이 남긴 주요한 유산
으로 '의회 외부' 정치의 부활을 꼽았다. 일리가 말하는 의회 외부
정치는 '직접행동'과 '공동체 조직하기' '참여의 이상' '소규모의 비관
료적 조직형태들' '풀뿌리에 대한 강조' '일상생활의 정치화' 같은 것
을 포함한다.[9]

하지만 여기서는 이런 구체적인 공간에서 벌어지는 다양한 정
치행위의 형태와 방식을 다루지 않고, 의회 '외부' 정치라는 전체
형상을 중심으로 논한다. 여하튼 일리는 민주주의를 둘러싼 이 장
구한 고군분투의 역사는 "아직 완결되지 않았다"고 확신한다.[10]

이 장은 의회외부저항운동(APO)이 당대의 민주주의 위기 문제
와 관련해 어떻게 대응하고 응전하는지를 세 가지 주요한 사건과 영
역을 통해 분석하고 설명한다. '비상사태법 반대운동'과 '극우정당
반대운동'을 비롯해, 국가공권력의 폭력적 민낯이 드러난 '6월 2일
사건'이라는 프리즘이다. 이들 프리즘을 교차하고 관통하는 문제의
식이 바로 '민주주의 위기'라는 진단에서 출발하는 탓이다. 이를 통
해 독일 68저항의 주체이자 그 운동 자체의 이름이기도 한 APO가
당시 서독의 민주주의를 어떻게 바라보고 비판하며 대결해 나갔는
지의 지형도가 그려진다. 더불어 이는 68운동의 사상적 스승이던 마
르쿠제의 정치적 요청인 '위대한 거부'[11]가 독일에서 생생히 관철되
어 나가는 과정에 다름 아니다. 또한 그런 과정은 당면 민주주의 위
기의 저지이자, 향후 민주주의의 확장과 공고화를 위한 초석 다지기
도 의미할 것이다.

지나간 미래, 비상사태법과 APO의 반대운동

60년대 후반 들어 대연정은 비상사태법을 통과시키려 했다. 전쟁이나 다른 비상사태의 경우 국민의 기본권을 제한하고 행정부에 예외적인 권한을 부여하는 내용의 법률이었다.[12] 독일기독교민주당(CDU: Christlich-Demokratische Union Deutschlands, 이하 기민당)이 1960년 처음 들고 나온 비상사태법을 놓고, 입법부의 권한이 행정부로 이양되기에 비상사태는 '행정부의 시간'이 될 것이라고 공공연히 일컬어졌다. 비상사태가 지속되는 동안 정부가 광범위한 권한을 쥐고 시민들의 기본권을 다양하게 제한 또는 침해할 수 있었던 때문이다. 노동조합의 파업권도 제한될 뿐더러 정부가 파업노동자에 맞서 군사적인 수단까지도 동원할 여지가 있었다. 비상사태의 결정은 연방의회 과반수로 의결되지만 대통령이 총리의 동의를 얻어 규정하는 것 역시 가능했다.[13]

물론 이러한 초기 비상사태법은 논란과 저항을 겪으며 변화를 거듭한다. 1962, 1965년에도 각각 비상사태법을 꺼내들었던 기민당은 1967년 사민당과의 대연정 아래서도 재차 그 법의 통과를 경주하는데, 이전에 연방의회 과반으로 가능하던 비상사태 규정이 2/3로 바뀌고 의회의 역할이 경시되지 않는 등 수위가 낮아지지만 전화도청과 편지검열 같은 기본권 침해요소는 계속 유지된다.[14]

비상사태법 찬성자들은 연합국이 전후 서독에서 보유한 이른바 '유보권'(Vorbehaltsrechte) 해소를 주요한 입법논거로 들었다. 1954년 서독이 연합군과 맺은 독일조약(Deutschland-Vertrag)의 5조 2항에 따라, 내외적 비상사태가 서독에서 발생할 경우 유보권을 가진 연합국 측은 이렇게 주장했다.

3개국 열강이 서독에 진주하는 병력에 대한 안전의 보호와 관
련해서 이제까지 보유하거나 행사한 권리는… 해당 독일당국이
입법을 통해 그에 상응하는 전권을 보유함으로써 공적인 안전
과 질서에 대한 심각한 침해에 맞서는 능력을 포함해 이런 병력
의 안전보호를 위한 효과적인 방책을 마련하는 상황이 되면 즉
시 해소된다.[15]

나치역사로 이어진 바이마르 시기의 경험 때문에 서독은 전후
비상사태에 대한 규정을 기본법(Grundgesetz)에 포함시키지 못한 상
황이었다. 그래서 비상사태법을 찬성하는 측에서는 연합군의 유보권
을 해소해야 진정한 주권국가가 된다고 주장하며 법 도입의 명분으
로 삼았다.[16]

하지만 비상사태법을 놓고 비판자들이 나치와 히틀러 독재로의
길을 열어준 바이마르 시기의 관련 법조항을 연상하기에도 충분했
다. 바이마르공화국의 제국헌법 48조는 비상시 대통령이 국민의 기
본권을 무효화하고 긴급명령으로 통치하는 것을 가능하게 했던 탓
이다. 이런 역사적 배경 때문에 반대자들은 비상사태법의 결과로 의
회주의에 구멍이 나고 파시즘이 다시 대두할 가능성을 내다봤다.[17]
'나치법'(NS-Gesetze)이나 '독재법'이라는 낙인의 명칭으로 불린 점도
그런 맥락에서였다.[18] 칼 야스퍼스를 비롯한 적잖은 지식인들은 이
법을 통해 민주주의가 과두제로 그리고 종국에는 독재로 이어질지
도 모를 시나리오를 우려했다.[19] 독일노조연맹(DGB: Der Deutsche Ge-
werkschaftsbund)도 비상사태법이 시민들의 "민주적인 기본권을 제한
하고 무엇보다 노동자와 노조의 집회와 결사 및 파업권을 위협한다"

고 날을 세웠다.[20] 비상사태법에 민주주의를 위기로 빠뜨릴 위험이 내재한 듯 보였고, APO 진영은 법률의 오남용과 독재의 가능성을 점치며 비판의 목소리를 높였다.

사실 비상사태법의 도입은 바이마르 말기의 혼란과 나치집권이라는 과거가 떠오르는 '지나간 미래'로 비쳤을 법하다. 그 결과 악몽으로서의 과거가 다시 미래의 일로 돌아올지 모른다는 우려와 두려움 속에서, APO에 집결한 비판자들은 의회 내에서 이 법안의 저지를 경주할 야당의 부재를 통탄하며 '의회 외부'에서 반기를 들었다. APO는 '민주주의 비상사태 감시국'(KND: Kuratorium Notstnad der Demokratie)을 조직하고 수년간 격렬한 반대와 항의를 통해 법률의 도입을 가로막으려 힘썼다. 직접행동을 동반한 숱한 시위와 나란히 대학과 연구소 등에서 파업과 점거가 꼬리를 물었다.[21]

특히 1968년 5월은 '뜨거운 저항'으로 들끓으며 주목할 만한 동원에 성공했다. 우선, 5월 11일 연방의회가 있는 '본(Bonn)으로의 집결행진'은 6만 인파가 운집한 거대한 시위집회로 발전한다. 이날 서독 각지에서 버스와 특별기차 및 자가용 편으로 수많은 비상사태 반대자들이 본으로의 도정에 올랐다. 도착 후 세 군데 집결지에서 시내로 행진한 다음, 마침내 본대학에서 대규모 집회가 열린다. KND 서기인 헬무트 샤우어(Helmut Schauer)와 독일사회주의학생연합(SDS) 연방의장 카데 볼프(K. D. Wolff), 작가 하인리히 뵐(Heinrich Böll), 금속노조(IG Metall)의 수뇌부 게오르크 벤츠(Georg Benz) 같은 APO 대표자들이 열정적인 비판연설을 했다. 거대한 성공이자 비상사태법 반대파의 평화적인 절정을 상징하는 집회였다. 『슈피겔』에 따르면, 5월에만 약 15만 명이 비상사태법 반대시위에 참가해 어깨

를 걸었다.[22]

『슈피겔』의 통계는 곳곳에서 벌어진 저항행위로 입증된다. 5월 15일, 프랑크푸르트대학을 점거한 학생들은 비상사태법에 맞서 독일 국가를 이렇게 상상력으로 개사해 불렀다. "독일이라는 나라는 사상의 자유도 저항도 모른다. 비상사태의 나라가 되기 전에 우리가 구해내자. 늦기 전에 비상사태의 나라에서 우리를 구해 내자."[23] 프랑크푸르트 학생들은 1주일 뒤 행동에 돌입해 연좌시위로 대학정문을 봉쇄했다. "대학 안으로 들어가려면 정문 앞에 모인 비상사태법 반대자들을 밟고 지나가라"는 선언과 다름없는 직접행동이었다. 정문 위에 걸린 "이 출입구로 들어가는 사람은 나치 동조자다"라는 문구도 학생들이 비상사태법을 바라보는 관점을 분명히 드러냈다.[24]

그전 해 1967년 11월 제도권 학술활동에 맞서기 위해 학생들 스스로 베를린자유대학(Freie Universität Berlin)에서 처음 창출한 뒤 함부르크와 뮌헨, 프랑크푸르트, 보훔 및 하이델베르크 등으로 번져간 '비판대학'(Kritische Universität)의 단골주제도 비상사태법 문제였다. 독일 68운동의 핵심 인물로 떠오르던 루디 두치케도 1967년 7월 『슈피겔』에 실린 인터뷰에서 당시 자유대학에서 준비중이던 '대항대학'(Gegen-Universität) 혹은 '반대학'의 프로그램 내용이 비상사태법처럼 "대학 내에서 지금까지 논의되지 않은 테마들"이라고 밝힌 바 있다.[25]

여하튼 1968년 5월 27일 프랑크푸르트대학은 결국 점거되고, 시청 앞에서는 1만 5천 명이 참가한 대규모 '비상사태법 반대집회'가 개최된다. 베를린과 보훔, 함부르크나 하노버, 쾰른, 뮌헨 등에서도 학생들은 비상사태법에 항의하고 노동자와 노동조합에 공동시위를 촉구하며 총파업 호소의 깃발을 든다. 산발적인 총파업 찬성이 표명되고, 프랑크푸르트에서는 실제로 인쇄제지노조가 파업을 결의하는가 하면, 독일의 여러 극장에서 공연을 중단하고 비상사태법 반대선언서를 낭독하거나 항의토론을 벌인다. 극장 밖에서도 그 법을 겨냥한 '거리연극'이 펼쳐져 시위와 저항의 무대를 넓혀갔다. 하이델베르크대학에서 학생들이 단식투쟁에 돌입하는 동안, 뮌헨 학생들은 비상사태법의 본질이 '나치법'이라고 주장하듯 나치친위대 유니폼 행진을 재현한다.[26] 이렇게 독일 전역은 비상사태법을 저지하려는 분노와 열기로 들끓었다.

그럼에도 1968년 5월 30일, 대연정이 주도한 연방의회는 수많은 비판과 분노를 뒤로하고 끝내 비상사태법을 통과시킨다.[27] 그러나 적잖은 조항이 APO의 격렬한 반대와 저항에 힘입어 온건화 및 약화의 형태로 수정되거나 바뀌었다. 가령 비상시에도 노동자들의 투쟁권은 침해받지 않았으며, 자유롭고 민주적인 근본 질서를 지키기 위한 '국민저항권'이 기본법에 새로 추가되었다.[28] 이런 결과 자체가 운동진영의 '부분적 성공'[29]을 의미하기도 했다.

하지만 '부분'이라는 수식어가 가리키듯, 전화도청이나 편지검열 같은 기본권 제한조항이 담긴 그 법은 폐지되지 않았고 오늘날까지 엄연히 존재한다. 난민과 테러의 지금 시대에 유럽이나 독일이 이른바 '비상사태'에 직면할 수도 있고, 경우에 따라 비상사태법이 발동하지 말라는 법은 없다. 그리하여 '민주주의 위기의 가능성'을 여전히 이 법 속에서 읽어낼 수도 있음이다. APO에서 비상사태법 전문가로 활동한 위르겐 자이페르트(Jürgen Seifert)가 "위험성은 서독의 정치상황을 내일이나 모레 당장 바꾸는 데 있는 것이 아니라 그 법의

시한폭탄 같은 특징에 있다"[30]고 지적한 대목도 같은 맥락이다.

그러나 비상사태법 통과를 놓고 실패를 말하는 적잖은 목소리에도 불구하고, 앞서 보았듯 이 법률을 둘러싼 수년간의 갈등에는 대립과 대결뿐 아니라 저항과 압력을 통한 소통과 변화 및 극복의 과정도 포함되었다. 그런 의미에서 역사가 미하엘 슈나이더(Michael Schneider)는 비상사태법을 둘러싼 충돌을 "서독 민주주의의 성공적인 졸업시험"이라고 평가한다.[31] 그래서 APO가 수행한 격렬한 비상사태법 반대투쟁은 민주주의 위기의 진행을 저지하고 봉합한 '일정한 성공'으로 기록되기에 모자람이 없다. 서독 민주주의는 APO의 강력한 저항과 압력을 통해 일차시험을 통과하며 위기의 현실화를 넘어설 수 있었던 것이다.

돌아온 과거, 극우정당과 APO의 반대운동

독일은 60년대 들어 극우세력의 발호를 경험한다. 전후 이합집산을 거듭하던 극우진영은 독일민족민주당(NPD: Nationaldemokratische Partei Deutschlands)의 놀라운 성공 속에서 희망과 전망을 발견한다. NPD는 대외적으로 보수의 깃발을 내걸었지만 인적으로나 이데올로기적으로 나치 유산과 결부된 명실상부한 극우정당이었다.[32] 일종의 극우세력 집합체인 NPD는 지방의회 선거에서 60년대 중반부터 파죽지세의 기세를 이어가 연방의회 진출까지 능히 내다보고 있던 상황이었다.

1964년 11월에 창당한 NPD는 1966년 11월 헤센주를 시작으로 1968년 4월 바덴뷔르템베르크주 선거까지 일곱 번이나 5% 장벽을 돌파해 주의회에 진출하는 쾌거를 이루었다. 좀더 구체적으로 살펴

보면 1966년의 헤센(7.9%)과 바이에른(7.6%), 1967년 4월 라인란트팔츠(6.9%) 및 슐레스비히홀슈타인(5.8%)을 지나 같은 해 6월 니더작센(7%)과 10월 브레멘(8.8%)까지 논스톱 질주 같은 성공을 거둔 NPD는 마침내, 1968년 4월 물경 9.8%의 최고기록으로 바덴뷔르템베르크 주의회에 입성하는 성과를 올렸다.

창당 당시 250명에 불과했던 NPD 당원수가 1969년 연방의회 선거까지 2만 8천 명으로 급증한 대목에서도 그 성공행진은 잘 반영되어 있다.[33] 이런 분위기를 타고 이제 연방선거에서는 5% 장벽이 문제가 아니라 15%까지 달성 가능하리라는 예상치가 나오며 NPD의 희망은 하늘을 찌르는 상황이었다.[34] 사실 독일의 의원내각제 구조를 감안하면 극우정당의 연방의회 진출은 나치 과거의 직계인 극우세력이 중앙정치의 공식적인 한 축으로 자리매김한다는 의미가 되기에 결코 무시하거나 간과하기 어려운 일이었다.

그런데 막상 뚜껑을 열어보니 결과는 사뭇 달랐다. NPD는 1969년 연방의회 선거에서 4.3%를 얻어 5% 장벽을 넘지 못하고 고배를 마신다. 하지만 NPD의 연방의회 진입 좌절은 결코 우연이나 운이 아니었다. 1966년 두 지방선거에서의 성공 이후 극우정당의 대두에 놀라 다양한 형태의 반대운동이 전개되었던 탓이다. 한편에서는 NPD 금지법안 도입을 둘러싼 논의가 활발히 피어나고, 다른 한편에서는 나치 독재의 트라우마가 채 가시기도 전에 이루어진 극우정당의 예기치 못한 도약에 맞서 치열한 반대운동이 펼쳐졌다.[35]

기실 NPD가 두 지방선거에서 8% 가까운 득표로 약진한 1966년부터 거대한 반대시위의 포문이 열렸다. 노동조합과 사민주의자와 대학생이 어깨를 견 2만 명에 가까운 NPD 반대자들이 칼스루어에서 대규모 집회를 열고 행진을 벌인다. 이듬해 1967년에는 '민주주의 수호를 위한 시민행동'(Bürgeraktion zum Schutz der Demokratie)이라는 조직이 프라이부르크에서 설립되어 재빨리 전국의 도시로 확산되어 나갔다. '새로운 33'에 대한 우려, 즉 1933년의 나치권력 장악 같은 악몽이 재발할 수 있다는 두려움이 NPD 반대 확산의 원동력에 다름 아니었다. 노동조합은 NPD 집회를 가로막고 이런 우려와 두려움을 각인해 넣은 신랄한 문구의 전단을 뿌렸다. "그들이 다시 왔다. 나치 선동가와 돌격대 지도자들이!" 1968년 초부터 NPD에 맞서는 조직과 범위가 급속히 늘어났다. 외회외부저항운동(APO) 성향의 수많은 행동단체 외에도 보수적인 그룹들도 극우정당의 연방의회 진입 저지를 위한 연대에 손을 내민다. 독일노조연맹(DGB)의 활약도 눈부셔 수많은 개별 노조와 지부까지 한목소리로 NPD에 맞서 힘을 모았다. APO의 핵심 진영은 '신나치와 복고에 맞서는 민주행동'(Demokratische Aktion gegen Neonazismus und Restauration)을 결성해 NPD 반대활동에 특히 총력을 기울였다.[36]

이렇게 독일 전역을 뒤흔든 시위와 반대의 결과가 바로 NPD의 연방의회 진입 실패이다. 1969년에 치른 선거집회와 관련해 각종 폭력사태로 물의를 일으키던 NPD는 설상가상으로 선거 직전 카셀에서 APO 시위대와 맞서던 당 의장 경호원의 총기발사로 여론의 뭇매를 맞으며 치명타를 입었고, 결국 그해 9월 말 연방의회 문 앞에서 주저앉았던 것이다.[37]

사실 독일 68운동의 '결정적 사건'으로 꼽히는 1968년 4월 두치케 암살기도 사건도 극우진영의 폭력과 연관성이 분명하다. 4월 11일 베를린 백주대로에서 운동의 아이콘인 두치케에게 권총을 쏜 요제프 바흐만(Josef Bachmann)은 60년대 초반부터 니더작센주의 NPD 당원과 접촉해 사격을 배웠고, 암살시도 직전에는 권총과 실탄까지 조달받았기 때문이다. 또한 극우신문의 선동이 바흐만의 암살기도에 주요 모티브로 작용했음도 잘 알려진 사실이다. 히틀러 추종자인 바흐만의 방에서 벽에 걸린 히틀러 사진과 저서 『나의 투쟁』(Mein Kampf)을 경찰이 발견했고, 체포 당시 바흐만은 신나치 계열 『도이체 나치오날 차이퉁』(Deutsche National-Zeitung)에서 오린 기사 "두치케를 지금 막아라! 안 그러면 내전이 일어난다"(Stoppt Dutschke jetzt! Sonst gibt es Burgerkrieg)를 지니고 있었다.[38]

68운동의 주요 연구자인 볼프강 크라우스하르(Wolfgang Kraus-haar)는 NPD의 연방의회 진출 저지가 "그동안 거의 무시된 APO의 주요 공적"이라고 본다.[39] 나아가 NPD가 실제로 연방의회에 진입했다면 선거를 통한 정권교체는 불가능한 일이었던 탓에, 1969년의 사회자유주의 연정, 즉 사민당과 자민당 연립정부의 성립은 "NPD의 위협에 대한 APO의 대답인 그 저항운동 없이는 거의 생각하기 어려웠을 것"으로 평가한다.[40] 반면 마누엘 자이텐베허(Manuel Seiten-becher)는 크라우스하르의 이런 주장에 반대한다. 60년대 후반 NPD 반대운동은 외연이 너무 넓어 APO의 것으로 보기 어렵다고 본 것이다.[41]

하지만 독일민족민주당(NPD) 반대캠페인의 핵심 세력이 의회외부저항운동(APO)이 아니라고 보기도 어렵다. 왜냐하면 NPD의 급속한 성장과 연방의회 입성을 저지하기 위해 결집한 세력들의 테두리가 전방위적이었다는 사실이 APO의 역할 자체를 부정하는 근거가 되기는 어렵기 때문이다. 보수적인 단체들이 다수 합류했음에도 불

구하고 NPD 반대운동의 선봉으로 활동한 쪽은 다름 아닌 APO의
핵심 대오를 이룬 그룹들이었다. 그런 점에서, 조직적으로 잘 정비된
각종 노동조합과 학생단체가 대거 포함된 APO가 NPD 반대운동의
핵심으로 기능하고 사회자유주의 연정의 성립에 기여했다는 논거가
더 설득력이 있다.

여하튼 당대인들의 눈에 NPD를 중심으로 뭉친 극우세력은 '돌
아온 과거'에 다름 아니었다. 세계를 불구덩이로 몰아넣은 나치역사
의 악몽을 생생히 기억하는 APO 비판자들의 눈에 이 과거는 절대
현재로 호명되어서는 안 되는 '금단의 땅'이었다. 다행히 그 영토로
의 입구는 다시금 봉인되었고, 돌아온 과거의 악몽은 기억으로 되돌
아갔다.

실제로 이후 NPD는 60년대 후반의 놀라운 성과를 다시는 재현
하지 못하고 20세기 말까지 존재감 없는 정치세력으로 머무른다. 다
른 여타 극우정당도 독일통일 이전까지 별다른 두각을 나타내지 못
한다. 이는 60년대 후반 APO의 NPD 반대운동이 전체 극우세력의
저지에 적잖은 역할을 했음을 방증할 뿐더러, 나아가 1969년 NPD의
실패와 좌절이 이후 절치부심한 독일극우가 극우의 쇄신이나 변종
이라 불리는 '뉴 라이트'(Neue Rechte)로 본격 분화해 나가는 계기로
작용했음을 알 수 있다.[42]

물론 독일정치는 지금 독일대안당(AfD)이라는 뉴 라이트 정당의
무서운 상승세 속에 거대한 지각변동을 겪고 있다. 이른바 유럽연합
을 뒤흔드는 '난민위기' 속에서 2015년 한 해 동안에만 100만 명의
난민이 독일로 유입되면서 시민들의 불안을 등에 업은 포퓰리즘적
AfD의 거센 돌풍은 이미 현실로 굳어졌다. 2014년 유럽의회(7.1%) 선

거를 필두로 브란덴부르크(12.2%)와 작센(9.7%), 튜링엔(10.6%)을 비롯해 2015년 브레멘(5.5%), 함부르크(6.1%)를 지나 2016년 3월의 동시 선거(바덴뷔르템베르크 15.1%, 라인란트팔츠 12.6%, 작센안할트 24.3%)와 9월 선거(메클렌부르크포어포메른 20.8%, 베를린 14.2%)에서도 놀라운 득표로 지방의회에 진입한 AfD는 2017년 3월의 자를란트(6.2%)와 5월 슐레스비히홀슈타인(5.9%) 및 노르트라인베스트팔렌(7.4%), 10월의 니더작센(6.2%)까지, 참가한 모든 지방선거에서 5% 제한장벽을 넘어 명실상부한 전국적인 정치세력으로 부상했다. 독일의 16개 지방의회 가운데 AfD가 뚫지 못한 곳은 단 2곳(바이에른, 헤센)에 불과하고 이마저도 시간문제일 뿐이라는 전망이었다. 결국 2017년 9월 연방의회 선거에서 전후 처음으로 극우 성향에 가까운 뉴 라이트 정당의 연방의회 진출이 거의 기정사실화되었다. AfD의 예상득표는 10% 안팎으로, 기민기사연합과 사민당에 이어 제3당 자리를 놓고 녹색당이나 좌파당 및 자민당과 경합을 벌일 공산이 높다는 진단이 대세였다. 우려는 현실이 되었고, 9월 24일 치른 선거결과는 가히 충격적이다. AfD가 예상을 넘어서는 12.6%를 얻어 제3당의 위치로 연방의회에 입성한 것이다. 기민기사연합과 사민당은 각각 33.0과 20.5%로 지난 수십 년간의 역대 총선에서 최악의 성적표를 받아들었다.

기실 집권당인 기민당과 AfD의 거리는 생각보다 멀지 않다. 가령 27년간 기민당 연방의회 의원이던 에리카 슈타인바흐(Erika Steinach)가 AfD를 지지한다고 공개 선언한 것을 보면 더더욱 그렇다. 슈타인바흐는 앙겔라 메르켈 총리의 난민정책에 분노해 2017년 1월 기민당을 탈당한 현역 의원으로 9월 연방의회 선거에서 AfD 지원을 공언했다. 이 의원은 난민위기 동안 여당뿐 아니라 전체 연방의회에 내세울 만한 반대 목소리가 없었기에 "AfD가 연방의회에 반드시 입성해서 진정한 야당이 다시 존재해야 한다"고 지지이유를 밝혔다.[43] 게다가 비록 AfD 입당 가능성은 배제하지만 대규모 선거유세장에서 AfD 부당수와 함께 연단에 올라 지지연설을 하겠다고 공언한다.[44] AfD로서는 유력 정치인을 선거도우미로 얻은 셈인데, 30년 가까운 세월 동안 연방의회 최대 정당 의원으로 활동한 인물이 직접 나서서 그들이 왜 연방의회에 들어가야 하는지를 선전해 주는 형국이다. AfD 입장에서는 둘도 없는 기회고 천군만마를 얻은 것이다.

돌아보면 작금의 상황을 낳은 위기의 진원지와 역사적 배경은 지난 세기 60년대와는 천양지차다. 게다가 역사에서 희망을 길어 올리는 일은 난민 및 테러 위기라는 태풍의 눈을 건너가는 현재의 조건과 상황을 감안하면 분명 녹록지 않아 보인다. 하지만 그 시절 극우 반대운동의 전선과 연대가 펼쳐져 성과를 거둔 '희망의 기억'이 주는 의미 또한 적지 않다. 그것이 지금 여기 불안의 시대에 횡행하는 극우와 어깨동무한 우파 포퓰리즘 정치세력이 뿌리를 내리고 있는 유럽의 중심 독일에서 일종의 새로운 '가능성의 씨앗'에 물을 주는 역사적 사실이었음은 결국 변함이 없는 탓이다.

위기의 현재, 6월 2일 사건과 APO의 저항

1967년, 대학생 베노 오네조르크가 시위 도중 경찰의 총에 사망하는 이른바 '6월 2일 사건'[45]은 독일 민주주의 위기의 중요한 징후적 표현이었다. 특히 베를린에 팽배한 심각한 반공 일색의 냉전 분위기 속에서 경찰과 공권력 및 정부는 인권이나 시위권 자체에 의문이 들 정도로 강압, 폭력적이고 권위적인 대응과 정책으로 일관했다. 사망자는 사실 그 결과물에 가까웠다. 더불어 6월 2일 사건은 대학생의 죽음 자체만이 아니라 그 이후 진행을 포괄하는 일종의 '과정으로서의 사건'이었다. 역사가 잔드라 크라프트(Sandra Kraft)는 이런 맥락에서, 학생들의 분노가 총을 쏜 경찰을 향한 게 아니라 이른바 '파시스트적으로 비친 체제'를 겨냥한 것으로 본다.[46]

당시 발표된 라이너 로발트(Reiner Rowald)의 노래 〈6월 2일〉(2. Juni)에도 운동측의 분노와 상황인식이 잘 반영되어 있다.

미망인 한 사람만 울고 있지, 아버지 없이 아이를 키워야 한다네.
살인자는 어디에, 구타자는 어디에 있는 거야?
… 경찰 구타 때문이 아니야, 경찰의 명령 때문이 아니야.
책임은 저항에 맞선 투쟁을 독려한 체제와 그를 대변하는 사람들이 져야 해.[47]

사실 대학생 오네조르크를 겨냥한 총격은 단순히 한 사람만의 죽음을 의미하지 않았다. 당시 시위참가자들은 물론이려니와, 정치적으로 활발했던 대학생을 넘어 전체 학생 개개인의 분노를 불러일으켰다. 학생들은 그 총알이 자신에게도 날아왔다고 느끼고 광범위한 '분노의 공감대'를 형성했다.[48] 그래서 당시 분위기와 그 사건의 의미를 해당 시위에 참여한 울리히 프로이스(Ulrich K. Preuß)는 이렇게 전한다. "한 발의 총성이 어떤 각성한 세대의 정치적 관점을 그렇게 심원하게 바꾸는 일은 아주 드물었다."[49]

게다가 운동진영의 분노와 공감대를 증폭한 것은 사건 직후 정치권 및 체제의 대응이다. 거의 만장일치된 목소리로 경찰의 폭력진압을 정당화하고 운동진영에 책임을 돌렸음이다. 가령 당시 베를린 내무장관은 실제로 시위자들에 대한 무조건적인 경찰폭력을 일방적으로 승인하고, "사망자가 나와도 상관없다"는 놀랍고도 위압적인 발언조차 마다하지 않았다.[50] 주류 보수언론 역시 앵무새처럼 경찰과 정권의 편을 들었다. 총을 쏜 사복경찰 쿠라스뿐 아니라 체제 전체가 정당방위를 주장하며 시위학생들이 먼저 공격을 가했다고 몰아세웠다.[51] 이런 상황에서 '6월 2일 사건'은 독일 68운동의 횃불로 작용하고 시위와 저항이 베를린장벽을 넘어 전국으로 들불처럼 확산되었다. 결국 그해 연말 베를린 시장과 내무장관이 학생의 죽음과 과잉진압의 책임을 지고 물러남으로써 사건을 둘러싼 힘겨루기는 운동진영의 판정승으로 종결된다.

사실 사건의 발생에 대응해 저항과 분노를 집결시킨 주체 역시 APO에 다름 아니었다. APO의 핵심인 독일사회주의학생연합(SDS)을 필두로 수많은 대학생단체들은 각종 시위집회와 추모식을 조직하며 반기를 든다. 오네조르크의 죽음은 특히 학생층에서 미증유의 항의 행동과 폭넓은 연대의 물결로 이어지고, 물경 10만 명을 상회하는 대학생이 6월 2일부터 9일 사이에 경찰의 야만성에 항의해 시위를 벌였다.[52] APO 저항의 오랜 진원지이자 오네조르크가 적을 두고 있던 베를린자유대학 총학생회는 숱한 지지와 연대의 편지를 받는바, 서독 내 거의 모든 학생대표단이 베를린 학생들과 '저항의 연대'를 천명했음이다.[53] 수많은 학생신문이 6월 2일 사건을 강한 비판 논조로 다루고 보도하는 한편,[54] 다양한 정치색의 학생조직과 각 대학 총학생회는 공동성명서를 발표해 서베를린 경찰의 행위에 십자포화를 날렸다.[55] 서독 전역이 추모와 항의 집회로 넘쳐난다. 아헨과 보훔,

뒤셀도르프, 기센, 쾰른, 본, 하이델베르크, 뮌헨, 프랑크푸르트, 뮌스터, 에어랑엔, 다름슈타트, 슈투트가르트, 마르부르크, 괴팅엔, 하노버, 함부르크를 비롯해 당시까지 종합대학이 없던 빌레펠트에서도 6월 6일 오네조르크를 추모하는 시위가 벌어질 정도였다.[56]

물론 경찰의 폭력진압을 옹호하고 학생들을 비난한 정치권에 대한 분노도 꼬리에 꼬리를 물었다. 가령 6월 5일 서베를린에서는 자유대학 총학생회가 베를린 시정부의 폭력적이고 관료국가적인 통치행위를 비판하고,[57] 괴팅엔에서는 6천 명의 시위대가 베를린 경찰의 야만적이고 비민주적인 태도[58]를 도마에 올리며 "관료주의 국가를 통한 베를린 시민의 정치적 자율에 대한 침해"[59]에 항의한다. 프랑크푸르트와 마르부르크 집회에서는 서베를린 학우와의 연대성명을 통해 "경찰 태도뿐 아니라 정치대표자들의 태도"에도 날선 비판을 퍼붓는다.[60] 2천 명이 참가한 6월 6일 하이델베르크대학의 추모집회에서는 "베를린시장 알베르츠를 즉심에 회부하자!"라는 현수막까지 등장한다.[61] 이튿날 브라운슈바이크와 자르브뤼켄에서 수천 명이 모여 두 대학 역사상 최대 집회를 조직하는 동안, 기센에서는 2500여 명의 학생들이 베를린시장 하인리히 알베르츠(Heinrich Albertz)와 내무장관 볼프강 뷔슈(Wolfgang Büsch)의 퇴진을 소리 높여 외친다.[62] 같은 날 쾰른에서는 상이한 정치성향의 여러 학생단체가 공동으로 조직한 오네조르크 추모 및 침묵 행진이 벌어진다. 대학생뿐 아니라 조교와 교수들도 포함해 6천 명이 함께한 이 행진은 마침내 "베를린 시정부의 폭력정치에 반대하는" 거대한 집회로 이어진다.[63]

이렇게 APO의 중핵 SDS를 포함한 수많은 대학생조직들은 베를린 경찰과 이를 옹호하는 체제 및 그 대변자들에게 신랄한 비판의 화살을 겨누고 운동의 폭발력을 배가시켜 나갔다. 또한 그 출발점인 6월 2일은 "그 어떤 날보다 독일의 역사를 바꿔놓게 될"[64] 서독 "저항운동의 핵심적인 날"[65]로 역사에 이름을 올린다. 노팅엄대학의 역사학자 닉 토머스(Nick Thomas)는 같은 맥락에서, APO의 저항을 불지르며 68운동의 폭발점으로 작용한 오네조르크의 죽음과 6월 2일 사건이 "서독의 정치지형을 불가역적으로 바꿔놓았다"고 강조한다.[66]

여하튼 사건 발생과 배경 및 진행과정의 향배를 보면 서독과 베를린 정권의 권위주의적인 통치와 정치가 명확해진다. 시위자의 죽음도 불사하는 폭력적 시위진압 자체가 얼마나 수월하게 승인되고 인정받는지도 적나라하게 드러난다. 이는 민주주의 위기가 당대 독일에서 '현실의 문제'임을 의미한다. 정당한 의사표현 방식인 시위가 흡사 불법으로 간주되며 폭력으로 진압되는 '위기의 현재화'는 민주주의 시스템 자체가 권위주의 정권 및 정책과 쉽사리 동화되거나 비민주적인 형태로 변질될 가능성을 잘 보여주었다.

결국 이 사건을 둘러싼 APO 저항의 동원과 위력이 현재의 위기를 돌파하며 권위주의적인 정치의 확립을 저지했음을 보여준다. 그런 과정을 거침으로써 독일 68운동은 서독사회의 근본적인 자유화와 민주화에 기여했던 것이다.

———

1990년 10월 3일 독일통일의 날 연설에서 리하르트 폰 바이체커(Richard von Weizsäcker) 대통령은 68운동이 "그 모든 상처에도 불구하고" 독일에서 "민주적 사회참여의 심화"에 기여했다고 밝혔다.[67]

의회정치의 틀을 넘어 거리의 직접행동을 앞세운 의회외부저항운
동(APO)의 저항이 비록 당대에는 권위주의 국가와 공권력의 탄압을
받으며 불법이라는 판결에 시달리고 때론 폭력대결로 치닫기도 했
지만, 결국 민주주의의 본령인 '참여민주주의'로의 영역을 넓혔다는
말로 들린다.

기실 APO의 진단처럼 60년대 후반 독일 민주주의는 심각한 시
험대에 놓인 듯했다. 첫째 바이마르 시기의 혼란 속에서 히틀러 나
치정당의 독주에 길을 내어준 법안과 비견되는 비상사태법이 의제
에 올랐고, 둘째로 나치 악몽의 역사가 끝나고 채 20년도 되기 전에
극우세력의 재정치화가 성공리에 진행되며, 셋째로 한 대학생의 죽
음으로 연결된, 경찰이 시위대에 가하는 폭력의 행사가 쉽사리 용인
된 정치·사회적 환경이 백주에 드러났다. 즉 민주주의라는 옷을 걸
치고 권위적이고 경찰국가적인 정책을 실행함으로써 그 옷을 '민주
주의 수의'로 탈바꿈하는 정치 및 국가권력의 실체가 바로 민주주
의 위기의 징후이자, 독일 민주주의의 유약성이나 허약성의 결과로
도 비쳤던 것이다.

하지만 이러한 시험대는 APO 진영의 거부와 돌파에 힘입어 잠정
적으로 종결되었다. APO가 의회 밖에서의 다채로운 직접행동과 계
몽활동을 앞세워 의회정치 자체를 비판하고 극우정당의 성장에 반
기를 들며 권위적인 정권과 공권력의 폭력에 저항한 결과였다. 비상
사태법은 애초보다 훨씬 약화된 형태로 통과되며, 민주주의의 거대
한 구멍이 될 뻔한 악수는 피하는 타협적 법제화가 이루어지고, 극
우의 발호를 넘어서는 반대운동의 열기와 결기 속에서 독일민족민
주당(NPD)의 연방의회 진출도 극적으로 좌절되었다. 나아가 경찰국

가라는 오명으로 비판된, 냉전반공의 이름 아래 횡행하던 공권력의 폭력과 권위주의 정권이 펼쳐나간 독선적 정치와 정책은 APO의 명칭 자체에 체현된 '의회 외부'의 직접행동과 저항에 직면해 결국 저지되고 경로를 수정했다.

이후 APO의 직접행동을 앞세운 다양한 시위방법은 70년대 이후 68운동을 계승한 여러 신사회운동이 꺼내든 행동전략의 핵심 레퍼토리로 자리하며 점차 민주적인 표현방식으로 수용되는 경로를 밟는다. 68운동 당시 국가공권력뿐 아니라 일반 여론 속에서도 폭력행위로 인식되던 '연좌시위'나 '진입시위' 및 '봉쇄' 같은 직접행동을 앞세운 시위방법들에 대한 인식이 변모하기 때문인데, 이는 APO 저항의 장기적인 효과와 연결된다. 직접행동을 통한 항의나 주장이 불법적인 폭력에서, 민주주의가 받아들이거나 담아내야 하는 가능한 표현형태로 전환되는 과정은 결국 민주주의의 폭이 넓어지고 깊어지는 측면과 결부되는 일이었다.

이렇게 60년대 말 독일은 "민주주의가 무엇인지, 제대로 작동하는지, 위기에 처한 것은 아닌지"를 질문하고 질타하는 APO의 직접행동을 앞세운 궐기와 동원 속에서, 자유화와 다소 안정된 민주화로의 궤도에 진입하는 길을 다진 것이다. 즉 APO의 궐기는 놀라운 경제번영과 60년대를 건너가며 전후 민주주의로의 실험적인 발걸음을 내딛고 있던 서독에서 권위주의적 유산에 대한 강력한 비판의 무기를 앞세워 민주주의 각성과 수호의 의미를 묻고, 의회주의의 만능을 경계하는 의회 외부적인 비판과 저항이라는 거리의 정치를 통해 '민주주의 재장전'을 위한 발판을 마련했다고 할 만하다. 따라서 APO의 문제제기와 투쟁은 서독사회가 권위주의로 점철된 과거의 유산과 유물을 털고, 좀더 안정된 민주주의로의 행보를 위한 결정적인 전환점이자 분기점으로 작용했던 것이다.

나아가 APO 저항의 주요한 유산이자 또 다른 교훈은 "민주주의는 언제나 위기에 처할 수 있다"는 인식과 학습의 무대를 펼쳐 보인 대목이다. 무엇보다, 위임된 권력에 대한 비판과 견제가 허술하고 대의제가 투표권 행사로 전락할 경우 민주주의 위기는 언제나 발생 가능하다는 말이었다. 이는 결국 민주주의의 참다운 비행(飛行)을 위해서는 의회라는 날개뿐 아니라, 일종의 직접민주주의적인 목소리인 의회 '외부'의 비판과 압력이라는 살아 꿈틀대는 '매의 날개'도 필요하다는 생생한 역사적 가르침에 다름 아니었다.

독일 68운동의 구심점인 APO는 민주주의 후퇴와 위기를 탐지하는 지진계처럼 다방면을 가로지르며 궐기와 저항으로 '위대한 거부'의 현실성을 입증했다. 독일사회는 APO의 위대한 거부를 날개로 민주주의 위기 너머를 비행했다. 그 속에서 '해방의 가능성'이라는 역사적 지평도 한 뼘 더 넓혀졌다. 그래서일까. 독일 68운동의 슬로건은 이렇게 노래한다. "역사는 가능하다!"[68]

1) Goes, Thomas E. and Violetta Bock 2017, p. 40 참조.

2) 명칭 문제와 관련해서 독일에서는 68운동(Die 68er-Bewegung)이라는 용어가 널리 쓰인다.

3) Ebbinghaus, Angelika and Marcel van der Linden 2009, pp. 7~20, 여기서는 p. 8 참조. 세계적 사건으로서의 68은 다음도 참조. Kastner, Jens and David Mayer eds. 2008; Suri, Jeremi 2005; Frei, Norbert 2008.

4) 68운동과 참여민주주의 문제는 Gilcher-Holtey, Ingrid 2018.

5) 정치의 의미에 대한 새로운 정의와 68운동의 '문화혁명'에 관해서는 다음 장 참조.

6) APO의 대표조직은 독일사회주의학생연합(Der Sozialistische Deutsche Studentenbund)이었다. APO(Die Außerparlamentarische Opposition)의 명칭은 '의회외부반대파'나 '재야'(在野)도 단어 의미상 근접하지만, 의회의 한계를 지적하며 '외부'에서 저항한다는 내용적 의미를 살려 '의회외부저항운동'으로 쓴다.

7) Deutsches Historisches Museum ed. 2016, p. 368; Gilcher-Holtey, Ingrid 2008; Frei 2008 등 참조. 악셀 슈프링어 그룹 반대 캠페인에 관해서는 이 책 제2부 1장과 Jung, Dae Sung(2016) 참조. 이 책에 대한 독일에서의 서평은 Stallmann, Martin(2017) 참조.

8) Eley, Geoff 2002, p. XI(한국어판 14쪽).

9) 같은 책, pp. 661, 364 참조(번역은 필자가 일부 수정).

10) 같은 책, p. 14.

11) Marcuse, Herbert 1967; Tanner, Jakob 1998, pp. 207~23, 여기서는 p. 209. '위대한 거부'는 체제(System)로부터 중요한 운용자원을 급진적으로 박탈함으로써 사회가 완전히 새로운 토대 위에서 다시 출발할 수 있게 하려는 희망에서 기인했다(같은 곳).

12) *Notstandsgesetze: Grundgesetz Auszug* 1968.

13) Krüger, Heike 2012, pp. 325~38, 여기서는 pp. 327~29.

14) 같은 글, pp. 329~38 참조.

15) Kleßmann, Christoph 1988, p. 254 주 143에서 재인용.

16) 같은 책, pp. 245f 참조.

17) 길혀홀타이, 잉그리트 2009, 96, 97쪽.

18) Pilzweger, Stefanie 2015, p. 214.

19) Kleßmann, Christoph 1988, pp. 249f.

20) Krüger, Heike 2012, p. 332.

21) Schneider, Michael 1986; Spernol, Boris 2008. 이러한 직접행동과 더불어 비상
사태법을 겨냥한 당대의 자료를 통해서도 비판적인 정서와 분위기를 느낄 수
있다(Schäfer, Friedrich 1966; Deutscher Gewerkschaftsbund ed. 1967; Schau-
er, Helmut ed. 1967 등 참조).

22) Kraushaar, Wolfgang, 1998a, pp. 146~49; Spernol, Boris 2008, pp. 84f; Schneider,
Michael 1986, p. 294; Kleßmann, Christoph 1988, p. 249.

23) 1968: Das Jahr der Revolution, München, 2008(Audio-CD, Track 8, 4분 55초경부
터).

24) 길혀홀타이, 잉그리트 2009, 114쪽.

25) Dutschke, Rudi 1971, pp. 83~99, 여기서는 p. 92.

26) 같은 글, pp. 118f. 노르트라인베스트팔렌주에서 펼쳐진 비상사태법 반대 '(거
리)연극'에 관해서는 Gödden, Walter(2017, pp. 419~38) 참조.

27) Kraushaar, Wolfgang 2008, p. 163; Deutsches Historisches Museum ed. 2016, p.
368.

28) Krüger, Heike 2012, pp. 336f.

29) Kraushaar, Wolfgang 2008, p. 174.

30) Perels, Joachim 1998, pp. 101~11, 여기서는 p. 101.

31) Kleßmann, Christoph 1988, p. 250.

32) Sepp, Benedikt 2013, pp. 13, 14; Prasse, Jan-Ole 2010, pp. 25~34.

33) Fischer, Thomas 1989, p. 40 참조.

34) Seitenbecher, Manuel 2013, p. 204 참조.

35) Deffner, Ingo 2005, pp. 46~73.

36) Prasse, Jan-Ole 2010, pp. 175f.

37) 같은 책, pp. 177ff.

38) Fichter, Tilman P. and Siegward Lönnendonker 2011, p. 29; Jung, Dae Sung 2016, p.
240 참조.

39) Kraushaar, Wolfgang 2008, p. 286.

40) 같은 책, p. 288. 1969년의 연방선거와 NPD를 다룬 상세한 설명은 Hoffmann,
Uwe(1999, pp. 117~33) 참조.

41) Seitenbecher, Manuel 2013, p. 209.

42) Heimlich, Steven 2009, p. 29 참조. 독일 뉴 라이트의 탄생과 전개에 관해서
는 이 책 제4부 1장 참조. 최근 독일 68운동과 뉴 라이트 운동의 등장배경을
연결해서 파악하는 연구가 늘어나고 있다. 대표적으로, 최근에 나온 Wagner,

Thomas(2017) 참조.

43) "Wahlkampf: Erika Steinbach unterstützt die AfD," *Der Spiegel* vol. 21, 2017. 5. 20, p. 20.

44) 같은 곳.

45) Soukup, Uwe 2017; Michels, Eckard 2017; Pilzweger, Stefanie 2015, pp. 305f.

46) Kraft, Sandra 2010, p. 234.

47) 강조는 필자. Sellhorn, Werner ed. 1968, p. 60.

48) Meinhard, Schröder 2017, p. 33.

49) Sontheimer, Michael 2016, pp. 50~59, 여기서는 pp. 52f. 6월 2일 당일 오네조르크가 총에 맞기까지의 사건진행에 대한 상세한 설명은 이 책 제3부 2장과 Soukup, Uwe(2017, pp. 183~218) 참조.

50) Dutschke, Gretchen 1998, p. 118.

51) Meinhard, Schröder 2017, p. 33.

52) Nevermann, Kurt ed. 1967, p. 5.

53) 당시 팸플릿 *Flugblatt der FU*(날짜 미상, 1967년 6월 추정), *APO-Archiv, Berlin FU Allgemein, FU/TU-Flugblätter*(Juli-Oktober, 1967). 독일 68운동과 관련된 베를린자유대학의 역할이나 위상에 관해서는 윤용선(2015, 115~43쪽) 참조.

54) 다음의 여러 학생신문 참조. *FU SPIEGEL*(Studentenzeitungder FU Berlin) No. 58, Sonderdruck, Juni 1967; Wilhelmer, Bernhard 1967, p. 3; R. M. S. trecker 1967, p. 3; Ahrweiler, Georg 1967, p. 3; "Der Fall Ohnesorg," *notizen*(Tübinger Studentenzeitung) No. 77, Juli 1967, pp. 3-10; Berg, Hanjo 1967, pp. 14f; Leitner, Kerstin 1967, pp. 3f.

55) Bauß, Gerhard 1977, pp. 53f.

56) 같은 곳; Kühne, Hans-Jörg 2006, p. 14.

57) "Resolution der außerordentlichen Sitzung des XIX. Konvents der FU vom 5. Juni," Nevermann, Kurt ed. 1967, p. 88.

58) Lönnendonker, Siegward, Tilman Fichter, and Jochen Staadt eds. 1967, p. 15.

59) Fichter, Tilman P. and Siegward Lönnendonker 2008, p. 165.

60) Rohstock, Anne 2010, p. 171.

61) Nagel, Katja 2009, pp. 41~44.

62) Fichter, Tilman P. and Siegward Lönnendonker 2008, p. 165; Lönnendonker, Siegward, Tilman Fichter, and Jochen Staadt eds. 1967, p. 19.

63) Holl, Kurt and Claudia Glunz eds. 1998, pp. 50f; Seiffert, Jeanette 2009, p. 76.

64) Brenner, Michael 2010, p. 130.

65) Vogel, Meike 2010, p. 171.

66) Thomas, Nick 2003, p. 107.

67) Bude, Heinz 1997, p. 21.

68) "역사는 가능하다"(Geschichte ist machbar)는 독일 68의 아이콘인 두치케의 책 제목으로도 쓰였다(Dutschke, Rudi 1980).

제2장

68, 새로운 문화혁명

일상과 정치가 뒤섞이는 혁명적 기획

앞서도 언급했듯, '68의 얼굴'은 기존 혁명과 사뭇 다른 모습이었다. 국내외적 정치·사회적 문제에 맞서는 거리의 저항 및 시위와 함께, 개개인의 참여가 바탕을 이루는 새로운 삶과 정치가 일상생활을 둘러싼 공간에서 실험되는 다양한 문화적 기획이 분출했다. 분노의 반전 시위와 나란히 축제의 록 콘서트가 펼쳐지고, 시위대의 거리시위 현장이 거리연극의 장으로 탈바꿈했으며, 다른 삶을 추구하는 코뮌 공동체가 우후죽순으로 등장해 낡은 생활방식과 주거형태의 전복을 꾀한다. 이렇게 실로 다면적인 68은 정치와 삶이 서로 어깨를 겯고 문화와 정치가 교집합으로 만나고 일상 속에서 정치의 의미를 새로이 질문하고 일깨우는 일상의 혁명일 뿐 아니라, 개인적 해방과 집단적 해방을 동시에 추구하고 겨냥한 저항운동이었다.

68은 무엇보다 '문화혁명'이었다. 68의 현상은 세계 곳곳에서 '문화적인 것'으로 넘쳐났다. 남녀관계와 가족관계도 교육도 음악도 영화도 연극도 변모하고 대안언론과 대항문화가 솟아올랐다. 집회와 시위를 넘어 다양한 문화행사가 꼬리를 이었고, 영미의 록이나 팝 음악 및 청바지로 대변되는 새로운 문화는 유럽 전체에서 반란의 젊음을 하나로 묶어주는 끈이었다. 전설의 우드스탁 페스티벌(Woodstock Festival)에서 반전과 평화의 메시지가 울려퍼지고 청년들의 대항문화는 사상 처음으로 막강한 사회적 영향력을 과시하며 역사를 뒤흔드는 현상이 되었다.

이런 상황을 목도하며 이후 많은 관찰자와 연구자가 68을 '문화혁명'으로 명명했다. 대표주자인 아서 마윅은 68의 문화혁명 규정에 중요한 초석을 놓은 주저에서 단언한다. "물질적 조건과 생활방식, 가족관계의 '혁명'" 그리고 수많은 "평범한 사람들을 위한 개인적 자유", 따라서 그것은 간단히 말해 문화혁명이었다. 왜냐하면 "정치적 내지 경제적 혁명도, 정치적 및 경제적 권력의 근본적인 재분배도" 분명코 없었을 뿐더러 "프롤레타리아트가 권력을 잡는 일도, 계급 없는 사회도, 주류문화의 파괴도 부재했기" 때문이다.[2]

마윅의 주장은 일면 별로 틀린 점이 없다. 정치·경제적 혁명도 없었고 무계급사회도 도래하지 않았다. 하지만 모든 혁명이 무계급사회나 노동자권력을 지향하지는 않았고 그럴 필요도 없다는 점은 차치하고라도, 정치·경제적 측면과 무관한 '문화적' 혁명만 있었다는 주장으로 가면 이야기는 달라진다. 즉 '정치·사회적'으로 실패한 '문화'혁명이라는 대목에서 새로운 논의가 필요한 것이다.

우선, 그가 말하는 '정치'는 68이라는 그릇에 담기에 너무 협소하다. 다채로운 만화경 같은 새로운 지평을 열어 보였음에도, '정치적 실패와 문화적 성공'이라는 도식을 들이민다면 68과 그 정치적 전망을 편협한 테두리에 가두는 것이다. 68은 정치가 포함된 삶을 '혁명'하는 것이었던 때문이다.

기실 서구 68의 핵심인 신좌파는 기존 좌파에서 정치적 주제로 보지 않은 '문화적' 쟁점을 제기하며, 다름 아닌 개인의 삶과 그 삶의 방식 및 문화, 그 삶 속에서의 정치적 공간의 확장을 강조했다.[3] 이는 68이 문화혁명의 양상을 띤 것과도 결부되지만, 오히려 '정치의 경계'나 '정치적인 것'의 의미를 바꾸어내는 것을 뜻하기도 했다. 68

의 이러한 새로운 변혁전략은 '세상을 바꾸는 일'과 '스스로를 바꾸는 일'⁴을 동전의 양면으로 바라봄을 뜻하고, 진정한 인간해방의 쌍두마차로 '개인적 해방'과 '사회적 해방'을 나란히 놓음을 가리킨다.

이런 맥락에서 필자는 68을 '문화'혁명으로 보는 마워을 비롯한 기존의 논의를 보완하고 확장하는 문화'혁명'론을 시도할 것이다. 68은 무엇보다 '일상'과 '정치'의 문화'혁명'이었던 탓이다. 독일의 정치학자 클라우스 레게비(Claus Leggewie)는 68이 비록 정치체제의 변혁이나 자본주의 경제의 극복과는 다른 길을 걸었으나 "낡은 세계의 하위문화적인 침식"을 이루어낸 '진정한 세계혁명'이라고 보았다.⁵ 사실 68의 회오리를 비켜간 나라는 많지 않았다. 조지 카치아피카스(George N. Katsiaficas)에 따르면, 1968년에 학생반란이 일어난 곳은 세계적으로 65개국이고, 그중 유럽이 22개국이었다.⁶

거칠게 분류하면 68의 대의는 반권위주의, 반전체주의, 반자본주의, 반공산주의, 반전과 평화, 소비사회와 인간소외 비판 등으로 말할 수 있다. 반권위주의 운동이 보여주듯 '자유서방'의 실제 현실도 동구나 독재정권의 나라들과 그다지 멀리 있지 않았음에도 불구하고 나라마다 지역마다 차이는 있었다. 기실 유럽 내에서만도 의회민주제의 서유럽이나 북유럽과 스페인 및 포르투갈 같은 군사독재의 남유럽, 공산정권의 동유럽에서 활동가들의 운동목표나 이해방식에 큰 차이가 있었다. 예를 들어 동유럽의 경우 형식민주주의 절차의 획득과 탈소비에트화 및 인권이 중요한 문제였고, 스페인과 그리스 같은 곳에서는 권위적 구조와 부족한 의회민주주의에 대한 비판으로서 기본적 자유권을 위한 투쟁이 쟁점이었으며, 멕시코 같은 나라도 서유럽과 차이를 보였고, 형식민주주의가 확립되었지만 인종문제와 반(反)베트남전 시위로 홍역을 앓던 미국도 마찬가지였다. 그래서 무엇보다 '문화혁명'이 유럽 활동가들 사이에서 가장 거대한 접점이었다.[7] 그럼 68은 어떤 문화혁명이었던 것일까?

일상과 정치의 문화혁명

68이 '문화혁명'이라고 명명한 마워이 '정치혁명'이나 '경제적 혁명'의 부재만을 말한 것은 아니다. 그에게 68은 "'좌절된 혁명'이 아니라 '한번도 존재하지 않은 혁명'"이었다.[8] 그렇다면 68은 "혁명이랄 것도 없는데 굳이 말하자면 문화적 혁명이었다"는 말에 가깝기에, 마워의 68은 정치·경제적 지형에 파장을 낳지 못한 모종의 '문화적 사건'으로 비친다.

하지만 필자는 문화혁명이라는 범주에 '정치'를 포함함으로써 68의 혁명 개념을 확장할 것이다. 실제로 68은 문화적 변혁과 연관되지만 정치적인 측면과 함의를 배제할 수 없을 뿐더러, "정치적인 효과를 가지는 '문화혁명'"으로 "정당구조 및 의회구조를 넘어서는 정치참여"의 확립과 발전뿐 아니라 성 모럴의 자유화나 여성의 동등권, 대안문화의 발전에도 크게 기여했다.[9] 또한 68은 반베트남전 저항과 자본주의 비판을 통해서 적어도 유럽이나 미국의 정치문화를 변화시켰기에 전혀 비정치적이지 않고 정치적 부분에도 적잖은 영향을 미쳤다.[10] 나아가 전통적 가치를 시험대에 올리고 문화적 위계를 공격하고, 가족에서부터 국가에 이르기까지 전방위적인 문제제기를 통해 '제도 전체에 맞선 전선'을 열어젖히며 정치문화 자체를 바꾸고,[11] 일상과 정치가 연결되고 뒤섞이며 정치행위의 공간을 다양한 영역으로 확장함으로써 전통적인 정치활동과 정치 개념을 뛰어넘은 문화혁명이었다.

즉 68의 반란은 정당과 의회의 고전적인 정치활동의 장을 훌쩍 뛰어넘어 학교와 기업, 법정, 관청, 군대, 감옥, 문학, 예술을 망라하는 질풍노도의 궐기와 돌격이었다. 반란의 화살은 개혁의 목소리가 주로 울려퍼진 교육과 정치를 넘어 남녀의 교제방식과 주거 및 삶의 방식까지 기존의 모든 것을 겨냥하고 뒤흔들고 변화시켰다. 거리가 극장이 되고 법정이 선동과 토론의 광장으로 변모했으며 영화와 음악도 변화의 바람에 휩쓸리고, 운동 내 남성의 권위주의에 분노한 새로운 여성운동의 깃발도 운동의 한복판을 뚫고 나왔다.[12]

68은 삶의 모든 부분을 변혁하려는 문화'혁명'이었던 것이다. 더불어 68의 지평에는 정치·사회적 해방도 같이 있었다. "정치적 목표를 생활양식 혁명과 결부시킨" 68은 정치적인 양심이나 이성이 욕구나 유머 나아가 축제와 어깨를 나란히 세운 드문 경우였다.[13] 68은 성본능 같은 욕구에 대한 억압과도 정면으로 맞섰다. 성해방과 인간해방은 대립적인 것이 아니었고, 욕망과 상상력은 결합해 있었다. 모든 억압과 권위는 결국 성적인 억압과도 연결되기 때문이다. "혁명을 생각할 때면 섹스가 하고 싶어진다"는 슬로건은 우연이 아닌 것이다. 미국의 유명한 반전 슬로건인 "전쟁 말고 사랑을 하라"도 같은 맥락이다.[14] 또한 하버마스는 68을 통한 서독사회의 근본적 자유화가 "토론과 축제 사이의 경계를 흐리는 자율적인 여론의 새로운 형성"을 뜻한다고 본다.[15]

기실 68에서 무엇보다 돋보이는 대목은 '축제로서의 혁명' '혁명으로서의 축제'라는 양상이다. 68의 거리에서는 함성과 깃발, 최루탄과 투석이 난무했지만 수많은 공연의 흥겨움과 거리연극의 유머와

위트가 토론이나 논쟁과 겹쳐지는 축제의 장이기도 했다. 그런 면에
서 68의 정신은 "해야 하기 때문에 너는 할 수 있다!"(칸트)보다 "할
수 있기 때문에 너는 해야 한다!"(슬라보이 지제크)는 말에 더 가깝다.
축제는 즐겁게 할 수 있는 일이고, 할 수 있기 때문에 한다면 혁명조
차 축제일 것이기 때문이다.[16] 결국 68은 "가족과 교육, 성과 문화와
학문, 무의미한 노동과 무료한 자유시간, 지배권력 같은 근본적이고
거의 실존적인 모든 문제를 이 나라 및 전세계의 정치적인 문제와의
관련 속에서 끄집어냈다"[17]고 말하는 독일 활동가의 목소리도 이 반
란의 주요한 측면을 잘 드러내준다. 68은 정치적 저항을 포괄한 문
화혁명이었던 것이다.

　68의 '정치적 지평'은 전통적인 '정치적 지형'을 훨씬 넘어선다.
68의 문화혁명에서는 '정치에 대한 인식 변화' 자체가 핵심이었다.
정치는 정치가의 일이 아니라 일상과 결부된 활동이고, 대학 강의실
과 법정, 군대와 교회 그 어느 것도 정치적 활동의 대상이자 장소였
다. 68은 "정치의 경계를 기존의 제도화된 의지형성 및 결정과정 무
대를 넘어 다양한 의사소통 공간으로 확장해" 나간 것이다. 정치는
더 이상 주기적인 투표권 행사에 국한되지 않고, "공적 공간을 점령
해 의사소통 과정에서 그 공간을 자기결정이 이루어지는 행동의 장
으로 만들어가는 것"을 뜻했다.[18]

　이러한 정치인식은 정치문화 자체의 심원한 변화를 가져온다.
가령 68 이전에 '거리시위'는 정치활동 수단으로 제대로 인정받지
못했지만 이제 이 '거리의 목소리'는 정치적 의견표명이자 활동이었
고, 이른바 정치권에서 이런 시위를 정치적 행위이자 여론으로 인정
하게 되는 계기가 바로 68의 '거리의 정치'였던 것이다. 68의 구호인

"정치는 거리에 있다. 바리케이드는 거리를 막지만 길을 열어준다"도 그런 뜻이었다.[19] 68 모토의 하나이자 참여민주주의의 상징적 어구인 "민주주의는 거리에 있다"[20]도 같은 맥락에서 이해할 수 있다.

68의 주체들은 '정치'를 어떻게 생각했을까. 독일의 오스카 넥트(Oskar Negt)는 당대 신좌파의 목표가 '어떤' 정치 지배체제를 '또 다른' 체제로 대체하는 것이 아니라 "사회적 삶과 분리된 영역으로서의 정치"를 철폐하는 것이라고 했다.[21] 이 말은 정치 자체에 대한 개념을 재규정한다. 즉 삶과 분리되어 직업정치가의 문제로 전락한 정치를 철폐하는 것이 진정한 변혁의 출발점이라는 뜻이다. 이런 변혁을 위해 신좌파는 자기결정과 자치, 공동결정과 자결의 원칙을 강조하며 사회적 삶뿐 아니라 개인적 삶과도 연결된 정치를 주장했던 것이다. 같은 맥락에서 역사가 길혀홀타이는 신좌파가 민주주의의 "대리적이고 대의적인 조직형태로의 환원"을 비판함으로써 "새로운 형태의 정치적 정체성 형성이 실험"되는데, 이는 이른바 "삶의 정체성을 형성하는 구조에 자기 삶의 영역에서 직접 정치적으로 관여하는 실험"이라고 역설한다.[22] 이는 결국 '정치'의 의미를 제도정치권에 한정하는 것을 거부하는 시도이자 실험이며, 개인적 삶과 사회적 삶의 일치이자 두 삶의 해방을 동시에 지향하는 기획이었다.

이렇게 '정치적인 것의 범주 자체'를 다시 정립했기에 68의 대의는 특히 국가권력 장악 같은 것과는 길을 달리했다. 기존의 혁명관에서 '국가권력 장악'과 '경제의 재조직화'가 핵심이었다면 68은 달랐다.[23] 프랑스 68의 상징인물로 올라선 다니엘 콘벤디트(Daniel Cohn-Bendit)의 회고에서 이는 잘 드러난다. 마르크스주의 혁명의 전통에서는 "삶을 바꾸기 위해서 모든 구조를 바꾸어야" 했다. 그러나

"우리는… 혁명과정이 일상생활 변화의 집약임을 발견했다. …우리
는 혁명을 위해 목숨을 바친 뒤 다음 생에서 변화를 이루는 게 아니
라 오늘 우리가 사는 이곳에서 변화를 만들어"내려고 했다.[24] 역사
가 제프 일리는 이를 "일상생활에서 출발해 새로운 정치를 구축하
는 것"이라고 했다.[25] 유사한 맥락에서 라울 바네겜(Raoul Vaneigem)
은 "일상생활에 대해 명백히 이해하지 않고, 혁명에 대해 이야기하
는 사람들은 죽은 것을 이야기하는 것"이라고 썼다.[26] 간단히 말해
정치와 일상생활의 일체화였고, 이는 각국의 68이 공유한 주요한 흐
름이었다.

　기실 이런 '일상과 정치의 결합'을 위해 기성 체제의 "일차원적
인 현실이해에 맞서는 투쟁선언"[27]이 프랑스 5월의 가장 유명한 슬로
건 "상상력에 권력을!"이었다. 이 슬로건은 봉기 참가자들의 경험과
느낌 속에서 모든 것이 가능해 보이는 당시의 분위기를 반영한다. 5
월의 날들의 정점에서 비록 일시적이지만 권력이 실제로 사라진 듯
이 보였고, 그 진공상태에서는 모든 것이 실험될 수 있는 일상과 연
결된 공개적인 자유공간의 점거가 관건이었다. 가차 없는 비판이 제
도와 문화, 삶의 관습을 뒤흔들기 시작했고 이 탈신비화의 놀라운
과정에서 '상상력'이 솟아올랐다. 점거된 오데옹 극장에서는 자유로
운 연단에서 모든 사람이 발언할 수 있는 토론 마라톤이 끝없이 이
어지고, 에콜 데 보자르(Ecole des Beaux Arts, 미술학교)는 수천 명의
빛나는 아이디어와 혁신을 통해 체제를 조롱하고 비판하는 창조적
포스트의 집단 제조공장으로 거듭났다.[28]

　프랑스 5월혁명은 "진정한 '문화혁명', 즉 일상의 문화와 사회관
계의 영역에서 혁명의 전개가 가능하게 길을 열었다"[29]고 평가받는

다. 이러한 평가는 나라와 지역마다 정도의 차이는 있지만, 68이 펼쳐낸 진정한 가능성의 영역을 설명하는 방식으로 볼 만하다. 그런 뜻에서 "68년 5월은 고전적인 노동자운동의 마지막 돌진이 아니라 아마도 새로운 혁명시대의 첫 동요"[30]라는 갈파도 유의미해 보인다. 그렇다면 68년 5월은 '새로운 혁명'의 출발점일지도 모른다.

이제 68을 '문화혁명'이라 함은 정치·경제·사회와 다른 문화분야의 혁명이라는 뜻이 아니다. 문화는 단지 "정치, 경제, 사회 등과 구분되는 별개의 부분영역"이나 파생적인 '종속적 영역'이 아닌 탓이다.[31] 문화는 되레 "정치적 지배관계, 경제적 소유관계, 사회적 계급관계를 반영함과 동시에 규정하는 것으로서 그런 관계들에 영향을 미치고 변화를 가져오는 것"이다.[32] 그렇기에 68의 문화혁명은 문화적 부분만이 아니라 전사회적인 관계망을 뒤흔들어놓은 혁명이었다.

록 음악: 대항문화와 저항의 목소리

68은 대중음악의 지형도 뒤흔들었다. 1968년에 비틀스(Beatles)는 〈혁명〉(Revolution)에서 "우리는 모두 세상을 바꾸려고 한다"며 시대정신을 노래했다. 물론 비틀스는 이 노래에서 폭력문제와 선을 긋는 모습도 보였다. 〈혁명〉은 기실 비틀스 전체라기보다 시대정신과의 대화에 소홀치 않았던 비틀스의 왼쪽 날개 존 레넌(John Lennon)의 노래였다. 노래가사로 들어가면 물론 간단치는 않다. 일명 《화이트 앨범》(White Album, 5월 녹음 11월 발매)에 실린 〈혁명1〉(Revolution 1)은 "파괴에 대해 말한다면 나는 같이하지 않겠다, 하겠다"(But when you talk about destruction, you can count me out, in)는 모호한 가사를 남기지만, 이보다 나중인 7월에 녹음되었으나 8월에 먼저 싱글로 발표된 버전인 〈혁명〉에서는 '하지 않겠다'고 선을 그은 것이다. 그 결과 8월 말에 경찰폭력과 가두투쟁으로 얼룩진 시카고 민주당 전당대회의 한복판에서 싱글 버전이 먼저 발표되자 신좌파 진영에서 배신자로 공격받는 수모를 겪는다.

하지만 존 레넌은 비틀스의 다른 멤버와 달리 사회비판 및 시대 정신의 수용을 마다하지 않았고 일본인 아내 오노 요코의 영향을 받으며 60년대 말 이후 반전 문화운동의 주요 인물로 부상한다.[33] 비틀스 해산 후에 존 레넌은 더 과격해진다. 미국 신좌파의 영향력 아래 비틀스 해체 이후 쓴 노래가 〈노동자계급의 영웅〉(Working Class Hero, 1970)과 〈민중에게 권력을〉(Power to the People, 1971)인데, 〈민중에게 권력을〉의 가사는 〈혁명〉과 많이 달라져 있었다. "당신은 혁명을 원한다고 말하지. 당장 하는 게 더 좋아." 이 노래의 탄생에는 영국 신좌파의 중심 인물 타리크 알리(Tariq Ali) 및 로빈 블랙번(Robin Blackburn)과의 대화가 영향을 끼쳤다.[34]

한편 비틀스의 '라이벌' 격인 롤링 스톤스(Rolling Stones)도 1968년을 그냥 지나치지 않았다. 같은 해 8월에 발표한 〈거리의 투사〉(Street Fighting Man)는 전투적 저항을 고무하는 정서를 잘 드러내는 곡으로, 오늘날까지 가장 유명한 저항음악으로 남아 있다. 〈거리의 투사〉는 5월 런던 미대사관 앞의 반전시위에 참가한, 그룹의 보컬이자 간판인 믹 재거(Mick Jagger)가 폭력대결의 고조를 두려워한 지도부측의 시위를 접자는 결정에 불만을 품고 쓴 것으로, 당시 저항이 고조되는 분위기를 잘 잡아내고 있다.[35] 사실 가사는 단순히 폭동이나 폭력에 호소하는 내용이 아니고 오히려 파리 청년들에 비해 런던의 조용함을 불만스레 쏟아내고 있지만, 노래는 시카고 민주당 전당

대회 사태 후 미국 라디오방송에서 금지되었다. 노래가 폭력행동을
부추긴다는 이유였다. 록 음악이 저항운동에 미치는 영향력을 인정
하는 것과 다름 아닌 대목이다.[36] 여하튼 "도처에서 진군의 소리가
들린다"는 말로 포문을 여는 이 노래는 68을 위한 '혁명적인 찬가'[37]
로 이해되었다. 저항운동이 음악과 저항에 다리를 놓은 셈이었다.

　60년대 청년반란의 또 다른 상징인 록 그룹 도어스(Doors)의 노
래는 내처 저항의 한복판으로 뛰어들었다. 1968년 4월, 학생들이 점
거한 컬럼비아대학 건물의 창문에 도어스의 노래 〈음악이 끝나면〉
(When the Music's Over)에서 따온 슬로건 "우리는 세상을 원하고 바
로 지금 원한다!"(WE WANT THE WORLD AND WE WANT IT NOW!)가
커다란 글자로 찬연히 빛난 것이다.

　이들 노래처럼 68의 함성은 세상을 원했고 또 바꾸어놓으려 했
다. 또한 당대 수많은 시위현장에서 시위대는 미국 시민권운동의 대
표곡인 〈우리 승리하리라〉(We Shall Overcome)를 부르며 하나로 단결
했는데, 실로 60년대 미국 저항운동의 음악적·문화적 총화와 같은
노래였다.[38] 저항운동은 이렇게 음악과 저항을 하나로 묶어세우고,
다시금 시위와 시위대를 고무하는 음악을 태동시켰다.

　전쟁 없는 세상을 부르짖는 시대에 록 음악도 베트남전과 미국
정부를 공격하며 저항의 깃발 아래 선다. 록 역사상 최고의 기타리
스트로 꼽히는 지미 헨드릭스(Jimi Hendrix)가 우드스탁에서 미국정
부에 대한 분노와 비판을 담아 국가(國歌, 성조기여 영원하라 The Star
Spangled Banner)를 전장의 기관총과 폭탄 퍼붓는 듯한 기타소리로
난도질하며 연주했다. 우드스탁의 전설적 순간이자 베트남전에 반대
하는 음악적 상징이었다. 헨드릭스의 연주는 포탄의 폭발음과 사이

렌 소리, 저공비행으로 공격하는 헬기 소리가 연상되는 사운드의 폭발을 통해 '베트남전에 대한 분노와 실망'을 고스란히 듣고 느낄 수 있었다. 우드스탁의 대항문화적인 맥락에서 이 노래는 베트남전과 화석화된 미국적 삶의 방식에 대한 '불같은 고발장'이었다. 지미 헨드릭스의 미국국가 연주는 베트남전에 저항하는 '문화적인 전복행위'였기 때문이다. 이 노래가 '우드스탁 세대의 직접적인 확실한 신분증' 같은 존재로 나중에 60년대 록 음악의 가장 중요한 발언이자 '음악적 등대'로 칭송되는 것은 그런 맥락에서였다.

헨드릭스는 60년대 저항문화의 상징인물로서 특히 베트남전에 대한 저항의 목소리를 대변했다. 그는 1970년 벽두 '필모어 이스트'(Fillmore East) 공연에서 〈머신 건〉(Machine Gun, 기관총)이라는 신곡을 선보이며 베트남과 시카고와 밀워키, 뉴욕에서 싸우고 있는 모든 병사들에게 바친다고 역설적으로 표현했다. 즉 미국도시들에서 벌어지고 있는 격렬한 시위를 암시하며 기관총 사격에 쓰러질 수 있는 상시적인 위험에 노출된 모든 '거리의 투사'를 위해 쓴 것이었다. 따라서 단순히 베트남전에 대한 반대가 아니라 '미국 내의 전장'에서 벌어진 시위대를 향한 총격을 신랄히 비판하는 것으로, 헨드릭스가 왜 우드스탁 세대와 '68 저항의 음악적 상징'으로 받아들여지고 있는지를 보여주는 대목이다. 마지막 앨범인 《밴드 오브 집시》(Band of Gypsy, 1970)에 실린 〈머신 건〉은 베트남전과 시위대 폭력진압에 대한 가장 신랄한 음악적 비판이었다.[39]

사실 헨드릭스는 자신이 원하는 인생은 "유별난 것이 아니다"고 말했다. "여자를 사랑하고, 멋진 블루스 고전을 연주하고, 잘 먹고 잘 마시고. 아주 평범한 일들이지." 하지만 방해세력이 문제였다. "돼지 같은 권력자들이 통치하는 한 그럴 수가 없는" 때문이었다. 결국 그는 저항을 호소한다. "이런 아주 평범한 것을 모두 할 수 있기 위해서는 더 많은 일이 일어나야 하지. 우린 더 많은 투쟁이 필요해."[40] 1968년에 무대 위에서 미국국기를 불태운 헨드릭스는 실제로 독일 공연에서 "혁명적인 흑인 록 스타"[41]로 불렸다.

이렇게 당대의 목소리들은 시대를 외면하지 않았고, 유명한 미국의 저항 포크가수인 존 바에즈(Joan Baez)도 일찍이 1964년 버클리 대학 점거에 가담해 현장에서 〈우리 승리하리라〉를 불러 시위대를 고무했다. 각종 시위현장을 누빈, 노래하는 활동가 존 바에즈는 유럽으로 건너가 서독 부활절 행진에도 손을 내밀어 연대했다.[42]

하지만 60년대 저항음악의 선구자는 무엇보다 밥 딜런(Bob Dylan)이었다. 그는 포크의 상징인물이자 포크 록의 개척자로 "록 음악을 사회 비판적인 노래의 시대에 걸맞은 형태로 확립시켰다"고 평가된다.[43] 2016년 노벨문학상 수상이라는 파격을 낳은 밥 딜런은 이미 1964년에 〈변화하는 시대〉(The Times They Are A-Changin')[44]를 노래했다. '변화하는 시대'를 염원하고 선언한 이 노래는 같은 해 롤링 스톤스가 발표한 〈시대는 우리의 편이다〉(Time is on My Side)와 더불어 저항의 시대정신을 앞질러 노래하고 뒷받침한 대표곡이다. 이렇게 당대는 모든 것이 가능해 보이는 때, 68의 슬로건이 이렇게 울려퍼지는 시대였다. "상상력에 권력을!"

60년대 후반은 무엇보다 거대한 록 페스티벌의 시대였다. 그레이트풀 데드(Grateful Dead)와 제퍼슨 에어플레인(Jefferson Airplane), 재니스 조플린(Janis Joplin)과 지미 헨드릭스 같은 밴드와 뮤지션이 나선 1967년 6월의 몬터레이 페스티벌(Monterey Festival)을 기점으로 대안적 생활방식과 정치적 저항이 록 음악의 축제에서 하나로 모이는 잠재력이 분출했다.[45] 대항문화를 통한 록 음악과 정치적 저항의 결합에 정점을 찍은 것이 바로 1969년 8월의 우드스탁 페스티벌이다. 수십만 명의 청년이 운집해 사흘 밤낮으로 대항문화의 절정을 이룬 이 페스티벌은 록 음악의 열정과 베트남전 반대의 분노가 한목소리로 녹아드는 장관을 연출하며 '사랑과 평화와 저항'을 상징하는 '우드스탁 국가'라는 전설을 낳았다.[46]

여하튼 1967년에 폭발한 미국 록 페스티벌의 열기는 독일로 넘어와 1968년 9월 '국제 에센 송탁'(Internationale Essener Songtage)으로 열매 맺는다. 4만 이상이 운집한 이 페스티벌은 몬테레이와 우드스탁 사이에 위치하는 유럽 최초이자 최대의 록 페스티벌로 60년대 말 서독의 가장 중요한 대항문화 행사였다. 여기서 프랭크 자파(Frank Zappa)의 마더스 오브 인벤션(Mothers of Invention)과 팀 버클리(Tim Buckley), 프란츠 다겐하르트(Franz J. Degenhardt), 아몬 뒬(Amon Düül), 탠저린 드림(Tangerine Dream) 같은 영미와 독일 밴드 및 뮤지션이 무대에 올라 대항문화 속에서 록 음악과 정치가 어떻게 결합하는지 보여주었다. 페스티벌의 조직자이자 주창자인 롤프 울리히 카이저(Rolf-Ulrich Kaiser)가 신좌파의 정치를 표명하는 데 주력한 탓에 정치적 음악, 특히 저항음악에 대한 강의와 토론도 행사 프로그램의 중요한 일부로 자리잡았다.

독일의 경우 록과 팝 같은 대중음악과 정치가 영국 같은 곳보다 더 강하게 결합되었다. 그래서 서독 좌파진영에서는 프랭크 자파나 지미 헨드릭스, 도어스 같은 록 음악이 대항문화의 주요한 자산으로 간주되었다.[47] 결국 서독에서도 68의 목소리를 상징하는 정치적 노래

들이 일상적인 삶의 방식을 변화시키는 문화혁명이 확산되는 데 기여했다.[48]

록 음악은 이렇게 음악 자체와 그 상징적 이미지로 68에 연료를 공급했다. 롤링 스톤스나 도어스 같은 그룹, 지미 헨드릭스 같은 뮤지션은 실질적인 정치적 발언이나 활동 정도에 아랑곳없이 음악을 통해 저항의 상징체로 올라섰다. 물론 일부 록 뮤지션은 바리케이드나 점거에 직접 가담하거나 그런 정치적 행동주의를 적극 표방하고 지지했다. 가령 슬라이 앤드 패밀리 스톤(Sly and the Family Stone) 같은 그룹은 《일어나!》(Stand!)나 《폭동은 계속된다》(There's a Riot Goin' on) 같은 앨범을 발표해 저항과 반란을 공공연히 부추기고 노래했다.[49]

밥 딜런과 존 바에즈의 저항 포크와 롤링 스톤스나 지미 헨드릭스의 분노한 록 음악은 단번에 지구 반대편의 젊은이들을 일깨워 어깨 걸게 했으며, 프라하의 봄에서도 영미의 록 음악이 울려퍼졌다.[50] 공산주의 진영에서도 록 음악은 세계 공통의 언어였고 비틀스를 모르는 동유럽인은 없었다.[51] 따라서 저항음악으로서의 록 음악이 없는 60년대 사회운동이나 68을 생각하기 어렵다. "혁명은 록과 함께 시작되었다"[52]는 제리 루빈(Jerry Rubin)의 선언은 록 음악의 당시 위상을 잘 보여준다. 여하튼 정치적 저항운동과 대안 청년문화의 결합은 68의 도드라진 얼굴이었고,[53] 록 음악은 대항문화의 중대한 영역이었다.

기실 사회비판으로 날을 세운 록 그룹의 선동적인 음악은 기성 제도와 삶의 방식에 명백한 도전을 의미했다.[54] 초기에 비틀스는 체제를 공개적으로 공격할 필요도 없었다. 그 성공만으로도 체제비판이 되었던 탓이다.[55] 독일에서도 60년대 후반이 되면 록 음악이 '해방의 도구'로 많은 좌파 지식인들에게 인정되었다.[56] 나아가 주요한 대항문화인 록 페스티벌을 동반한 저항음악으로서의 록 음악은 "자본주의 업적 사회의 저편에 있는 대안적인 삶을 표현하는 목소리"로 볼 수도 있었다.[57] 물론 이 대안을 꿈꾸는 '저항의 목소리'가 이후는 물론 당대에조차 한편으로 음반산업을 살찌우는 총아이자 '자본주의 상품'이었던 측면도 무시하기 어렵다. 특히 록 음악의 이런 양면적인 점에 대해서는 연구와 논의가 필요할 것이다. 여하튼 50년대에 로큰롤로 태동해 60년대 영미에서 폭발하며 젊은 저항의 상징으로 자리매김한 록 음악은 저항의 아이콘이 되며 68 문화혁명의 영토에 주요한 성채를 쌓아올렸다.

───────

68은 '문화혁명'이었지만, 정치·사회·경제적으로 실패하고 '문화'적으로만 의미가 있었다는 평가는 운동의 자장과 진폭, 의미와 성과를 과소평가하는 방식이다. 68은 '정치'의 의미를 재규정하며 정치나 정치활동의 폭을 일상에서부터 각종 제도·기관까지 포괄하고 자기주도적인 참여에 방점을 찍는 혁신을 통해, 특히 서구사회에 근본적인 변화를 초래했다. 68의 문화혁명은 정권이나 국가의 전복 및 정치제도의 변화에 매몰되지 않고, 진정한 사회변혁의 토대가 인간의 삶을 둘러싼 다양한 공간에서 펼쳐지는 폭넓고 새로운 의미의 정치활동이라고 강조한 진정 혁명적인 기획이었다. 물론 '일상과 정치의 문화혁명'이라는 68의 날개에는 베트남전 반대나 제3세계 해방운동의 대의를 통한 국제적 연대와 저항의 몸짓도 펼쳐져 있었다. 즉 68의

문화혁명은 그간 변혁운동이나 혁명에서 도외시된 개별인간의 복구
와, 개인의 문제를 사회·정치적 문제와 연결시켜 내는 전복적 사고가
결합한 '개인적 해방'과 '사회적 해방'의 쌍두마차를 통한 새로운 변
혁의 바람이었던 것이다.

　　역사가 게르트 라이너 호른(Gerd-Rainer Horn)은 『68의 정신』에
서 68을 위기와 기회가 함께 온 국제적인 순간으로, 수많은 사람들
이 "정치·사회적 권력의 통상적인 진입로를 벗겨내면 자갈 아래에
해변이 있다고 확신한 동시대사의 어떤 시기"라고 불렀다.[58] 그렇다.
68은 상상력과 희망을 앞세운 역사적 낙관주의가 일구어낸 놀라운
현상이었다. 68의 눈부시게 다면적인 얼굴에는 결국 미래에 대한 희
망과 낙관, 더 나은 삶과 세상에 대한 열망이 공히 깃들어 있었다.
하지만 그런 삶과 세상을 위한 상상력은 루디 두치케의 입을 빌려
다시금 이렇게 요구한다. "역사의 가능성은 열려 있고, 역사의 이 시
기가 어떻게 끝날지는 무엇보다 의지에 달려 있다"고.[59] 물론 역사에
서 상상력이 열어놓은 가능성의 실현은 언제나 의지와 행동의 문제
였다. 그럼에도 모든 것은 '상상력에 권력을' 부여하며 비로소 시작
되었다.

1) 대표적인 것으로 Marwick, Arthur(1998); Siegfried, Detlef(2008); 홉스봄, 에릭 (1997, 444~75쪽); Kießling, Simon(2006, p. 284) 참조. 국내논문으로는 송충기 (2007, 48~67쪽)와 이 논문의 일부 수정본인 같은 저자의 「68운동: 정치혁명에 서 문화혁명으로」; 송충기·류한수 외(2009, 379~413쪽) 참조.

2) Marwick, Arthur 1998, pp. 14f, 805.

3) 일리, 제프 2008, 645쪽 참조.

4) Belinda, Davis, Wilfried Mausbach, Martin Klimke, Carla MacDougall eds. 2012.

5) Leggewie, Claus 2001, p. 3.

6) 카치아피카스, 조지 1999, 126쪽 참조.

7) Frei, Norbert 2008, pp. 186f; Gildea, Robert, James Mark, and Anette Warring eds. 2013, pp. 330ff 참조.

8) 마윅, 아서 2004, 370~97쪽, 인용은 392쪽(Marwick, Arthur 2000, pp. 312~32).

9) Weber, Wolfgang 1998, p. 212.

10) von Becker, Peter 1998, p. 10 참조.

11) Siegfried, Detlef 2008, p. 5; Kraushaar, Wolfgang 1998a, p. 315 참조. 인용은 같 은 곳.

12) Frei, Norbert 2008, p. 131 참조.

13) Kleßmann, Christoph 1991, pp. 90~105, 특히 p. 100. 생활양식의 혁명은 세계적 으로 관찰된 현상으로 독일도 마찬가지였다(Bieling, Rainer 1988, p. 31 참조).

14) 길혀홀타이, 잉그리트 2009, 역자후기, 284, 285쪽; 이성재 2009, 81, 82쪽 참조.

15) Habermas, Jürgen 1990, Interview mit Angelo Bolaffi, p. 26.

16) 길혀홀타이, 잉그리트 2009, 역자후기, 285, 286쪽.

17) Wolff, Frank, Eberhard Windhaus eds. 1977, p. 13.

18) 길혀홀타이, 잉그리트 2009, 130, 131쪽.

19) 이성재 2009, 33쪽.

20) 밀러, 제임스 2010.

21) Negt, Oskar 1971, pp. 159~74, 인용은 p. 174.

22) 길혀홀타이, 잉그리트 2009, 136쪽.

23) 일리, 제프 2008, 638쪽.

24) 같은 곳에서 재인용.

25) 같은 책, 639쪽.

26) 바네겜, 라울 2003, 403쪽.

27) Tanner, Jakob 1998, p. 207.

28) Walz-Richter, Brigitte 2001, pp. 37f.

29) 프레미옹, 이브 2003, 421쪽.

30) 같은 책, 424쪽.

31) 안병직 2007, 508~27쪽, 인용은 513쪽. 그런 측면에서 문화사 역시 정치사나 여성사 혹은 "지역사나 의학사처럼 어떤 '전체' 역사에서 주제에 맞게 떼어낼 수 있는 '부분의 역사'가 아니다"(Daniel, Ute 2001, p. 11).

32) 안병직 2007.

33) Heidkamp, Konrad 2007, pp. 54~57(하지만 하이드캄프는 싱글인 〈혁명〉과 앨범 버전 〈혁명1〉의 녹음날짜를 뒤바꿔 혼동하고 있다); 한경식 2001, 580~83쪽, 599~601쪽 참조.

34) Ali, Tariq 1987, pp. 331f. 번역본은 알리, 타리크 2008, 527, 528쪽.

35) 길혀홀타이, 잉그리트 2006, 120쪽 참조.

36) Gäsche, Daniel 2008, pp. 123ff; Sievers, Rudolf ed. 2004, p. 365 참조. 〈거리의 투사〉에 대한 영미와 독일 당대의 반응 및 비판적인 해석 그리고 비틀스의 〈혁명〉과의 비교는 Staib, Klaus(2009, pp. 167~74) 참조.

37) Doggett, Peter 2007, p. 170.

38) 이 노래 하나에 대한 책으로는 Stotts, Stuart(2010) 참조.

39) Kemper, Peter 2009, pp. 120~23 참조.

40) Mosler, Peter 1977, pp. 24f.

41) Theising, Gisela 2008, pp.386~93, 인용은 p. 393.

42) Frei, Norbert 2008, p. 46; Cohn-Bendit, Daniel, Reinhard Mohr 1988, p. 27 참조.

43) Schmidt, Mathias R. 1983, p. 182.

44) 68의 진영을 가르는 문화적인 시금석은 기성 세대를 넘어서는 태도의 문제로, 비판과 저항을 상징하는 비틀스나 롤링 스톤스, 그레이트풀 데드와 제퍼슨 에어플레인을 듣느냐의 문제였다고도 한다(Schildt, Axel 2011, p. 100 참조).

45) Siegfried, Detlef 2006b, pp. 52~62, 특히 p. 54 참조.

46) 길혀홀타이 잉그리트 2006, 77쪽 역주. Reynolds, Susan ed. 2009; 랭, 마이클, 홀리 조지-워런, 2010도 참조.

47) Kutschke, Beate 2013, pp. 188~204, 특히 p. 191; Siegfried, Detlef 2006b, pp. 54ff; Siegfried, Detlef 2006c, pp. 48~78, 특히 p. 57 참조. 1968년 9월 25~29일 닷새간 열린 '국제 에센 송탁'에 관해서는 Siegfried, Detlef(2006a, pp. 606~20)도 참조.

48) Böning, Holger 2008, "68": *Literatur und Politik*, pp. 14~20, 특히 p. 120 참조.

49) Doggett, Peter 2007 참조.

50) Schneider, Rolf 1998, p. 100 참조.

51) 주트, 토니 2008, 647쪽 참조.

52) 생-장-폴랭, 크리스티안 2015, 18~19쪽.

53) Kleßmann, Christoph 1991, p. 101 참조.

54) Görtemaker, Manfred 1999, p. 477.

55) Salzinger, Helmut 1972, p. 95.

56) Siegfried, Detlef 2006b, pp. 52~62, 특히 p. 53 참조.

57) Stadler, Friedrich 2010, pp. 9~19, 인용은 p. 9.

58) Horn, Gerd-Rainer 2007, p. 4.

59) SDS Westberlin und Internationales Nachrichten-und Forschungs-Institut(IN-FI) Redaktion eds. 1968, p. 123.

제2부

68과 언론: 언론자유를 위해

"슈프링어를 몰수하라!"

독일 68의 주요한 전장은 언론자유를 위한 투쟁이었다. 언론시장의 1/3을 장악한 보수 '슈프링어 신문제국'에 맞선 대결은 독일 68의 핵심 캠페인이었고, 다양한 조직과 단체가 결집하며 전체 운동의 주요한 추동력으로 기능한다. 운동세력에 대한 날선 비방을 지속한 슈프링어 그룹에 맞선 투쟁은 결국 1968년 4월의 '부활절 봉기'에서 절정에 이른다.

물론 60년대 후반 서독을 뒤흔든 68의 언론자유를 위한 투쟁은 마른하늘에서 날벼락처럼 떨어진 것이 아니었다. 이미 60년대 초 서독사회는 변화의 징조로 꿈틀대고 있었다. 한편으로 50년대를 쉼없이 질주한 눈부신 경제성장의 부를 향유하며 그 어느 때보다 안정되고 풍요로워, 여름이면 외국으로 휴가를 떠나는 행렬도 길어졌다. 하지만 다른 한편으로 60년대 후반기에 비로소 완전하게 발현될 내적인 역동성이 분출되기 시작하며 '격동의 10년'으로 가는 진입로 역할을 분명히 했다. 1962년 국가권력의 『슈피겔』탄압으로 시작되는 '슈피겔 사건'이 그것이다. 비판적인 언론에 재갈을 물리려는 시도는 언론자유에 대한 부당한 공격으로 비치며 전국적인 시위와 저항이 일어난다. 이는 민주주의의 핵심 축인 '비판적 여론'의 중요성에 대한 의식을 벼리는 계기로 작용하며, 5년 뒤 '슈프링어'의 언론독점에 맞선 투쟁으로 이어진다.

제1장

독일 68의 반(反)슈프링어 캠페인
신문제국에 맞서

68은 '미디어 반란'으로, 무엇보다 '미디어 앞에서' 벌인 반란이었다. 흥미와 경악과 환호로 매스미디어는 솟구쳐오르는 반란의 진폭과 파장을 지진계의 그래프처럼 그려나갔다. 하지만 미디어는 보고자나 관찰자로 남지 않고 운동의 한복판으로 곧장 뛰어들었다. 그래서 68은 이중적 의미의 미디어 반란으로, 미디어와 '함께한' 반란이자 미디어에 '맞선' 반란이었다.[1] 운동은 미디어를 이용하고 미디어에 이용되고, 미디어를 공격하고 또 미디어로부터 공격받는다. 당대의 미디어와 운동이 빚어낸 공존과 경쟁, 대립과 길항을 포함한 숱한 풍경 가운데 가장 강렬한 색채로 역사에 각인된 이름이 바로, 68 운동 진영이 서독 신문업계를 지배한 출판사와 한판 대결을 벌인 '반슈프링어 캠페인'(Anti-Springer-Kampagne)이다. 이 캠페인은 독일 68의 특별한 지점으로 꼽힌다.

슈프링어 출판그룹의 신문은 베를린과 함부르크에서 70%의 점유율로 거의 독점적 지위를 누리고, 서독 전체로는 약 40%를 장악하고 있었다. 일요신문의 88%와 가판신문의 81%를 장악한 슈프링어는 총 19개의 신문과 잡지로 1750만 부를 발행했다.『빌트 차이퉁』(Bild Zeitung, 이하『빌트』)은 물경 400만 부 이상을 매일 찍어내며 전체 일간지 시장의 20%를 쥐었고『빌트 암 존탁』(Bild am Sonntag)의 발행부수도 300만 부에 육박하고 있었다. 슈프링어 사의 총아『빌트』는 폭스바겐 다음으로 유명했으니, 필시 '제국'이라 불리기에 손색이 없는 위용이었다.[2] 슈프링어의 권력을 놓고 미국역사가 스튜어트 힐위그(Stuart J. Hilwig)는 이렇게 말한다. "오로지 서독에서만 한 보수적인 출판인이 독일의 과거와 냉전, 전후 민주주의의 성격에 대한 자기해석을 앞세워 학생들의 레토릭에 맞설 의지와 힘을 보유했다."[3]

슈프링어의 의지와 힘은 전방위적으로 사용되었다. 슈프링어 신문은 독일 68의 구심점인 의회외부저항운동(APO)을 비방하는 캠페인을 수행했다. 편파보도를 앞세워 운동에 대한 왜곡을 일삼으며 루디 두치케 같은 운동의 상징인물도 공공의 적으로 매도했다. APO와 학생운동의 주력부대인 독일사회주의학생연합(SDS)의 활동가들은 슈프링어 신문이 중상모략 캠페인을 벌인다고 비판했다. 운동의 대의를 폄했을 뿐더러 서독의 현 상태를 정당화하고 수호하며 실제적인 폐해를 호도하기 위해 자기 구미에 맞는 여론 분위기를 창출한다는 것이었다.[4]

결국 슈프링어 비판은 점차 68의 불가결한 요소로 자리매김한다. 활동가들은 운동의 '핵심 목표'[5]로 떠오른 슈프링어 출판그룹과 대결하며, 운동의 요구와 주장이 조작보도의 희생물로 전락할 경우 관철 불가능하다는 경험을 얻었다.[6] 반슈프링어 캠페인은 68의 주요 전환점에서 역동적인 동원을 이끌어낸 추동력이자, 당대의 토론과 논쟁 및 집회와 시위 현장을 달구고 지배한 핵심 이슈로 올라선다. 따라서 당시 활동가들도 주저 없이 이 캠페인을 '68운동의 동력원'으로 간주했다.

게다가 "서독인 대다수가 여전히 냉전에서 서구의 입장"을 지지하고 있을 때 68의 "슈프링어 공격은 아데나워 시기 반공주의적 합의에서 최초로 공적인 파열음으로 작용하고 빌리 브란트와 동방정책을 위한 길을 다져주었다"고 한다.[7] 다시 말해 반슈프링어 캠페인은 당대를 지배한 반공주의적인 여론과 정서에 최초로 공적인 균열을 내며 브란트 정권의 동방정책으로의 행보에 힘을 보탰다고 평가되는 것이다.

이런 중차대한 의미에도 불구하고 반슈프링어 캠페인은 지금껏 68연구에서 상대적으로 홀대받고 오해받아 왔다. 이 캠페인의 역사 전체를 꼼꼼한 그물망으로 재구성하고 분석한 연구는 아직 없다. 물론 몇몇 저작에서 부분적으로 반슈프링어 캠페인을 다루었으나 적잖은 문제점을 드러내고 있다. 체계적인 분석과 거리가 멀거나, 그 캠페인의 외연을 학생운동의 테두리로 제한하며 파괴력을 과소평가한 맹점이 있다. 일찍이 이 캠페인을 다루고 재구성을 시도한 역사가 크라우스하르의 작업과 평가에도 한계가 드러난다. 특히 반슈프링어 캠페인이 '패배했다'는 그의 시각은 설득력이 떨어진다. 끝으로 이 캠페인을 다룬 거의 모든 연구가 '학생' 또는 'SDS'의 반슈프링어 캠페인 같은 표현을 사용하는 데서 보듯, 연구의 출발점이라 할 캠페인의 조직적 중심을 그리는 지점에서부터 의문부호가 찍힌다.[8] 반슈프링어 캠페인은 단지 SDS나 학생운동을 넘어 '전체' APO와 68의 핵심적 구성요소이자 중대한 기획이었던 때문이다.

필자는 이 캠페인의 진행과정을 재구성하여 APO의 '비판의 무기'가 결국 슈프링어를 가로막은 '무기의 비판'으로 기능했음을 드러낼 것이다. 더불어 재구성과 분석에 광범위한 사료가 동원되며 반슈프링어 캠페인은 다층적인 현상으로 거듭난다. 무엇보다 베를린이나 함부르크, 프랑크푸르트, 뮌헨 같은 대도시에 한정되지 않고 서독 전역을 망라하는 전국적인 캠페인이었음이 분명해진다. 나아가 단일 캠페인임에도 불구하고 학생운동과 APO의 비대학생 조직이 그 울타리 속에서 만나고 공조함으로써 68의 다양한 목표와 요구가 모이는 교차로이자 핵심 고리였음도 밝혀질 것이다.

골리앗 '언론제국'에 맞선 출발의 총성

1967년 6월 2일 저녁, 서베를린 독일오페라 하우스 앞에서 독재자 이란국왕의 국빈방문에 맞선 항의시위 도중 "전후 베를린에서 가장 야만적인 경찰진압"[9]이 자행된다. 폭력적인 과잉진압 와중에 대학생 오네조르크가 경찰의 총에 맞아 사망한다. 이 죽음은 학생운동의 등불로 작용하며 서독 모든 대학도시에서 미증유의 항의행동과 폭넓은 연대의 물결을 불러일으킨다.[10] 서베를린을 비롯한 서독에서 "10만 명 이상의 대학생이… 경찰의 야만성에 맞서 항의"[11]하고 수많은 학생신문이 비판의 목소리를 낸다.[12] 다양한 학생 정치조직이 대학 총학생회와 공동 성명서를 발표해 서베를린 경찰의 행위를 격렬히 성토한다. 추모집회와 침묵행진 및 항의시위도 각지에서 들불처럼 번진다.[13]

　　슈프링어 신문은 스스로 6월 2일 사건에 대한 날선 보도로 상황을 한층 첨예화시키고 반슈프링어 캠페인의 등장에도 중요한 역할을 한다. 오네조르크의 죽음 및 폭력적인 경찰행위의 책임을 시위대에 떠넘기며 극단적이고 '히스테릭한 보도'[14]를 가차없이 쏟아냈다. 가령 6월 3일 『빌트』의 헤드라인은 "유혈폭동, 1명 사망!"이었다. 피 흘리며 쓰러진 경찰의 사진이 같이 실렸기에 사망자가 경찰이라고 믿기 십상이었다. 같은 날 『베를리너 차이퉁』(Berliner Zeitung)도 "이것은 테러다!"라고 외치며 "테러를 행하는 자는 무자비하게 다루어야 한다"고 소리 높인다. 경찰의 임무완수 및 총격의 '정당방위'를 주장한 6월 4일자 『베를리너 모르겐포스트』(Berliner Morgenpost)에서는 삽화를 통해 학생들을 곧장 난동꾼으로 몰아간다. 덥수룩한 수염에다 선글라스를 쓰고 한 손에는 불붙은 담배, 다른 손에는 못 박힌 몽둥이를 들고 학생회 문에 기대어 선 청년 앞에서 양복을 빼입은 겁먹은 시민이 묻는다. "축구하러 가도 되나요? 혹시 거기서도 난동을 피우십니까?"[15] 희생자를 향한 애도는 일언반구도 없고 시위자는 '폭도'와 '정신착란자', 심지어 '나치돌격대'로 간단히 둔갑한다.

　슈프링어 콘체른과 신문을 향한 비판에 기름을 붓는 격이었다. 주간지 『차이트』(Zeit)는 서베를린의 슈프링어 신문이 '전적인 내전'[16]을 원한다는 인상을 받았다. 슈프링어 신문의 이런 '확신에 찬 선동'[17]을 보고 역사가 칼 디트리히 브라허(Karl Dietrich Bracher)는 바이마르 시기 나치와 히틀러의 집권을 전폭적으로 지원한 "후겐베르크 측 신문의 광적인 선동캠페인"[18]이 떠올랐다고 지적한다.

　하지만 슈프링어 신문들의 보도만이 문제는 아니었다. 학생들은 오네조르크의 죽음 자체에 슈프링어측 책임이 크다고 본다. 죽음을 부른 그 총격이 가능한 분위기를 슈프링어 신문들이 조성했다는 말이다. 문학계도 지원사격에 나섰다. 6월 5일, 한스 마그누스 엔첸스베르거(Hans Magnus Enzensberger)와 귄터 그라스(Günther Grass)를 포함한 71명의 작가와 예술가들은 '히스테릭한 신문'인 슈프링어 신문이 지난 몇 달간 주민과 경찰까지 학생들에 맞서도록 사주했음을 확신하였다.[19]

　이른바 6월 2일 사건은 반슈프링어 캠페인 등장의 신호탄으로

작용하고 동원 결집의 기폭제 역할을 하며 68운동의 '핵심적인 날'
로 역사에 이름을 올린다. 운동의 아이콘 두치케의 벗이자 SDS의 주
요 활동가인 베른트 라벨(Bernd Rabehl)은 반슈프링어 캠페인이 "67
년 6월 2일 이후 탄생했다"[20]고 말한 바 있다. 한 대학생을 죽음으로
몰아간 총성은 결국 슈프링어라는 '언론제국'에 맞선 캠페인의 출발
총성으로 되돌아온 것이다.

"모든 길은 슈프링어에서 만난다"

슈프링어에 신랄한 비판의 화살을 겨눈 조직의 선봉은 단연 독일사
회주의학생연합(SDS)이었다. 6월 6일 SDS 전국수뇌부는 성명서를 발
표해, 신문을 앞세워 "서베를린의 전선도시 이데올로기를 상시적으
로 심화하는"[21] 그 콘체른을 격렬히 비판하며 반슈프링어 캠페인의
깃발을 들어올린다. 튀빙엔에서는 학생조직들이 6월 2일 사건을 다
룬 슈프링어 신문의 거짓보도에 대한 공동자료집을 출간하는데, 발
행자 명단에는 튀빙엔대학 총학생회를 필두로 SDS와 사민당의 사민
주의학생연합(SHB: Sozialdemokratischer Hochschulbund), 인본주의학
생연합(HSU: Humanistische Studenten-Union)뿐 아니라 보수 기민당
의 기독교민주주의학생연합(RCDS: Ring Christlich-Demokratischer Stu-
denten)까지 들어 있었다.[22] 한편 베를린 신교학생공동체(ESG: Evange-
lische Studentengemeinde)도 "슈프링어가 이룬 신문독점의 해체가 보
편적 이해에 걸맞지 않겠는가?"라는 물음을 던지며 비판대열에 선
다.[23]

　　SDS를 중심으로 학생운동에서 슈프링어 비판과 폭로를 중요
한 쟁점으로 삼자, 대학생 외부조직이 화답한다. 의회외부저항운동

(APO)의 핵심 단체로, 부활절 행진운동에서 나온 군축캠페인(KfA: Kampagne für Abrüstung)이 1967년 6월 말 반슈프링어 캠페인에 합류를 선언한다. KfA의 중앙위원회는 "오네조르크의 사살 이후 서베를린 학생층 다수가 제기한" 바로 그 "슈프링어 콘체른의 무력화 요구에 지속적인 행동으로" 결합할 것이라고 결의한다.[24] 나아가 서베를린 APO 세력의 집결지이자 "슈프링어 신문들에 구속되지 않는 곳"[25]으로 자처한 공화주의클럽(RC: Repbulicanischer Club)도 슈프링어 콘체른 비판의 중심 공간으로 거듭난다. "대학생이 아닌 저널리스트와 변호사, 출판인, 자영업자 등"[26]이 만든 RC는 "신문독점화 상황에 대한 설명과 슈프링어 콘체른의 해체를 위한 제안들" 같은 테마의 토론회를 조직하고 나선다.[27]

반슈프링어 캠페인은 1967년 여름을 거치며 이미 전국적인 현상이 되었다. 서독 전역에서 시위와 세미나 및 토론회가 되풀이되고 "슈프링어 몰수" 슬로건은 학생운동과 APO의 각종 시위와 집회에서 단골 메뉴로 오른다. 특히 SDS는 기동력을 앞세워 여전히 반슈프링어 캠페인의 선봉 역할을 다한다. 다양한 학생 신문과 잡지뿐 아니라 APO 비대학생 진영의 여러 간행물에서도 슈프링어 비판이 중심에 선다. 1967년 가을, 반슈프링어 캠페인의 파고는 드높아진다. "슈프링어 몰수"가 새겨진 배지가 번개처럼 팔려나가 가방은 물론이고 재킷과 외투를 장식하며 비판은 시각적으로도 활성화한다. 역사가 골로 만(Golo Mann)은 "슈프링어의 권력집중이 서독의 중심 문제가 되었다"[28]고 밝힌다. 반슈프링어 캠페인에서 비대학생 APO그룹의 역할이 이전보다 커진다. 특히 KfA와 RC가 슈프링어 비판에 더 열정적으로 매달린다. 10월, 프랑크푸르트 북메세와 그루페 47(Gruppe 47)[29]

회의장 앞에서 펼쳐진 SDS의 드라마틱한 시위는 반슈프링어 캠페인의 역동성을 제대로 보여주는 상징적 사건이었다. 이 영향을 받은 그루페 47과 출판인들의 슈프링어 반대선언에서 드러나듯, 캠페인의 돌풍이 문학계까지 강타한 일도 반슈프링어 진영의 확장을 반증하는 지표였다.

특히 서독 언론역사상 초유의 보이콧으로 기록되는 그루페 47의 이른바 "반슈프링어 결의안"은 '언론자유의 제한과 침해'인 슈프링어의 독점을 준엄하게 꾸짖으며 차후 그 "콘체른의 어떤 신문잡지에도 협조하지 않는다"고 선언한다.[30] 이런 바람에 부응해 출판사 대표들도 "신문독점화 현상 속에서 독립적인 여론형성에 대한 위험을 인식"하고 슈프링어에 맞서는 결의안을 작성한다. 거기서 출판사들은 그루페 47 작가의 우려를 존중해 이들의 책을 슈프링어 신문에 더이상 광고하지 않을 것이라고 밝히는 동시에 "여론형성의 독립성을 보장하는 법적인 통제를 가하도록 연방의회에 요구한다."[31]

한편 의회외부저항운동(APO) 테두리의 각종 학생 및 비대학생 조직을 망라한 21명의 대표가 참가한 10월의 '오펜바흐 회합'은 슈프링어 반대세력의 공조와 확대를 확인하는 중차대한 자리로, 캠페인의 결정적 전환점을 장식한다. 회합을 통해 참가조직들은 이후 활동의 조건을 확정하고 캠페인의 외연을 확장하기 위한 공간 창출의 기회를 얻는다. 개별조직의 정보와 자료를 전체에 유통시키고 반슈프링어 관련모임을 주선하고 조율할 배포국(Verteilerbüro)의 설립도 회합의 중요한 성과였다.[32] 더불어 반슈프링어 캠페인은 SDS에도 중대한 의미로 자리잡는다. SDS 내에 동거하던 '반권위주의 진영'과 '좌익사회주의 진영'을 하나로 묶어준 것도 이 캠페인의 울타리였다.

SDS 22차 대의원대회에서 두 진영이 슈프링어를 겨냥해 한목소리로 "조작 반대 및 공론장의 민주화를 위한 투쟁"을 결의하고 호소한 것은 이런 결속의 증거였다.[33]

나아가 슈프링어에 맞선 캠페인은 SDS를 넘어 전체 APO 운동의 공조 가능성을 보장한 공통분모로 간주할 만하다. 캠페인은 주요 APO 조직들의 공동 작업을 위한 중심 고리로 기능하는 공통된 전략적 목표, 즉 68운동 전체의 '핵심 전략'으로 올라선다. 이런 점에서 군축캠페인(KfA)은 「반슈프링어 활동에 대한 숙고」라는 문건에서 다음과 같이 강조한다. 슈프링어 반대활동은 "우리에게 그 자체의 테마로서 큰 의미가 있다." 왜냐하면 KfA뿐 아니라 APO "전체의 활동을 위해서도 긴밀한 협력과 공조활동을 위한 중요한" 토대이기 때문이다.[34] KfA를 포함한 운동조직들의 눈에 APO 전체 성패의 향배가 반슈프링어 캠페인의 성공 여부와 밀접하게 연결된 듯이 보였다.

이 시기 반슈프링어 전선에서 돋보이는 점은 KfA가 핵심 주체로 떠오른 것이다. 오펜바흐 회합에서의 주도적인 역할과 뒤이은 적극적인 행보는 공인된 조직적 역량을 갖춘 이 조직이 반슈프링어 캠페인의 중심축으로 기능하고 있음을 입증했다. 군축을 통한 평화확보라는 원래 중심 목표와 반슈프링어 캠페인의 관계를 분명히 하고 기관지와 배포국을 통해 활동을 강화하면서 KfA는 슈프링어 반대활동을 조직활동의 중심 무대에 올려놓았다. 가령 10월 중순 '슈프링어 특별호'로 나온 KfA의 기관지(*Informationen zur Abrüstung*) 51호는 거의 통째로 반슈프링어 캠페인에 할애되었다. 1면 머리기사인 "왜 슈프링어를 몰수해야 하는가?"만이 아니라 전체의 3/4이 "몰수가 민주주의의 좌초보다 낫다" "슈프링어의 권력남용은 저지될 수 있다" "슈

프링어 파시스트?" 같은 20개 이상의 슈프링어 관련기사로 도배되었다.[35]

또한 베를린 공화주의클럽(RC)의 반슈프링어 활동도 주목할 만하다. 일찌감치 '신문위원회'를 꾸려 슈프링어 문제에 천착하고 비판대학(KU)의 테두리에서 준비될 '슈프링어 트리뷰널'(Springer Tribunal, 슈프링어 시민법정)의 주체로 나서면서 조직의 중심 활동에 반슈프링어 캠페인을 굳건히 세웠다. 특히 '슈프링어 트리뷰널'은 반슈프링어 캠페인 주체들이 슈프링어에 맞서 기획한 3일짜리 대규모 행사였다. 버트런드 러셀(Bertrand Russell)의 1967년 '베트남 트리뷰널'에서 아이디어를 가져온 이 시민법정에서는 각계각층의 전문가들이 참여해 "슈프링어 콘체른의 조작기술과 직원의 부패 및 심화되는 신문독점화를 청중 앞에 폭로"하고 슈프링어의 활동이 얼마나 민주사회와 배치되는지도 해명할 예정이었다.[36] 형사소송처럼 진행되어 청중단에서 최종적인 판결을 내릴 이 트리뷰널은 슈프링어에 맞선 대중동원의 서막을 장식할 반슈프링어 캠페인 진영의 중대 사업이었다.

결국 군축캠페인(KfA)과 RC의 이런 활동을 감안하면, 1967년 6월 2일 이후 학생들의 슈프링어 반대캠페인이 영향력 없는 '외톨이 주자'[37]였다는 플로리안 멜헤르트(Florian Melchert)의 주장은 설 자리가 없다.

여하튼 1967년 가을 이후 반슈프링어 전선의 모양새는 조직적 역량을 겸비한 KfA와 역동적인 SDS, 슈프링어 트리뷰널을 준비하는 RC라는 세 기둥을 중심으로 갖추어진다. 이들의 전략에서 공통적으로 두드러지는 것은 당시 전체 운동진영이 벌인 또 다른 핵심 캠페인인 '비상사태법 반대 캠페인'[38]의 역량을 반슈프링어 캠페인으로 돌리거나 최소한 둘의 효과적인 결합과 공조로 그 전략적 중심을 전환한 대목이다. 세 주축조직들 속에서 반슈프링어 캠페인이 반비상사태 캠페인과 반베트남전 캠페인보다 더 중심적인 자리로 올라섰거나 혹은 전체 APO 운동을 성공적으로 이끌기 위해 반슈프링어 캠페인에 방점이 찍히는 형국이었다는 것이다.

이들 조직의 반슈프링어 활동은 고등학생 조직 독립사회주의학생행동중앙위(AUSS: Aktionszentrum unabhängiger und sozialistischer Schüler)까지 포함했고, 대연정하 유일 야당인 자유민주당(FDP: Freie Demokratische Partei)의 학생조직인 독일자유주의학생연합(LSD: Liberaler Studentenbund Deutschlands)과 사민주의학생연합(SHB), 인본주의학생연합(HSU) 그리고 의회외부저항운동(APO)의 비대학생 조직인 인본주의연합(HU: Humanistische Union)과 독일평화연합(DFU: Deutsche Friedens-Union) 같은 조직들의 지속적인 지원과 동참 속에서 더 큰 역동성을 부여받았음은 물론이다.[39] 예를 들어 프랑크푸르트 북메세에서 SDS와 반슈프링어 시위를 벌인 AUSS는 10월 2차 대의원대회에서 결의안을 작성해 '슈프링어 신문의 권력오용'을 고발하고 슈프링어를 몰수할 절차의 도입을 요구했다.[40]

한편 이렇게 고조된 반슈프링어 캠페인은 1968년 부활절을 휩쓸 슈프링어 사 봉쇄행동을 제외하면 놀라울 정도로 다채로운 수단을 동원한 '계몽 캠페인'의 모습이 주종을 이루었다. 고전적인 시위와 집회, 연좌시위와 토론회, 플래카드와 팸플릿, 성명서 및 신문과 잡지는 물론이려니와 '슈프링어 몰수' 배지와 자동차 부착물을 넘어 엽서와 만화, 시와 다큐영화, 채권을 연상케 하는 상상력 가득한 인쇄물까지 망라한다.[41]

심지어 빌헬름 부슈(Wilhelm Busch)의 어린이 그림책『막스와 모리츠』(*Max und Moritz*)까지 슈프링어 콘체른에 맞선 계몽수단으로 투입되었다. 저항운동을 설명하기 위해 '어른용으로 개작'되고 마르크스와 마오쩌둥에 기대어『마르크스와 마오리츠』(*Marx und Maoritz*)로 제목이 붙은 책에서 '세번째 장난'이라는 장이 슈프링어 비판을 위해 할애되었다.[42]

그래서 반슈프링어 캠페인은 대중의 의식과 여론의 변화를 위해 매진하는 '계몽 캠페인'으로서의 역할과 특징이 돋보였다. 생각과 의식의 변화가 전체 운동 자체의 성공을 위한 핵심적인 요소라고 운동주체들은 보았고 이런 지점에서도 반슈프링어 캠페인은 전체 APO 운동의 성패와 결부되었다. 반슈프링어 캠페인이 68운동의 여타 캠페인들—반비상사태 캠페인, 반베트남전 캠페인, 대학개혁 캠페인—과 연결된 탓이었다.

슈프링어 스스로가 바로 이들 캠페인에서 운동측과 첨예하게 대립각을 세우고 있었다. 즉 비상사태법을 전폭적으로 지지하고 대학의 급진적 개혁에도 단호히 고개를 젓고 미국이 수행하는 베트남전을 열렬히 옹호하는 슈프링어는 68운동의 쟁점마다 손을 뻗친 거대한 걸림돌 같은 존재였다. 결국 독일 신문업계의 최강자로 무소불위의 권력을 휘두르는 슈프링어 사에 대한 여론과 대중의 의식변화 없이는 운동의 성공이 불가능해 보였다. 따라서 반슈프링어 캠페인은 68운동의 다른 캠페인과 직간접적으로 결부된 복합적인 위상의 핵심 고리였던 것이다.

"슈프링어를 봉쇄하라"

1968년 들어 슈프링어 신문들의 논조가 뚜렷이 더 격렬해진 가운데 『빌트』는 독자와 주민들에게 강력하게 호소했다. "더러운 일을 경찰에게만 맡겨서는 안 된다. 빨갱이 청년들의 테러를 중단시켜라!"[43] 사적인 폭력을 선동하는 『빌트』의 외침은 머지않아 대답을 얻는다. 4월 11일 부활절 목요일에 68운동의 상징 두치케가 운동의 아성인 서베를린에서 극우 성향의 노동자 바흐만의 총에 맞는다.[44] 운동측은 즉각 '두치케 비방 캠페인'에 앞장선 슈프링어 신문에 책임을 묻는다. 슈프링어 콘체른에 대한 분노와 시위의 물결이 분출한다. 서독 전역에서 슈프링어 인쇄소 봉쇄시도가 일어나고 반슈프링어 캠페인은 가장 스펙터클한 단계에 이른다. 서베를린의 출판사 본부는 부활절 기간 동안 거의 포위된 듯이 보였다. 당시 사진과 필름은 '내전과 유사한 상황'이 발생한 듯한 인상을 준다.[45] 『슈피겔』은 "서독에서 바이마르공화국 이후 없었던 가두투쟁이 일어났다"고 보도한다.[46] 더불어 『차이트』는 '봉기'라고 명명한다.[47] 『빌트』의 배포 저지를 시도하며 발발한 '부활절 봉기'는 반복된 봉쇄시도와 경찰투입이 빚어낸 충돌과 대결의 기록으로 점철된다. 반슈프링어 캠페인은 계몽에서 직접행동으로, 계몽 캠페인에서 '행동 캠페인'으로 탈바꿈했다.[48]

한편 두치케 총격으로 발사된 분노의 화살이 곧장 슈프링어 사로 향한 것은 우연이 아니었다. 무엇보다 6월 2일 사건 이후 출범한 반슈프링어 캠페인을 통해 슈프링어 사가 민주적인 언론의 적대자로 의심과 비판을 받아온 때문이다. 신문 집중과 권력남용, 운동 폄훼 등에 대한 지속적인 계몽 캠페인을 통해 슈프링어 사는 이미 언론자유의 명백한 위협으로 각인되고 운동의 주요한 적으로 자리매김되었던 것이다.

부활절 봉기는 시위대 숫자에서 분명히 드러나듯 행동의 성공적인 결집으로 이어졌다. 부활절 5일간 지속된 슈프링어 봉쇄와 반슈프링어 행동에 6만 명 이상이 가담하고 총 27개 도시에서 대략 10만 명이 거리로 나섰다.[49] 동원 성공은 참가자들의 구성에서도 드러난다. 연방의회 보고에 따라 시위관련 피소송자 827명을 직업별로 나누면 중등학생 92명, 대학생 286명, 육체노동자 150명, 사무직노동자가 185명이었다.[50] 노동자 비율이 335명으로 대학생보다 많아 부활절 봉기를 단순한 학생저항으로 볼 수는 없다는 뜻이다. 이런 동원 성공을 놓고 슈프링어 사 쪽에서도 저항운동이 "시위대 결집과 행동 동원에 성공했다"고 인정한다.[51]

하지만 동원과 무관하게 '슈프링어 봉쇄'는 실패했다고들 말한다. 물론 어느 곳에서도 봉쇄가 끝까지 관철되지 못했지만 완전히 실패한 것으로 보기도 어렵다. 여러 도시의 상황을 재구성해 본 결과, 봉쇄는 부분적으로 성공했다. 특히 부활절 금요일에 시위대는 에센과 에슬링엔, 프랑크푸르트와 하노버 등에서 이른 새벽까지 『빌트』 운송차량이 나오는 것을 봉쇄하는 데 성공한다. 자가용과 바리케이드, 연좌시위 등을 통해 봉쇄 참가자들은 경찰의 물대포와 고무곤봉·최루가스·폭력 사용에 맞서 슈프링어 신문의 출차를 성공적으로 지연시켰다.[52]

나아가 반슈프링어 캠페인의 절정을 상징하는 슈프링어 봉쇄는 국제적인 68운동의 측면에서도 중요한 위상이 더해진다. 두치케 암살기도에 맞서 수많은 외국도시에서 반슈프링어 시위가 벌어지고, 문서고 자료가 보여주듯 특히 파리에서는 서로 소 닭 보듯 하던 학생운동의 여러 정파가 이 시위를 계기로 처음 공조활동을 벌이고 경찰과 대결함으로써 프랑스 '5월혁명'을 위한 워밍업이나 숨고르기 역할을 했던 측면이 분명하다. 파리에서는 4월 13일 1천여 명의 청년학생들이 독일대사관 앞에서 경찰에 둘러싸여 '반슈프링어 연대시위'를 벌였다. 다양한 좌파 학생조직이 서명한 전단지에서 슈프링어 콘체른은 "수개월간 서독 전역에서 혁명적인 대학생들에 대한 광적인 사냥몰이 캠페인을 벌였다"고 비판받았고, 뒤이어 특수경찰부대(CRS)와의 작지만 '상당히 격렬한 충돌'을 동반한 가두투쟁이 처음으로 일어났다.[53] 며칠 뒤 19일에는 수천 명이 참가하는 더 큰 규모의 슈프링어 반대시위가 벌어졌다. 이를 위해, 그간 이데올로기적인 이유로 접촉이 전혀 없었던 여러 좌파 학생그룹이 최초로 만났다. 또한 이들 조직 거의 모두가 공동의 저항행위에 처음으로 합의했다.[54]

이런 정황을 통해, 1968년을 뜨겁게 달군 국제적인 68운동의 전주곡이 이 사건을 계기로 유럽이나 미국의 대도시에서 펼쳐짐으로써 그해 2월 베를린의 국제베트남회의에 뒤이어 독일이 국제적 68운동의 확산에 일정한 영향을 끼치거나 기여한 대목을 알 수 있다.

여하튼 부활절 봉쇄와 시위에서 더 중요한 지점은 봉쇄의 성공이 유일하고 무조건적인 목표가 아니었다는 점이다. 봉쇄는 대체로 분노에서 기인하고 계획적으로 조직되지 않은 '즉흥적'이고 '직접적'인 행동이었다. 또한 봉쇄는 구체적인 성패가 아니라 상징적 대표성이 더 관건인 '상징적' 행동이었다. 베를린 공화주의클럽(RC) 의장을 역임한 클라우스 메슈카트(Klaus Meschkat)는 봉쇄의 상징적인 성격에 대해서 40년 후인 2008년에 당시를 회고하며 이렇게 강조한다.

"두치케 암살기도 후에 벌어진, 슈프링어 신문의 배포 저지를 위한 차량방화 같은 폭력적인 저항은 상징적인 성격만 있었고, 여하한 무장 권력획득 시도도 아닐 뿐더러 그 준비활동 역시 아니었다."[55] 즉 슈프링어에 맞서 말이나 글로만 대항하지 않고 물리적인 대결도 마다하지 않겠다는 의지의 표현이며 '실질적 민주주의'에 대한 장애물로 비친 콘체른에 대한 '상징적 저항'이 핵심이었던 것이다.

기실 반슈프링어 캠페인의 주축그룹인 독일사회주의학생연합(SDS)과 의회외부저항운동(APO)의 '반권위주의 진영'은 정부전복이나 정치권력 획득 같은 목표를 추구하지 않았고, 참가자와 동조자 및 관객이 스스로 변화하는 '인식혁명'[56]을 중요시했다. 슈프링어와 벌인 대결은 인간의 머릿속에 깊이 똬리를 튼 지배적인, 인간과 세계에 대한 인식의 틀을 해체하여 새로운 내용으로 바꾸려는 시도와 연관되는 것이다. 운동진영에서 볼 때, 신문왕국 슈프링어가 대변해온 냉전의 볼모가 된 사고와 인식틀은 기존 가치를 대변할 뿐더러, 변화의 열망을 가로막는 낡은 내용으로 봉인된 인식의 전형임에 분명했던 탓이다.

다윗의 승리?: 의미와 여파

슈프링어 언론제국의 주인 악셀 슈프링어(Axel C. Springer)는 부활절 봉기와 슈프링어 봉쇄로 심각한 타격을 입었다.[57] APO 운동은 부활절에 오롯이 반슈프링어 캠페인이 되었고, 물리력을 동반한 비판과 저항은 엄청난 압력으로 작용했다. 심지어 슈프링어는 외국에 거처를 마련하고 '달러지폐를 함에 넣어' 용접하도록 하기까지 했다.[58] 당시 슈프링어 콘체른 지도부에 속한 페터 탐(Peter Tamm)은 2007년에

1968년 부활절 봉기시의 슈프링어를 심지어 '광장의 겁먹은 노루'에 비견한다.[59]

6월 23일 결국 슈프링어 콘체른은 총 450만 부수를 찍는 잡지 5개와 갈라선다고 밝히며 출판사 역사에서 처음으로 몸집 줄이기를 시도했다. 슈프링어 소유 출판물의 1/3이고 출판사 총발행부수의 1/4에 해당하는 규모였다. 슈프링어 사는 주간지 『다스 노이에 블라트』(*Das Neue Blatt*)를 하인리히 바우어(Heinrich Bauer) 출판사에 팔고, 『자스민』(*Jasmin*)과 『엘테른』(*Eltern*), 『브라보』(*Bravo*), 『트웬』(*Twen*)은 킨들러 운트 시어마이어(Kindler und Schiermeyer) 출판사 및 뮌헨 운터푀링(Unterföhring) 인쇄소와 묶어서 바이페르트(Weipert) 그룹에 매각했다.[60] 『슈피겔』이 표지기사에서 썼듯 "전후 서독 신문업계 최대의 거래"였다.[61] 슈프링어 사의 중점 사업분야는 처음부터 잡지가 아니라 일간지 및 주간지 분야였기에 역량을 주력 사업에 더 집중하고자 한다는 게 슈프링어측이 내놓은 표면적인 이유였다.[62] 공식발표가 어쨌건 비판과 공격을 피하기 위함이라는 점은 명약관화했다.

물론 이 매각이 APO와 반슈프링어 캠페인의 효과만은 아니었다. 당시 슈프링어는 가장 큰 위험이 APO가 아니라, 의회에서 독일 신문업계의 독점화 경향을 조사하는 귄터위원회(Günther-Kommission)[63]에서 온다고 생각했다. 1968년 5월 22일 귄터위원회의 결과보고는 실제로 슈프링어에게 심히 불편한 것이었다. 한 출판사가 신문잡지 시장의 20%를 장악하면 언론자유가 '위태롭게' 되고 40%를 넘어서면 '침해'된다고 보고 그런 기업의 '해체'를 주장했던 것이다. 당시 슈프링어는 신문시장의 약 39%를 지배하고 있었지만 잡지시장 점유율을 더하면 '해체' 수준을 넘었다.[64]

하지만 APO와 반슈프링어 캠페인이 연방의회에 귄터위원회가 설치되도록 자극한 중요한 계기로 작용했다는 점은 주지할 만한 사실이다. 게다가 위원회의 핵심 요구는 다름 아닌 운동이 거의 배타적으로 반슈프링어 캠페인으로 전환된 부활절 봉기에 힘입어 관철되었음을 인지해야 한다.[65] '연방 신문 및 정보청'(BPA)의 대표로 귄터위원회의 회합에 참석한 발터 쉬츠 (Walter J. Schütz)도 위원회의 시장점유율 제한 확정은 슈프링어 봉쇄가 지배한 부활절 봉기의 맥락에서 보아야 한다고 말한다.[66] 당대의 증언이 보여주듯, '슈프링어 봉쇄'가 없었다면 귄터위원회가 그런 강수를 두기는 어려웠기 때문이다. 두치케가 저격당한 2주 뒤인 4월 25일, 슈프링어 스스로 출판사 고위직 측근들에게 부활절 봉기가 귄터위원회에 영향을 주었음을 분명히 시인했다. 자신과 출판사가 최선을 다한다면 귄터위원회가 일간지 관련 상한 규정을 40%가 아닌 50%로 제안하도록 조정 가능할 것이라고 내심 기대했지만 "이제 그 정신 나간 젊은이가 두치케를 쏘고 나서는 모든 것이 다시금 들끓어오르고 있다"고 밝혔다.[67] 따라서 APO와 반슈프링어 캠페인이 부활절 시위와 슈프링어 사에 대한 장기적 비판을 통해 슈프링어의 매각에 핵심 역할을 했다고 추론할 수 있다.

이 캠페인의 여파는 슈프링어측 핵심 인사의 입을 통해서도 확실히 인정되었다. 2003년 5월 5일, 슈프링어 그룹의 수장인 마티아스 되프너(Mathias Döpfner)는 기업사연구회(DUG)가 주최한 "1968년과 독일기업"이라는 학술대회에서 반슈프링어 캠페인과 68운동의 성과를 시인한다.[68] 되프너는 1968년 당시 슈프링어 사 편집부에는 '벙커 심성'(Bunkermentalität) 같은 것이 확립되었다고 밝히는바, 이는

70년대까지도 영향을 끼치는 심각한 '지적 자산의 상실'을 불러일으킨 '트라우마의 고착화'였다는 것이다.[69] 또한 당시 슈프링어의 미디어 권력을 둘러싼 대결의 여파로 슈프링어 콘체른은 70년대에 가능했던 팽창기회를 경쟁사에 넘겨주었다고 보며 '좌절감'을 이야기한다.[70] 이런 발언을 통해 슈프링어 반대 캠페인이 얼마나 강력하게 슈프링어 사에 영향을 미쳤는지 잘 확인된다. 같은 학술대회에서 역사가 악셀 실트(Axel Schildt)는 슈프링어의 잡지 매각이 당대의 '비판적 여론에 대한 직접적인 대응'[71]이고, 이를 통한 '언론적인 팽창전략'의 중단은 68운동이 서독 기업의 정책방향에 영향을 미쳐 '직접적이고 심원한 결과'를 낳은 유일한 경우라고 평가했다.[72]

  그렇다면 반슈프링어 캠페인은 서독 언론계에 어떤 흔적을 남겼을까? 『슈피겔』 발행인 루돌프 아우그슈타인(Rudolf Augstein)은 1969년 7월에 "비록 신문지배자의 재산 몰수라는 목표에 근접하지는 못했어도 APO는 … 언론계 사람들을 뒤흔들어 자기이해를 철저히 일깨웠고, 권위적으로 이끌어가던 『슈피겔』도 이런 상황을 비켜가지 못했다"고 쓴다.[73] 이는 APO와 반슈프링어 캠페인이 서독 언론계에 미친 영향을 분명히 인정하는 말에 다름 아니다.

———

68운동의 화신인 두치케가 총에 맞아 베를린 백주대로에 쓰러지자 동독의 저항가수 볼프 비어만(Wolf Biermann)은 〈루디 두치케에게 발사된 세 발의 총알〉에서 "첫번째 총알은 슈프링어 신문의 숲에서 날아왔지"라고 노래한다. 68운동은 반슈프링어 캠페인을 앞세워, 확장 일로를 걷던 슈프링어 신문의 숲에 불을 지르고 팽창을 저지했다.

이를 통해 그 신문제국의 독점적인 힘을 문제 삼고 여론의 주의를 환기하는 데 성공했다. 슈프링어 신문은 이러한 항거를 동독산 음모로 몰며 저항자는 꼭두각시로 낙인찍으며, 타오르는 캠페인의 불길에 되레 기름을 부었다. 결국 전투적 행동으로 점철된 '슈프링어 봉쇄'의 태풍을 맞으며 슈프링어는 20년간 지속된 확장일로의 역사를 뒤로하고 '언론제국'의 일부를 잘라내며 영토팽창에 브레이크가 걸릴 수밖에 없었다. 68운동의 최전선을 구축했던 투쟁에서 '매머드 출판사' 골리앗이 다윗에게 무릎을 꿇은 것이다.

그럼, 반슈프링어 캠페인은 68운동에 어떤 의미였는가? 한마디로 68운동의 전략적인 핵심 고리이자 전체 의회외부저항운동(APO) 조직을 아우르는 중차대한 기획이었다. 먼저 APO의 핵심 선봉대 역할을 한 독일사회주의학생연합(SDS)의 반권위주의 진영과 좌익사회주의 진영은 모든 정치적 견해차를 넘어 반슈프링어 캠페인의 울타리 안에서 공조활동을 벌이며 서로 어깨를 결었다. 또한 캠페인은 학생운동 전체를 위한 협력의 중앙본부 역할을 수행했다. 이런 활동을 통해 SDS와 LSD, SHB, HSU 같은 학생조직과 수많은 대학 총학생회가 결집할 수 있었다. 나아가 비단 학생조직뿐 아니라 군축캠페인(KfA)과 공화주의클럽(RC), 인본주의연합(HU) 같은 APO의 지도적인 비대학생 조직도 캠페인에 가담해 공동 작업을 펼쳤다.

사실상 반슈프링어 캠페인은 1967년 가을부터 APO의 핵심 전략으로 올라서며, APO에 함께한 대다수 그룹과 활동가들의 공통분모로 자리매김했다. 더불어 전체 운동의 향배가 슈프링어에 맞선 캠페인과 긴밀히 결부되었다. 슈프링어 콘체른이 비상사태법과 베트남전의 주요한 찬동자로서 중심 역할을 수행했기에, 반슈프링어 캠페인은 반비상사태 캠페인이나 반베트남전 캠페인 등과 같은 APO의 다른 캠페인이 만나고 엮이는 교차로 역할을 했던 것이다. 결국 반슈프링어 캠페인은 '일차원적' 캠페인이 아니라 68운동의 다른 캠페인들이 연결되는 '핵심 고리' 같은 존재였다.

반슈프링어 캠페인은 '패배'로 끝났는가? 우선, 1967년 여름부터 달려온 반슈프링어 캠페인의 계몽활동이 부활절 봉기에서 슈프링어 사를 향한 분노와 비판의 물결에 중대한 역할을 한 데 주목해야 한다. 또한 '슈프링어 봉쇄'는 최종적으로 그 콘체른의 해체를 권고한 귄터위원회의 작업에 결정적인 영향을 행사했고, 반슈프링어 캠페인과 슈프링어의 잡지 매각은 불가분의 관계에 있었다.

따라서 필자는 캠페인을 '패배의 역사'로 간주하는 역사가 크라우스하르의 테제는 반박되어야 한다고 본다. 무엇보다 반슈프링어 캠페인은 팽창정책을 중단하도록 슈프링어 사에 심대한 영향을 끼쳤기 때문이다. 게다가 『슈피겔』 사주 아우그슈타인이 시인하듯, 미디어분야의 내부 민주화를 촉발한 '규약운동'의 출범이나 1978년 대안신문 『타츠』(taz)의 창간으로까지 이어지는 '대안언론 운동'도 그 캠페인의 자장 안에 들어 있었다. 반슈프링어 캠페인의 '실패'를 말하는 것은 결국 어불성설이다.

끝으로, '인식혁명'으로서의 68운동과 관련된 접점이 남아 있다. 반슈프링어 캠페인은 단지 제도적 구조뿐 아니라 인간의식의 영역에서도 변화를 끌어내기 위해 계몽활동을 핵심적인 특성으로 장착한 캠페인이었다. 특히 이런 의식변화는 전체 운동의 성공을 담보하는 데 중차대한 요소로 간주되었다. 68운동은 의식의 새로운 방향설정을 지향했으며 그 토대에는 참가자와 동조자와 관객의 변화를 매개하는 '인식혁명'이 놓여 있었다. 이는 위로부터 가해지는 사고의 지배에 맞선 아래로부터의 혁명이었고, 익숙해진 인식틀을 돌파하고 사회적 현실의 평가를 위한 새로운 기준을 설계하는 시도였다. 슈프링어에 맞선 그 투쟁은 머릿속에 파고든 인간과 세계에 대한 지배적인 인식틀을 해체하고 혁신적 내용으로 바꿔내기 위한 기획이었던 것이다.

1) Fahlenbrach, Kathrin 2002, p. 179; Aust, Stefan 1993, pp. 81~96.

2) Kruip, Gudrun 1999, pp. 71~114; Meyer, Gerhard 2002, pp. 59~64; Frei, Norbert 1989, pp. 399~407; Hilwig, Stuart J. 1998, pp. 321~49 참조.

3) Hilwig, Stuart J. 1998, p. 330.

4) Borowsky, Peter 1998, p. 17; Meyer, Gerhard 2002, p. 59 참조.

5) Hilwig, Stuart J. 1998, p. 321.

6) Richter, Pavel A. 2008, pp. 69f.

7) Hilwig, Stuart J. 1998, p. 329.

8) Melchert, Florian 2003; Kraushaar, Wolfgang 2001, pp. 317~47; 2006, pp. 1075~116; 2008, pp. 157~63, 특히 p. 286 참조. Seitenbecher, Manuel 2008, p. 57; Melchert, Florian 2003, p. 415; Staadt, Jochen 2009, p. 125 참조.

9) Aust, Stefan 2008, p. 79.

10) Wolfrum, Edgar 2006, p. 15; Voßberg, Henning 1979, pp. 102f.

11) Nevermann, Kurt ed. 1967, p. 5.

12) FU SPIEGEL(베를린자유대학 학생신문) 58(특별호), June/1967; Wilhelmer, Bernhard 1967, p. 3; R. M. S. trecker 1967, p. 3; Ahrweiler, Georg 1967, p. 3; "Der Fall Ohnesorg," notizen(튀빙엔대학 학생신문) 77, July/1967, pp. 3~10; Berg, Hanjo 1967, pp. 14f; Leitner, Kerstin 1967, pp. 3f.

13) Bauß, Gerhard 1977, pp. 53f. 당시까지 종합대학이 없던 빌레펠트에서도 6월 6일 오네조르크를 추모하는 침묵시위가 벌어진다(Kühne, Hans-Jörg 2006, p. 14).

14) Linder, Werner 1998, p. 225.

15) 각각 Bild Zeitung 1967. 6. 3, p. 1; Berliner Zeitung 1967. 6. 3, p. 3; Berliner Morgenpost 1967. 6. 4, p. 3.

16) Hermann, Kai 1967, p. 16.

17) Naeher, Gerhard 1991, p. 232.

18) Nevermann, Kurt ed. 1967, p. 43에서 재인용. 알프레트 후겐베르크(Alfred Hugenberg)는 바이마르 시기 나치와 극우세력의 나팔수 역할을 한 다양한 신문과 출판사 및 통신사로 이루어진 '언론왕국'을 건설한 인물이자 극우정치가로, 나치의 권력장악에 기여했다.

19) "Erklärung Westberliner Schriftsteller, Künstler, Galeriebesitzer und Verleger vom 5. Juni," Nevermann, Kurt ed. 1967, pp. 94, 96; Craig, Gordon A. 1984, p. 186.

20) Lönnendonker, Siegward ed. 1998, p. 139.

21) Der SDS-Bundesvorstand 1967, p. 2.

22) Bauß, Gerhard 1967, p. 69.

23) Lönnendonker, Siegward, Tilman Fichter, and Jochen Staadt eds. 1983, pp. 188f(Dokument 749).

24) "Protokoll der Sitzung des Zentralen Ausschusses der KfA vom 24/25. Juni 1967," Karl A. Otto 1989, p. 255.

25) "Der Republikanische Club in Westbelrin," APO und soziale Bewegungen-Archiv in Berlin(베를린 소재 'APO와 사회운동 문서고', 이하 베를린 APO-문서고), Berlin RC 1967~1973.

26) Bohrer, Karl Heinz 1967.

27) "Informationsbrief IV", Republikanischer Club e.v. Berlin, 1967. 7. 25, p. 1(Bohrer, Karl Heinz 1967에서 재인용).

28) Müller, Michael Ludwig 2008, p. 177에서 재인용.

29) Gruppe 47은 나치시대 이후 독일의 민주적 계몽과 교육을 목표로 활동한 문인단체로 1947년 결성되었다. 귄터 그라스나 하인리히 뵐, 마르틴 발저, 페터 바이스, 엔첸스베르거 같은 독일을 대표하는 기라성 같은 작가가 대거 포진하고 있었다. Gilcher-Holtey, Ingrid 2001, p. 58과 주 3 참조. Gilcher-Holtey, Ingrid 2004, pp. 207~32; 2007, pp. 19~24; Arnold, Heinz Ludwig 2007, pp. 4~11도 참조.

30) "Resolution gegen die Pressepolitik des Springer-Konzerns," Ott, Ulrich, Friedrich Pfäfflin eds. 1998, p. 123.

31) Seyer, Ulrike 2007, pp. 159~241, 인용은 p. 182. 결의안에 서명한 7개 출판사는 주어캄프(Suhrkamp)와 루흐터한트(Luchterhand), 로볼트(Rowohlt), 바겐바흐(Wagenbach), 한저(Hanser), 피퍼(Piper) 키펜호이어 & 비치(Kiepenheuer & Witsch)였고 프랑크푸르트 북메세에서 6개 외국 출판사가 이에 연대했다(Schneider, Ute 1999a, p. 2, Bestand Anti-Springer-Kampagne; 1999b, pp. 89~114, 특히 pp. 95f; Seyer, Ulrike 2007, pp. 181f 참조.

32) "Protokoll" der Konferenz über die Fortführung der Anti-Springer-Kampagne vom 6. Oktober 1967, Klaus Vack, 15. Oktober 1967, p. 1, in 베를린 APO-문서고, SDS-Springer Kampagne. 21명의 참가자는 같은 문서고의 "Teilnehmerliste"(참가자 명단) 참조. 군축캠페인측이 '배포국'을 이끌며 공조활동을 책임지게 되고 1967년 가을 이후 조직능력을 기반으로 슈프링어 반대진영의 활동에서 핵심역할을 떠맡는다(Otto, Karl A. 1977, p. 163 참조).

33) Altvater, Elmar, Bernhard Blanke, Rudi Dutschke, Hans-Jürgen Krahl, Helmut Schauer 1977, "Manipulation," Privatbesitz, Deppe, Fichter. 여기서 SDS는 "모든 반권위주의 …반대파 세력과 함께 슈프링어 콘체른의 폭로와 분쇄를 위한 캠

페인"을 이끌려고 한다(같은 글, p. 4).

34) Andreas Buro, "Überlegungen zur Springer-Aktion der Kampagne: Ein Vorlage für die Zentralausschußss-Sitzung der KfA vom 4./5. November 1967," pp. 1~7, 인용은 p. 7 in 베를린 APO-문서고, SDS-Springer Kampagnep.

35) *Informationen zur Abrüstung* 51, 1967. 10, 베를린 APO-문서고, SDS-Springer Kampagne, pp. 1~12. 10월 18일자로 나온 KfA 소식지 *Kurzinformation* 12호의 중심 테마도 슈프링어 비판이었다(*Kurzinformation* 12, 1967. 10. 18, ASV-UA, Bestand Anti-Springer-Kampagne). 이 시기 반(反)슈프링어 캠페인에 대한 이러한 집중 속에서 KfA의 다른 주요 관심사인 비상사태법이나 베트남전 반대 같은 이슈가 다소 가장자리로 밀려났다고 판단할 수 있다.

36) Fichter, Tilman P. and Siegward Lönnendonker 2008, p. 181. Lönnendonker, Siegward, Tilman Fichter, and Jochen Staadt eds. 1983, p. 248(Dokument 804) 도 참조. 하지만 1967년 10월에 열릴 계획이던 슈프링어 트리뷰널은 다달이 미루어져 1968년 2월로 연기되었다(Müller, Michael Ludwig 2008, p. 177 참조).

37) Melchert, Florian 2003, p. 415.

38) 구체적인 내용은 이 책 제1부 1장 1절 참조.

39) 고등학생 연합조직인 AUSS는 서독 전역 김나지움과 직업학교에서 1800명의 회원을 거느린 47개 그룹으로 구성되었는데, 중등학교 문제와 관련해서는 '학교에서의 파업권과 시위권' 및 '퇴학처분 거부권' 등을 요구했다("Resolution der 2. Delegiertenkonferenz des AUSS," 1967, in 베를린 APO-문서고, SDS-BV; Kraushaar, Wolfgang ed. 1998, p. 274).

40) 같은 곳. 더불어 Kröger, Claus 2006, pp. 311~31, 특히 p. 326; Becker, Thomas P., Ute Schröder ed. 2000, p. 154도 참조.

41) "Anleihe der Antispringer-Kampagne 1000DM(1968년의 '반슈프링어 채권')," in APO-문서고, Devotionalien, Privatbesitz von Siegward Lönnendonker. 이 한 장짜리 인쇄물에는 실제 채권처럼, 1000마르크로 가치가 기록되어 있다. 여기에 인용한 '반슈프링어 채권'의 판매가격이 3마르크인 반면 다른 곳에는 2마르크로 기재되어 있다. 가격이 3마르크인 '채권'의 번호가 00074이고 2마르크짜리는 01039인 것을 감안하면 시간이 지나면서 가격이 떨어졌음을 추론할 수 있다. Miermeister, Jürgen, Jochen Staadt eds. 1980, p. 147. 또한 일종의 '반슈프링어 엽서'는 슈프링어 사 주인인 악셀 슈프링어가 '슈프링어 몰수' 로고가 붙은 맥주잔을 들고 있는 그림으로 디자인 되어 있다("Anti-Springer Postkarte"(1968년으로 추정되는 '반슈프링어 엽서') in: APO-문서고, Devotionalien, Privatbesitz von Siegward Lönnendonker). 문서고의 이 모음 속에는 반슈프링어 엽서와 배지 및 채권을 포함해 캠페인측이 제작하고 유포한 다양한 '도구'들이 모여 있다. 당시에 나온 수많은 팸플릿과 성명서 및 인쇄물은 APO-문서고의 파일 모음집 "Manipulation," Privatbesitz, Deppe, Fichter; SDS-Springer Kampagne; Springer, Privatbesitz von Bernhard

Blanke; SDS-BV, Post 1968; SDS/RC; Berlin FU Allgemein, *FU/TU-Flugblätter*, Juli-Oktober 1967; *Berlin FU*-November/Dezember 1967; Berlin FU Allgemein, *FU-Flugblätter*(Dutschke-Attentat), April 1968; *FU-Flugblätter*, Internationale Vietnam-Konferenz, Februar 1968; Berlin RC 1967~1973 등 참조. 슈프링어 기업문서고(ASV-UA)에도 "Bestand Anti-Springer-Kampagne"라는 이름 아래 수많은 관련자료들이 보관되어 있다.

42) Budzinski, Klaus, Rainer Hachfeld 1969.

43) "Stoppt den Terror der Jung-Roten jetzt!," *Bild-Zeitung*(Westberlin) 1968. 2. 7, p. 1.

44) 대수술 뒤 극적으로 목숨을 건진 두치케는 1979년 12월 24일 총격 후유증으로 인한 간질성 발작으로 욕조에서 익사한다.

45) Kruip, Gudrun 1999, pp. 111f, 인용은 p. 112.

46) "Verlorenes Wochenende," *Spiegel* 1968. 4. 22, pp. 25~27, 인용은 p. 25. 부활절 월요일인 4월 15일 뮌헨에서 시위 도중 2명이 사망한다.

47) Hermann, Kai 1968, p. 3.

48) 사회학자 크리스티안 라후젠(Christian Lahusen)은 캠페인의 형태를 목표 설정과 대상에 따라 계몽 캠페인과 행동 캠페인, 충원 캠페인, 영향력 캠페인의 4가지 형태로 구분한다. 특정 부문 그룹들의 '생각 및 태도 변화'를 겨냥하는 계몽 캠페인의 중심 활동은 사실과 배경정보의 제공 및 진단을 통한 '정보작업'과 도덕적인 호소를 통한 '설득작업'이다. 행동 캠페인이 이런 계몽 캠페인과 구분되는 지점은 '여론과/혹은 특정화된 목표그룹의 동원'에 의거한다는 것이다. 행동 캠페인의 관건은 한편에서 "고유한 테마와 요구에 대한 대중적인 지지를 확보"하고, 다른 한편에서 "생각이 다른 쪽이나 비참여자"에게 압박을 가하는 것이다. 따라서 이 캠페인 유형에서는 무엇보다 "행동과 저항이 전면에 나선다." Lahusen, Christian 2002, p. 43. 하지만 라후젠도 인정하듯 실상에서는 다양한 캠페인이 서로 혼재되는 양상을 보이고 반슈프링어 캠페인도 마찬가지다. 즉 유동적인 모습을 보이는데, 캠페인들이 서로 연결되어 상황에 따라 특수한 요소가 전면에 나오거나 배후에 자리잡기도 하는 방식으로 여러 캠페인 형태가 뒤섞이는 것이다. 가령 계몽 캠페인으로서 반슈프링어 캠페인은 '정보관련 작업'을 행했다. 슈프링어 출판사에 대한 사실을 취합하거나 시장지배력을 공개하는가 하면, 그 배경과 역사에 대해 알리는 작업을 하고 신문 집중의 가능한 결과에 대한 진단을 내놓기도 했다. 캠페인은 이런 작업을 통해 목표대상 집단들, 특히 대학 바깥 주민들의 '생각과 태도 변화'를 일으키려고 했다. 물론 계몽 캠페인은 행동 캠페인이나 충원 캠페인, 영향력 캠페인과 나란히 진행되고 여러 캠페인 형태가 동시에 작동하곤 했다. 그러나 반슈프링어 캠페인은 특히 두치케 암살기도 이후에는 '행동 캠페인'이 전면에 나섰다. 즉 '고유한 테마들'(신문 집중과 언론 및 표현의 자유)과 '요구들'(슈프링어 몰수)을 내걸고 '공공의 지지'를 얻어내려고 노력했음은 물론이고 '의견이 다른 사람

들'(슈프링어 지지자)과 '비참여자들'(동조자와 관객)에게도 압력을 가하려고
했다. 무엇보다 연좌시위나 농성토론 및 거리시위 같은 익히 알려진 행동뿐 아
니라 '슈프링어 봉쇄'라는 직접행동과 저항을 통해 '여론동원'의 길로 밀고 나
갔다.

49) "Bundesinnenminister Ernst Benda zu den Osterunruhen 1968," 1968. 4. 30,
vor dem Bundestag, *Verhandlungen des Deutschen Bundestages, Stenographische
Berichte, 5. Wahlperiode, 169. Sitzung, 30. April 1968* Vol. 67, pp. 8989~98, 인용
은 p. 8990. Schmidtke, Michael 2003, p. 183; Wolfrum, Edgar 2007, p. 263도 참
조.

50) 같은 글, pp. 8990f.

51) "Die Rolle des Verlagshauses Axel-Springer in der studentischen 'Scheinrevo-
lution': Eine Dokumentation,"(날짜미상: 1968년 7, 8월로 추정) pp. 1~45, 인용
은 p. 30, in ASV-UA(슈프링어사 기업문서고), NL Horst Mahnke(슈프링어사 편
집자문위원회 의장 호르스트 만케의 유고).

52) Hildebrandt, Dietrich 1991, pp. 65f; Becker, Thomas P., Ute Schröder ed. 2000,
p. 184; "Studenten in eigener Sache," *auditorium*, die Hamburger Studenten-
zeitschrift, p. 3, in ASV-UA, Bestand Anti-Springer-Kampagne; Kozicki, Nor-
bert 2008, pp. 20ff; Hagener Geschichtsverein e.V. ed. 2004, p. 53; Grossmann,
Heinz, Oskar Negt eds. 1968, pp. 81f; Berlit, Anna Christina 2007, pp. 80~87;
Cohn-Bendit, Daniel, Reinhard Mohr 1988, p. 128 참조.

53) "Wer schoss auf Rudi Dutschke?" und "Attentat Contre Rudi Dutschke," in:
APO-문서고, SDS-BV, Post 1968; "Liebe Genossen," ein Brief, 1968. 4. 14, aus
Paris, in 같은 곳.

54) Grossmann Heinz, Oskar Negt eds. 1968, p. 142; Kraushaar, Wolfgang 1998a, p.
112 참조. 프랑스의 68운동에 대해서는 Gilcher-Holtey, Ingrid(1995); Baer, Wil-
li, Karl-Heinz Dellwo eds.(2011); Seidman, Michael(2004); Horn, Gerd-Rain-
er(2007, pp. 100~11) 참조.

55) Meschkat, Klaus 2008a, pp. 194~202, 인용은 p. 199.

56) Gilcher-Holtey, Ingrid ed. 2013; 2014.

57) Schwarz, Hans-Peter 2008, pp. 469f.

58) Etzemüller, Thomas 2005, p. 144.

59) Schwarz, Hans-Peter 2008, p. 465.

60) Kruip, Gudrun 1999, p. 398; "Springers Zeitschriften-Verkäufe," *Verlag-
shaus Axel Springer Nachrichten* 12, June/1968, p. 1, in 베를린 APO-문서고,
SDS-Springer.

61) "Springer-Verkauf: Um Gottes willen," *Spiegel* 1969. 7. 1, p. 52.

62) "Springers Zeitschriften-Verkäufe," p. 2.

63) 연방정부가 의회의 지시를 받아 1967년 중순에 설립한 언론위원회로, 연방카르텔청 의장이기도 한 에베르하르트 귄터(Eberhard Günther) 의장의 이름을 딴 이른바 '귄터위원회'는 출판인과 저널리스트, 방송국 및 노동조합 인물 17명으로 구성되고, 공식 명칭은 "서독 신문사의 경제적 존속에 대한 위협 및 서독 언론자유에 미치는 신문독점화의 결과에 대한 조사위원회"였다(Meyn, Hermann 1969, p. 64).

64) Schwarz, Hans-Peter 2008, pp. 471ff; Meyn, Hermann 1969, pp. 64f; Koszyk, Kurt 1990, p. 18; Schneider, Wolf 2000, p. 58; Frei, Norbert 1989, p. 402 참조.

65) Kraushaar, Wolfgang 1998a, p. 162; Frei, Norbert 1989, p. 402.

66) Melchert, Florian 2003, pp. 389f.

67) Schwarz, Hans-Peter 2008, p. 467에서 재인용.

68) Tagungsbericht, "1968 und die deutschen Unternehmen," 05. 05. 2003, Berlin, in H-Soz-u-Kult, 20. 05. 2003, http://hsozkult.geschichte.hu-berlin.de/tagungsberichte/id=222.

69) 같은 곳.

70) 같은 곳.

71) 같은 곳.

72) 같은 곳.

73) Brawand, Leo 1995, p. 184f에서 재인용. Merseburger, Peter 2007, p. 415도 참조.

제2장

독일 68의 전주곡 슈피겔 사건

국가권력에 맞서

1962년 가을 서독사회에 일대 지진을 일으킨 '슈피겔 사건'(Spiegel-Affäre)은 넉 달 앞서 발생한 뮌헨의 '슈바빙 소요'(Schwabinger Krawalle)[1]와 함께 몇 년 뒤의 전국적인 '동원과 저항의 예행연습'으로 간주되며 68운동의 전사(前史)를 장식한다. 앞서 살펴본 '반슈프링어 캠페인'이 언론제국에 맞서 언론자유를 지키기 위한 투쟁이었다면, 슈피겔 사건은 국가권력에 맞서 언론자유를 수호하려는 저항이었다.

슈피겔 사건은 1962년 10월 나토의 기동훈련을 비판적으로 다룬 기사를 빌미로 시사주간지 『슈피겔』(Spiegel)의 사옥을 경찰이 점거하고 주요 편집자를 체포하며 그 포문을 연다. 하지만 경찰의 과도한 행위가 언론인과 지식인의 신랄한 비판에 부딪히는 동안 학생들은 거리로 나가 정부에 항의하고 '침해된 기본권의 이름으로'[2] 언론자유를 위해 연일 시위를 벌인다. 콘라트 아데나워(Konrad Adenauer)를 정점으로 한 '권위적 총리정권'[3]과 언론자유의 옹호자들 사이에 전선이 만들어진다. 한쪽 진영에서는 '반역죄'라고 주장하고, 다른 진영은 '언론과 표현의 자유'를 내세운다. 마침내 "정부위기뿐 아니라 유례없이 폭넓은 여론동원까지" 야기된다.[4]

슈피겔 사건은 1967년 대학생 오네조르크가 시위 도중 경찰의 총에 사망하는 '6월 2일 사건'과 더불어 68운동의 명실상부한 전주곡이었다. 서베를린에서 뮌헨까지 전국을 시위물결로 가득 메워 서독정부를 위기의 벼랑으로 몰아가고, 라인강의 기적이라는 경제번영의 탄탄대로를 달리던 서독사회를 흔들어 깨우는 저항의 동원을 불러일으켰다는 점에서 그렇다. 또한 슈피겔 사건은 본질상 '언론자유의 문제'와 핵심이 맞닿아 있다는 점에서도 앞서 살펴본 68운동의 '반슈프링어 캠페인'과 일맥상통하는 측면을 보인다. 그 캠페인의 정점인 '부활절 봉기'는 슈프링어의 여론조작과 신문독점에 맞선 전투적 저항이나, 다른 한편으로 더 폭넓은 의미에서 언론자유를 둘러싼 대결의 표출이기도 했다. 슈프링어 사의 독점과 조작이 언론자유 및 민주주의의 심각한 장애물로 비쳤던 탓이다. 슈피겔 사건 역시 그 본령에 언론자유 문제가 똬리를 틀고 있다는 점에서 독일 68운동의 핵심 쟁점 가운데 하나를 미리 보여준 '예시적 사건'으로 파악 가능하다. 나아가 슈피겔 사건에서 드러난 슈프링어 쪽의 친정부적인 태도는 5년 뒤의 68운동에서 슈프링어 사가 주요 공격목표가 된 것이 결코 우연이 아님을 보여주기도 한다. 따라서 슈피겔 사건은 68운동의 서막으로 보기에 부족함이 없다.[5]

특히 슈피겔 사건 전체를 관통하는 화두라 할 만한 언론자유 문제와 68운동의 '반슈프링어 캠페인' 사이에 있는 모종의 연관성에 주목할 필요가 있다. 지식인과 활동가들이 슈피겔 사건을 통해 언론자유 문제에 대한 감각을 벼림으로서 반슈프링어 캠페인을 의식·무의식적으로 준비했던 면이 있었기에, 거꾸로 그 캠페인은 68운동의 전주곡인 슈피겔 사건의 심화학습이었던 셈이기도 했다. 또한 68운동의 동원 측면은 슈피겔 사건 속에서 큰 모티브를 얻고 유의미한 예행연습을 거쳤다. 특히 슈피겔 사건에 대한 대학생조직들의 지대한 관심과 저항의 결집은 나중 반란을 위한 제대로 된 학교로서의 역할을 충분히 수행했다고 볼 만하다. 게다가 대학교수들이 중심이

된 적극적인 사건개입과 발언은 전후(戰後) 서독역사에서 지식인 사회참여의 분기점으로 작용했다.

68운동의 폭발적 확산에서 견인차 역할을 한 '6월 2일 사건' 역시 슈피겔 사건과 맥이 닿아 있다. 경찰의 손에 대학생이 죽임을 당하며 68운동의 불꽃으로 타오른 것이 6월 2일 사건이었다면 슈피겔 사건에서는 국가권력의 언론자유 침해가 핵심이었으니, 결국은 공권력과 시민저항의 대립이라는 측면에서 두 사건을 나란히 위치 지을 수 있기 때문이다.

기실 슈피겔 사건은 서독역사의 유일무이한 스캔들이다. 전방위적인 저항 속에서 장관 전체가 퇴진을 결의하고 다시 정부가 구성되었으며 전후 독일경제 번영의 초석을 다진 아데나워 총리의 불가피한 퇴임으로까지 숨가쁘게 진행된 탓이다. 이제 슈피겔 사건이 아데나워 정권을 뒤흔들며 그려나간 지진계의 그래프를 추적해 보자.

사건의 진행과 정부위기

1962년 10월 10일자 『슈피겔』은 "제한적 방어태세"라는 기사를 표지 이야기로 다루었다. 서독에서 실시된 나토 기동훈련 '팔렉스(Fallex) 62'가 상세히 분석되었다. 서독의 방어구상과 씨름한 『슈피겔』은 서독군대의 방어준비 부족을 신랄히 비판했다.[6] 『슈피겔』 쪽이 볼 때 "방어를 위한 연방정부의 준비는 완전히 불충분한" 게 틀림없었다. 냉정한 결론이 뒤따른다. 서독군은 "최적의 방어에는 한계가 있다는 최악의 평가"만 가능하다.[7]

연방검찰이 『슈피겔』 기사의 정보출처를 찾아내려는 수사절차에 즉각 착수했다. 10월 23일, 기사가 나오고 불과 2주도 못 되어 『슈

피겔』 발행인 아우그슈타인과 서독연방군 문제 전담 콘라트 알러스
(Konrad Ahlers)를 비롯한 여러 기자에 대한 체포명령이 떨어졌다.[8] 이
른바 군사기밀 누설과 반역행위가 문제였다. 실제로 27일 "군사기밀
누설과 그로 인한 반역행위가 유력하다는 혐의"[9]로 아우그슈타인은
함부르크에서, 해당 기사를 작성한 알러스는 스페인에서 체포되어
구치소에 갇혔다. 나중에 밝혀지듯, 부인과 스페인에서 휴가를 보내
고 있던 알러스는 국방장관 프란츠 슈트라우스(Franz J. Strauß)의 개
입으로 현지경찰에 체포되었다.[10] 무엇보다 국방장관의 이런 행동은
차후 여론에서 큰 분노를 불러올 것이었다.

경찰은 주요 인물들을 체포하기 하루 전인 26일 밤에 이미 『슈
피겔』 건물로 치고 들어갔다. 함부르크 본사와 본(Bonn)의 지사 및
여러 개인주택이 '불법적으로 조달된 정보'를 찾는다며 수색을 당했
다. 경찰은 『슈피겔』 건물과 사무실을 몇 주 동안 점거하고 약 3만
건가량의 자료도 압수했다.[11] 그럼에도 불구하고 이런 조치는 결과
적으로 법률상 어떤 성과도 낳지 못할 운명이었다. 몇 년 뒤인 1965
년 5월 연방법정이 아우그슈타인과 알러스에 대한 주요 소송을 증거
부족으로 기각하기 때문이다. 더불어 슈피겔 사건에 연루된 인물들
에 대한 대부분의 소송은 이미 1965년 초에 중단되고 만다.[12]

하지만 『슈피겔』을 겨눈 경찰의 조치, 특히 26일 야밤에 단행
된 기습작전은 정치적 지진을 일으키며 '정부에 대한 부메랑'으로
되돌아온다.[13] 내무장관 헤르만 회헤를(Hermann Höcherl, 기사당)
이 시인할 수밖에 없었듯, 주무장관인 볼프강 슈탐베르거(Wolfgang
Stammberger, 자민당) 법무장관은 전혀 모르는 상태에서 경찰작전이
이루어짐으로써 합법성의 테두리를 넘어섰다는 사실이 특히 스캔들

이 되었다. 기민기사연합의 "연정 파트너인 자민당에 대한 이러한 정치적 무시"[14]를 바탕으로 슈피겔 사건은 곧장 정부위기로 발전한바, 전후 경제번영을 진두지휘한 총리인 '아데나워 시대의 마지막 장'[15]을 열고 그 '시대의 몰락'[16]까지 부채질할 참이었다.

『슈피겔』에 대한 경찰조치를 신문에서 처음 읽은 법무장관은 총리에게 장관자리를 내놓겠다고 밝힌다. 게다가 자민당 쪽에서는 이런 경찰조치를 법무장관에게 보고할 의무를 소홀히 한 국방차관 폴크마 호프(Volkmar Hopf)와 법무차관 발터 슈트라우스(Walter Strauß) 두 사람만이라도 해직하라고 요구했다.[17] 아데나워 총리는 그 일의 합법성을 굳게 믿고 해직요구를 거부한다. 이런 상황에서 자민당은 장관들을 내각에서 전원 철수시켰다. 새로운 정부를 구성하도록 압력을 넣기 위해서였다. 자민당 입장에서 관건은 어떤 한 인물을 포함하지 않는 새로운 내각을 구성하는 일이었다. 다름 아닌 보수 기민당의 수장이자 국방장관인 슈트라우스였다.[18]

『슈피겔』에 대한 "형사소추 행위의 실질적인 배후조종자"[19]이자 스페인에서 알러스와 그 부인을 체포하도록 사주한 슈트라우스는 처음부터 여론의 주목을 한 몸에 받았다. 동시대인들은『슈피겔』과 슈트라우스 국방장관의 한판 승부가 이번 사건의 배경이라고 추측했다. 양측은 오래도록 적대하고 있었다.『슈피겔』에서 슈트라우스는 핵무장 계획 때문에 비판받고 "엄청나게 명예욕이 강하며, 권력욕 넘치고 전쟁도 좋아하는 부패한 총리후보"로 그려져 왔다.[20]『슈피겔』발행인 아우그슈타인은 모든 수단을 앞세워 슈트라우스가 총리가 되는 것을 막으려 했다.[21]『슈피겔』은 슈트라우스에게 눈엣가시나 다름없었으니 반감이 쌓여왔음은 불을 보듯 뻔했다. 하지만 슈트라우스는 과거지사와 무관하게 자신은 이번 사건과 전연 관계가 없다고 밝혔다. 불법이라고 생각되었기에 스캔들로 비화한 알러스의 스페인 체포와 관련된 즉각적인 연루 의혹에도 분연히 맞섰다. 10월 30일 프랑크푸르트의 『아벤드포스트』(Abendpost) 인터뷰에서 슈트라우스는 이번 일이 『슈피겔』에 대한 복수가 아닐 뿐더러 자신은 "사건의 촉발과 아무 상관도 없다"고 못박았다.[22]

11월 7일 연방의회 앞에서도 슈트라우스 국방장관은 알러스 체포와 관련된 사건을 일단 은폐하려고 시도한다. 무조건적으로 슈트라우스를 지지해 온 아데나워 총리도 같은 날 의회 질의시간에 『슈피겔』에 대한 반감을 구태여 숨기지 않으며, 『슈피겔』을 노린 기습적인 경찰조치를 옹호했다. 총리는 외친다. "우리는 이 나라에서 반역이라는 파멸적인 일을 목도하고 있는 것입니다!" 사민당 의원 하나가 깜짝 놀라 되물었다. "누가 그렇게 말합니까?" 총리가 일갈한다. "본인이 그렇게 말합니다!"[23] 오만한 태도였다. 나아가 총리는 『슈피겔』 발행인 아우그슈타인이 체계적으로 반역을 꾀하며 돈을 벌어들이고 있다고 공격한다.[24] 『슈피겔』에 대한 이런 자의적인 유죄판결은 자민당과 사민당을 넘어 일반 여론에서도 분노를 일으켰다.

정부의 강경대응과 과도한 경찰작전이 알려지며 여론은 점점 더 『슈피겔』에 유리하게 돌아가고 보수진영이나 심지어 『슈피겔』 반대진영에서도 비판이 일었다. 예를 들어 보수 저널리스트인 한스 하베(Hans Habe)는 "정치권력 남용과 고삐 풀린 경찰의 전횡"이라고 정부를 몰아세운다.[25] 『프랑크푸르트 알게마이네 차이퉁』(FAZ) 같은 유력한 보수 일간지도 당국의 행동에 등을 돌리고, 그때까지 『슈피겔』 비판자로 분류되던 제바스티안 하프너(Sebastian Haffner)는 11월 4일

TV방송 〈파노라마〉(Panorama)에서 이렇게 말한다. "만약 독일여론에서 이번 일을 그냥 내버려둔다면… 언론자유와 안녕을 고하고 법치국가나 민주주의에도 안녕을 고하는 것이다."[26] 사건이 진행될수록 비판진영의 대오는 눈에 띄게 몸집이 불어났다.

결국 얼마 지나지 않아 슈트라우스 장관은 알러스의 스페인 체포에 압력을 행사한 사실을 시인해야 했다.[27] 당시 『슈피겔』에 근무하며 목격자이자 역사가로 사건을 바라보는 페터 메르제부르거(Peter Merseburger)에 따르면, 스페인에서 알러스의 체포를 이끈 뒤 귀향하는 길에 슈트라우스는 기쁨에 겨워 다음과 같이 말했다고 한다. "돼지 같은 놈들, 이제 드디어 모두 잡았어!"[28] 또한 해당 『슈피겔』 기사가 나온 직후 아데나워 총리에게 편지를 써서, 『슈피겔』의 '언론적인 테러'는 범죄행위와 마찬가지로 단호한 조치가 필요하다고 주장했다.[29] 뿐만 아니라 슈트라우스는 『슈피겔』에 대한 전격적인 공격을 결정하는 회합에도 참여했음이 드러난다.[30] 아데나워 정권, 특히 슈트라우스를 겨냥한 항의가 고조되는 가운데 11월 19일 자민당 장관 다섯 명이 직위를 반납하자 사민당은 슈트라우스의 퇴진을 요구했다.[31] 오만한 태도와 자의적인 판단으로 정권 자체의 신뢰 위기를 자초한 아데나워 총리와 슈트라우스 국방장관을 향한 압박수위는 더더욱 높아진다.

대연정 구성 가능성을 둘러싼 기민기사연합과 사민당의 협상이 성과 없이 결렬되고 나자 기민기사연합 장관들도 자민당과의 연정에 필요한 전제를 창출하기 위해 11월 27일 퇴진을 공표한다. 자민당뿐 아니라 기민당의 장관 네 명도 슈트라우스 없는 새 내각을 원한다. 11월 30일 슈트라우스는 더는 내각에 참여하지 않을 것이라고 밝한다. 12월 11일 재차 기민기사연합-자민당 연정으로 꾸려진 새 정부가 구성된다. 아데나워는 정부수반으로 남지만 1963년 가을의 조기퇴임을 약속해야 했다.[32]

서독의 핵 재무장을 옹호하던 보수진영의 상징인물이자 총리후보감으로 꼽히던 슈트라우스가 새 내각에 속하지 못하자 반대진영은 반색하고 나섰다. 진보적 문인으로 차후 68운동에서도 활약하는 엔첸스베르거는 동료작가 알프레트 안데르슈(Alfred Andersch)에게 보낸 1963년 1월 30일자 편지에서 국방장관의 추락을 기뻐하며 쓴다. "독일 상황에서 그 일은 민주주의를 위한 믿기 힘든 승리였습니다."[33] 여하튼 슈피겔 사건으로 분출된 정부위기는 이렇게 종언을 고하고, 우선 정치적인 차원에서 사건은 해결양상을 띠었다.

여론동원과 '의회 외부 저항'의 예행연습

'슈피겔 사건'은 정치영역에 두드러진 영향을 끼쳤을 뿐 아니라 '광범위한 여론동원'도 일으켰다. 이를 통해 정부위기가 다시금 가속화되는 효과를 가져왔음은 물론이다. 역사가 크리스티나 폰 호덴베르크(Christina von Hodenberg)의 입을 빌리면 "언론자유를 놓고 유례가 없는 결집과 연대의 물결"이 일어났다.[34] 서독 매스미디어는 사건이 터지자 대부분 신속하고도 비판적으로 대응했고 서독역사에서 처음으로 항의와 시위, 성명서, 토론회를 비롯해 대학생 연좌시위가 연일 전국을 휩쓸었다.[35] 민주주의와 법치국가가 위험에 빠졌다고 여론이 들끓었고, 언론자유의 위기를 우려하며 폭넓은 연대가 재빨리 형성되었다.[36] 의회에서 아우그슈타인과 『슈피겔』에 대한 혐오를 일말도 숨기지 않은 아데나워 총리의 행동은 이런 연대효과의 강화에 불을 질렀다. 대학생 시위대를 필두로 저항은 점점 더 거리로 확산되었다. 몇 년 뒤 68운동을 수놓게 될 '의회 외부 저항'이 일어난 것이다.

서독에서 거리시위가 이제껏 정치적 의견표명 형태로는 탐탁지 않게 여겨졌던 탓에 이는 정치에 대한 새로운 이해의 표출이었다. 민주주의는 의회의 일일 뿐만 아니라, 거리에서의 시위와 외침을 동반해야 한다는 것이다. 달리 말해 민주주의가 구멍 날 위기에 놓일 경우 저항은 일어날 수 있고 또 일어나야 한다는 뜻이었다.[37] 슈피겔 사건은 이렇게 정치의식적인 측면에서도 서독사의 전환점이 되었다. 거리 시위와 항의가 의회민주주의를 보완하거나 강제하는 중요한 정치행위로 인정되는 출발점에 슈피겔 사건이 자리잡고 있었다. 이런 점에서도, 수년 뒤 폭발하는 68운동의 중심적인 측면이 발현되는 예행연습으로 보기에 모자람이 없다.

동원과정을 좀더 가까이서 들여다보자. 우선, 신문과 잡지뿐 아니라 라디오와 TV까지 매스미디어는 슈피겔 사건에 즉각 반응한다. 10월 말부터 12월 초까지 사건은 매일 보도되고 이례적인 강도로 다루어진다. 슈피겔 사건이라는 테마를 취급하지 않는 신문은 눈을 씻고 찾아야 할 정도였다. 가령 TV 프로그램 〈파노라마〉는 그 사건을 다루는 상세한 프로그램을 세 번이나 편성한다. 이 시기 동안 5개 전국일간지의 70개 헤드라인 가운데 무려 54개가 슈피겔 사건 관련보도였다.[38] 비록 미디어가 당국의 행동을 한목소리로 비판하지는 않았다 해도, 『슈피겔』을 단호히 공격하는 쪽은 오히려 예외에 속했다.[39]

일간지 일각에서는 사건 초기 평가를 유보하는 태도를 취했다. 처음 3일간 일간지의 약 25%가 『슈피겔』에 대한 당국의 행위를 옹호했던 반면, 35% 이상이 태도를 결정하지 못하는 모습이었다.[40] 하지만 시간이 갈수록 정부 논거의 모순과 허점이 점점 더 명백히 드러나자 여론이 급변하며 마침내 거의 모든 신문이, 법무장관을 배제한 채 스페인에서 알러스를 체포한 행동을 비난하며 슈트라우스 국방장관 퇴진 요구에 찬성했다.[41]

잡지 『슈테른』(Stern)은 경찰과 그 비밀활동을 도마에 올리며 단호히 『슈피겔』 뒤에 선다. 11월 5일, 삽화잡지 『레부에』(Revue)가 일반적인 표지기사 대신 위협받는 언론자유에 대한 편집부의 입장표명을 내놓는가 하면 『퀵』(Quick)은 슈트라우스 국방장관에게 비아냥조의 충고를 던진다. "그만 쉬세요!" TV도 정부를 겨냥한 비판의 화살을 마다하지 않았다. 앞서 말한 〈파노라마〉의 날선 보도뿐 아니라 〈레포트〉(Report)도 슈피겔 사건을 여러 차례 비판적으로 보도한다.[42] 국제문제를 다루는 TV 프로그램 〈인터나치오날 프뤼쇼펜〉(International Frühschoppen)에서는 처음으로 국내정치 사건을 토론하는 진풍경이 벌어진다. 그리고 10월 28일자 방송에서 비판적으로 이렇게 언급한다. "얼마 되지 않는 서독역사에서 지금껏 단 한번 발생한 이런 사건을 통해 언론자유가 의문시된다면 유감스런 일이 될 것이다."[43] 서독 매스미디어 대다수가 슈피겔 사건을 언론자유에 대한 직접적 공격 혹은 적어도 언론자유에 대한 정치적 침해라고 보았던 것이다.

『슈피겔』을 향한 경찰의 과도한 행위에 대학생들도 즉각 항의행동에 돌입한다. 경찰의 '야밤 기습작전' 이틀 뒤인 10월 29일부터 학생들은 프랑크푸르트에서 『슈피겔』 기자 체포에 맞서 시위를 벌인다. 시위대오는 형형색색의 종이에 손으로 슬로건을 써넣은 플래카드로 물결친다. "1962년―민주주의의 종언?" "슈피겔에 대한 공격은 민주주의에 대한 공격이다!" "언론자유 없이 민주주의 없다! 언론 자유가 있기나 한 것인가?" "슈트라우스가 사법부에 명령하는 것인 가?" "비상사태법의 맛보기인가?" 물론 연좌시위도 빠지지 않았다. 수백 명의 학생들이 인도에 주저앉아 국방장관의 즉각적 퇴진을 합 창으로 요구한다. "슈트라우스는 집어넣고 아우그슈타인은 석방하 라!" 뒤이어 학생들은 시위대열을 꾸려 도시를 가로질러 행진한다.[44]

문학계도 발 빠르게 움직였다. 서독의 저명한 작가단체 그루페 47(Gruppe 47) 쪽도 슈피겔 사건 한복판에서 열린 연례회의 도중 성 명서를 내놓는다. 『슈피겔』 기자들이 체포된 바로 다음날인 10월 28 일 공표된 성명서의 주창자는 안데르슈와 엔첸스베르거, 우베 욘존 (Uwe Johnson), 클라우스 뢸러(Klaus Roehler), 페터 바이스(Peter Weiß) 같은 이름난 작가들이었다.[45] 성명서에 서명한 작가와 저널리스트 49 명은 "전쟁이 정치수단으로 소용없게 되는 시대에, 이른바 군사적 비밀에 관한 대중교육은 도덕적 의무"라고 생각한다고 밝혔다. 나아 가 『슈피겔』에 대한 '국가 쪽의 자의적인 전횡'에 맞서 아우그슈타인 을 지지하고 사건유발의 책임자 슈트라우스 국방장관의 퇴진을 요구 한다.[46] 앞서 보았듯이 프랑크푸르트의 시위학생들도 하루 뒤 같은 요구를 내놓았고, 거기서 그루페 47의 공동 설립자인 안데르슈가 학 생들과 어깨를 결었다.

한편 서독펜클럽 본부는 10월 29일 회헤를 내무장관에게 전보 를 보내 『슈피겔』에 대한 경찰행동이 불러올 결과에 큰 우려를 표명 한다. 그리고 언론자유는 긴급상황이 아니라면 제한해서는 안 되는 '아주 중차대한 기본권'이라고 밝힌다. 왜냐하면 "이 기막힌 조치는

자유국가인 서독의 위신에 오래도록 해가 될 것"이기 때문이었다.[47]

이틀 뒤인 10월 31일, 무대는 수도 베를린으로 옮겨갔다. 베를린 자유대학 총학생회가 기자회견을 열어 경찰의 『슈피겔』 공격을 비판한다. 총학생회는 "기본법이 침해되었다는 대중적 의혹을 말끔히 씻어낼 것을" 해당 관청에 요구한다.[48] 그렇게 못할 경우 서독사회의 법적 토대인 기본법이 침해된 것으로 보겠다는 경고와 진배없었다. 같은 날 베를린공대(Technische Universität Berlin) 맞은편 광장에서는 슈피겔 사건과 관련된 항의집회가 열린다. 대부분 대학생인 사오백 명의 참가자들은 '국가의 전횡'에 맞서 시위했다. 이 집회의 연설자 5명 가운데 볼프강 노이스(Wolfgang Neuss)는 그루페 47의 성명서를 낭독하고 국방장관 퇴진의 불가피성을 지적해 가장 큰 박수를 받는다. 곳곳에서 답지한 전보도 낭독되는데, 옥스퍼드대학 교수들과 독일인쇄제지노조 지도부 및 언론노조 의장의 전보도 들어 있었다. 플래카드와 현수막도 동원된다. "민주주의에는 『슈피겔』이 필요하다!" "배후세력을 캐내라!" "자유를 잘라낼 수 있다고? 독일은 난치병에 걸렸다!" 한 시간가량 진행된 시위집회는 〈자유베를린방송〉(SFB) 차량이 녹화했다.[49]

지식인의 대표 격인 교수들도 움직였다. 여러 대학 도시에서 학생들과 함께 거리로 나가 '언론자유의 부활'을 위해 시위를 벌인다. 10월 31일부터 교수들의 비판적인 성명서가 꼬리를 물고 이어지는데, 총 600명이 이름을 올린다. 이제 교수들은 오랫동안 이어온, 정치적 문제에 대한 유보태도를 벗어던졌다. 정치학자 디트리히 트렌하르트(Dietrich Thränhardt)가 볼 때 "교수들의 대규모 정치문제 개입"은 서독사의 새로운 현상이었다.[50] 대학의 엘리트 지식인 집단이 서독사에서 처음으로 '민주적인 목적'을 위해 집단적으로 여론에 동참한 것이었다.[51] 나아가 교수뿐 아니라 노동조합과 기독교 진영에서도 민주주의적 권리의 후퇴를 경고하고 나섰다.[52]

물론 대학생그룹의 성명서도 속출했다. 11월 2일 사민주의학생연합(SHB) 지도부가 성명서를 내고, 곱지 않은 언론에 재갈 물리기이자 언론자유 위협으로 보이는 슈피겔 사건에 대한 연방검찰청의 '시간 끌기 조사'에 항의한다. 다음날 사민당 조직인 '독일사회주의청년, 팔켄'(Sozialistische Jugend Deutschlands-die Falken)이 성명서를 발표한다. 팔켄은 『슈피겔』에 사용된 방식을 기본권 저촉 행위로 보고, 자유의식을 갖춘 모든 국민이 "민주적 기본권에 대한 일체의 공격"에 단호히 맞서야 한다고 목소리를 높인다. 11월 4일 독일청년민주주의자(DJD)와 독일자유주의학생연합(LSD) 수뇌부는 서독의 법치국가적 정체성을 확보하려면 슈피겔 사건에 책임이 있는 국방장관 슈트라우스를 해임해야 한다고 공동 성명서에서 역설한다. 독일사회주의학생연합(SDS)의 연방의장 디터 슈테르첼(Diether Sterzel)도 성명서를 제출한다. 그리고 "기본법에 보장된 일차적인 기본권이 계속해서 제한되거나 훼손되는 경향에 대해 대학과 국민들 속에서 더욱 강력히 주의를 환기하자"고 목청을 높인다.[53]

이 시점에는 군소 학생그룹에 불과하지만 몇 년 후 68운동이 불붙으며 학생운동뿐 아니라 의회외부저항운동(APO) 전체를 대표하는 단체로 성장하는 SDS는 처음부터 슈피겔 사건에 깊은 관심을 보이며 대응했다. SDS는 『슈피겔』에 취해진 행위를 "바로 현재 가시화되고 있는 권위적 성향의 점진적인 확대" 및 "지금 제출해서 통과시키려는 비상사태법"과의 관련 속에서 바라본다.[54] 매번 폭넓은 토대

위에서 행동을 전개하기 위해, SDS 연방지도부는 슈트라우스의 퇴진을 요구하는 서명운동을 대학마다 SDS 주도 아래 포괄적으로 조직하는 일의 중요성을 무엇보다 힘주어 말한다. 이 서명활동을 통해 SDS가 "민주주의와 법치국가를 위한 다수 대학생의 의견표명을 이끌어낼 가능성"이 생긴다는 것이다. 게다가 서명운동은 대학 테두리 밖으로 SDS의 신망을 확대할 여지도 제공한다고 보았다. 더 나아가 SDS 연방지도부는 공동 행보와 유인물작업 등을 통한 여타 학생 정치조직과의 연대활동을 강조한다.[55]

『슈피겔』 본사가 위치한 함부르크에서는 수백 명의 학생들이 아우그슈타인이 갇혀 있는 구치소 앞에서 열띤 시위를 이어간다. 시위대는 "슈피겔이 죽으면 자유도 죽는다!"라는 플래카드를 앞세웠다.[56] 또한 감방 창문 아래서 쉼없이 연호했다. "아우그슈타인은 석방하고 슈트라우스는 집어넣어라!" 아우그슈타인이 밤에 잠들기가 어려울 정도였지만, "말로 형언할 수 없는 기분"을 느꼈다고 한다.[57] 11월 2일 서독 남단 뮌헨에서도 항의시위가 터져나온다. 대학신문 『프로필』(Profil)과 노동조합연구회, 독일자유주의학생연합, 사민주의학생연합이 호소한 언론자유를 위한 시위에서도 학생들은 정부에 맞서 목소리를 높였다. 분노한 학생들의 항의시위는 뮌헨뿐 아니라 뒤셀도르프와 슈투트가르트, 하이델베르크, 튜빙엔, 만하임, 마르부르크를 넘어 브라운슈바이크, 두이스부르크, 빌레펠트 등으로 번져가면서 서독 전역을 망라했다.[58] 대략 총 2만 명이 언론자유를 위한 항의집회에 참가해 『슈피겔』에 힘을 실어주었다.[59] 여하튼 아우그슈타인은 103일이 지난 1963년 2월 7일 구치소에서 풀려나며 『슈피겔』 체포자 가운데 최장기간 구금을 기록하지만 승리는 그와 『슈피겔』의 몫이었다. 정부와 경찰의 탄압 속에서『슈피겔』은 자유의 상징으로, 그 발행인 아우그슈타인은 민주주의의 대변자로 올라설 것이었다.

이렇게 슈피겔 사건이 발발하자마자 학생들은 전국 곳곳에서 어깨에 어깨를 걸고 언론자유를 위한 항의시위에 뛰어들었다. 서독 전체로 번져간 이런 항의물결은 68운동이라는 거대한 '반란의 서막'[60]으로 받아들여지고 있다. 따라서 그 저항은 몇 년 후에 분출되는 68운동에 대한 일종의 '선구자적 성격'[61]을 띠었던 것이다.

슈피겔 사건에 대한 슈프링어 그룹의 대응

슈피겔 사건에서 흥미로운 점이 있다. 앞장에서 다룬 '반슈프링어 캠페인'의 목표인 슈프링어 출판그룹 신문들의 대응방식이다. 슈프링어 신문들은 아데나워 총리처럼『슈피겔』을 반역죄로 비판하는 거의 유일한 존재였다.『슈피겔』기자들이 체포되자 슈프링어 신문들은 압도적 다수를 이룬 다른 서독신문들에 맞서 한목소리로 정부입장을 지지하고 거들었다. 서독 매스미디어가 국가적 횡포에 대항하는 동안 슈프링어 출판그룹의 신문과 잡지만 이 합창에서 빠진 것이다. 심지어 슈프링어 신문『벨트』(Welt)는 이틀이 지난 뒤에야 처음으로『슈피겔』에 대한 경찰행위를 보도한다.[62] 사건 자체를 보도하지 않음으로써 독자의 관심을 끌지 않으려는 작전에 다름 아니었다.

『슈피겔』이 공격당하고 아우그슈타인과 기자들이 체포되자 슈프링어 출판그룹의 창업자이자 소유주인 악셀 슈프링어는 '엄청난 기쁨'에 도취했다고 전해진다.[63] 그리고 자사 신문『벨트 암 존탁』(Welt am Sonntag)에 슈피겔 사건에 대한 편집부의 평가를 일단 미루어두라고 지시한다.[64] 따라서 슈프링어가 처음에『벨트』편집부에

"30줄이 넘지 않게 보도하라"는 지침을 내렸다는 것도 전혀 놀라운
일이 아니다.[65] 슈프링어 사의 간판 격으로 매일 수백만 부를 찍어낸
부동의 독일 최대 신문『빌트』는 악셀 슈프링어의 경쟁자이자 적수
인 아우그슈타인에게 큰 이목이 집중되지 않도록 대략 11월 3일까지
평가를 유보한다.[66] 하지만 전국을 들쑤셔놓은 사건의 파급력과 독
자 및 기자단의 압력 때문에 이런 태도는 별로 오래가지 못했다.『벨
트』의 11월 2일자 사설은 언론자유가 침해되는 것은 국가 및 국가의
자의적이고 불법적인 개입이 아니라『슈피겔』의 탐색 저널리즘을 통
해서라고 주장한다.[67]『빌트』도 무조건 아데나워 총리 편을 들었다.
"반역죄는 반역죄이며 반역죄 그대로 남아 있고 중죄에 해당한다.
우리는 지금도 언론자유가 위협받는다고 생각지 않는다. 왜냐하면
언론자유는 국가의 기밀 및 국가존재의 확보에 대한 국가의 자연권
이 시작되는 곳에서 끝나기 때문이다."[68]
  이런 입장을 바라보는 역사가 구드룬 크루이프(Gudrun Kruip)의
평가는 눈여겨볼 만하다. 즉『빌트』에서는 '국가의 자연권'이 언론
자유보다 더 중요하고 '무비판적인 국가충성'이 언론자유의 침해에
대한 우려를 능가했다는 것이다.[69] 슈피겔 사건 동안 슈프링어 신문
들이 비록 알러스의 스페인 체포 같은 일부 문제는 비판하지만 국
가 및 국가권능에 대한 지지는 엄연히 고수했던 것도 유사한 연유
이다.[70] 슈프링어 신문들의 슈피겔 사건 평가는 다른 신문들과 질적
으로 달랐던 것이다. 이런 한편 잡지발행 중단의 위기상황에 놓인
『슈피겔』을 위해 함부르크의 다른 신문잡지들이 사무실 공간과 전
화기, 타자기 등을 쓰도록 해주었을 때 슈프링어 출판그룹까지 나서
서 도움을 제공한다. 악셀 슈프링어의 전권을 위임받고 있던 크리스

티안 크라흐트(Christian Kracht)가 앞장선 그 조치는, 슈프링어 신문들의 사건대응을 감안하면 이례적인 일이었다. 그러나 호의는 오래 가지 못한다. 악셀 슈프링어의 지시로 고작 이틀 뒤에 철회되고 말았다.[71] 슈프링어 사 주인이 원하는 바가 아니었던 것이다.

이렇게 서독 전역이 언론자유와 민주주의 수호의 이름으로 『슈피겔』을 견고하게 지지하며 여론의 향배가 분명하던 시기에, 스스로 언론인 슈프링어 쪽이 언론자유라는 기본권을 유예하면서까지 '무비판적인 국가충성'의 태도를 견지한 까닭은 무엇일까. 출판사 자체의 보수적인 성향에서 기인하는, 기민기사연합과 자민당 연정의 보수정부에 대한 지지와 보수진영의 예의 국가적 충성심도 필경 한몫했을 것이다. 하지만 이것만으로는 충분하지 않다. 오히려 주로 대학생이 주도하는 시위와 항의로 거리가 달아오르는 풍경의 심각한 상황을 바라보는 불편함이 적잖은 역할을 했다고 판단할 수 있을 것이다. 서독사회가 경제번영 위에 쌓아온 '안정'이야말로 슈프링어 신문들의 정언명령이었고, 의회 밖에서 벌어지는 시위와 항의는 혼돈과 불안정 속에서 나치정권에 길을 내어준 바이마르 말기의 '악몽'을 떠올리기 십상이었다. 슈프링어의 눈에 비친 가두시위라는 위험천만한 '거리의 정치'는, 바로 나치정권의 트라우마와 싸우며 서독사회가 힘겹게 쌓아 올려온 안정과 번영을 위협하는 '의회민주주의의 적'이었기 때문이다. 차후 서독 전역이 항의와 저항의 물결로 넘실되며 사회적 긴장이 고조되는 60년대 후반 내내 슈프링어 신문이 학생들의 거리시위에 유독 날선 반응을 보이게 되는 것도 같은 맥락에서였다.

이렇듯 언론자유보다 '국가의 자연권'을 앞세운 두드러진 행보에도 불구하고 학생과 지식인이 당시 슈프링어 신문에 주목하거나 맞서지 않았던 이유는, 언론자유에 대한 국가측 공격에 신경을 빼앗긴 나머지 슈프링어 진영의 그런 목소리에 시선을 돌리지 못했던 때문으로 추정할 수 있다.

─────────

얼마 전 타계한, 독일을 대표하는 역사가 한스 울리히 벨러(Hans-Ulrich Wehler) 교수는 슈피겔 사건을 두고 "바로 작금까지 예외적으로 오래 지속되는 긍정적인 영향"을 끼치는 '서독 정치문화의 전환점'이라 말했다. 나아가 "표현과 사상의 자유를 둘러싼 역사적 투쟁"으로 추켜세우며 슈피겔 사건의 '유일무이함'을 역설했다.[72]

슈피겔 사건은 우선 정치적 측면에서 획기적인 사건이었다. 서독 전후 민주주의 언론의 대표주자로 꼽히던 『슈피겔』에 가해진 부당한 공격과 거짓된 혐의가 연이어 폭로되며 정부의 위신은 회복 불가능할 정도로 떨어졌다. 특히 보수진영을 대표하며 차기 총리후보감으로 거론되던 슈트라우스 국방장관은 권력남용의 상징으로 낙인찍히며 정계의 입지가 대폭 축소되었다. 언론자유 침해와 권력남용을 나무라는 비판적인 여론의 태풍이 만들어낸 정부위기의 소용돌이 속에서 내각해산과 개각이 단행되었을 뿐 아니라, 눈부신 경제성장의 후광을 등에 업고 권위주의적 통치방식을 고수하던 낡은 정치의 이름 '아데나워 정권기'도 사건의 후폭풍을 맞으며 종언을 고했다.

슈피겔 사건으로 『슈피겔』은 발행부수와 영향력이 확장되고 '민주주의의 보루' 역할을 자임하며 명망을 드높였다. 『슈피겔』은 자유화가 진행중인 서독사회에서 '언론의 중심축'으로 올라서고 발행인 아우그슈타인은 '언론자유의 상징인물'로 급부상한다. 아데나워 총리와 슈트라우스 진영의 근거 없는 『슈피겔』 공격은 결국 '정치적인 자살골'로 판가름 났다. 저항은 반향 없는 메아리로 남지 않고 파괴력을 입증했다. 국민여론이 권위주의 정권에 맞서 승리를 거두었다. 정부와 경찰의 태도가 관철되었다면 "모든 비민주적인 것으로의 문이 열리는 셈"[73]이었겠지만, 사건은 언론자유와 민주주의를 위한 서독사의 유례없는 승리로 종결되었다. 더불어 권위주의적인 잔재와 아직 결별하지 못한 국가에서 시민이 정부와 공권력에 맞서기로 한 것은 서독역사에서 적잖은 변화의 시발점이 되었다. 의회민주주의를 보완하는 거리 시위와 항의가 민주정치의 유의미한 축으로 기능하기 시작하며 민주주의에 대한 인식이 한 단계 성장하는 계기로도 작용했던 때문이다.

　슈피겔 사건의 이런 대목은 68운동이라는 태풍의 눈이 도사리고 있는 격동의 60년대 후반으로 가는 교량 역할과 연결된다. 그래서 '의회외부저항운동(APO)의 탄생 순간'[74] 혹은 'APO의 예행연습'으로 간주할 수 있다. 특히 슈피겔 사건은 국가 속의 '네번째 권력'인 언론의 과제와 민주주의의 핵심인 '비판적 여론'의 불가피성에 대한 의식을 학생과 지식인 사이에서 날카롭게 벼리는 계기로 작용했다. 그런 점에서 슈피겔 사건은 앞서 살핀 '반슈프링어 캠페인'과 68운동의 전사(前史)로도 볼 만하다. 슈프링어 출판그룹의 신문시장 독점과 여론조작에 맞선 그 캠페인은 다름 아닌 언론자유를 둘러싼 대결이기도 했던 탓이다. 실제로 슈피겔 사건은 서베를린에서 경찰이 대학생 오네조르크를 사살해 68운동의 전국적인 결집과 동원에 불을 붙이고 반슈프링어 캠페인을 불러일으키는 촉매가 된 1967년 '6월 2일 사건'과도 직접적으로 비교되었다. 가령 슈피겔 사건을 연구한 위르겐 자이페르트는 두 사건 모두에서 경찰행위가 놀라운 방식으로 '합법성을 침해했다'고 본다.[75] 슈피겔 사건의 관건이 정부의 비판적 여론 재갈 물리기에 대한 저항이었다면, 반슈프링어 캠페인의 쟁점은 스스로 여론의 일부이면서도 비판적 여론의 적대자인 슈프링어 그룹에 대항하는 것이었다.

1962년 슈피겔 사건에서 언론자유를 위해 거리로 나선 학생과 지식인은 5년도 지나지 않아, 시장독점 및 여론조작으로 비판의 십자포화를 맞는 '출판제국' 슈프링어에 맞서 시위를 벌였다. 앞서 보았듯 반슈프링어 캠페인은 1968년 부활절에 '슈프링어 봉쇄'를 통해 절정에 이르며, 전후 서독 최대의 동원을 기록하는 68운동의 빛나는 순간으로 역사에 이름을 올렸던 것이다. 슈피겔 사건은 이렇게 언론자유 수호라는 화두를 통해 68운동의 중심 캠페인과 맥이 닿는다. 결국 언론자유의 중차대함을 각성하는 계기가 된 슈피겔 사건은 민주주의의 핵심 심급으로서의 언론자유 문제와 동원연습이라는 측면에서 68운동으로 가는 중요한 교두보 역할을 한 것이다. 68운동의 이런 두 가지 측면에 부여된 의미와 역할을 감안할 때, 슈피겔 사건은 '68의 전주곡'으로 자리매김하기에 충분하다.

1) 이른바 '슈바빙 소요'는 1962년 6월 21일 뮌헨대학 인근 슈바빙 지구에서 밤늦게까지 연주를 하던 한 무리의 청년 '거리악사'를 경찰이 강제로 해산하면서 벌어진 사건을 말한다. 매일 수천 명의 청년학생들이 경찰의 폭력적 해산과 체포에 맞서 저항했고, 대결은 5일간 수만 명의 청년과 경찰의 가두투쟁 양상으로까지 치달으며 약 400명이 체포되었다. 대학생뿐 아니라 청년노동자들도 가담한 이 소요에서 구체적인 정치적 요구는 제기되지 않은 대신 '문화적 자기결정'이 중점 요구로 떠올랐다. 얼마간의 음악과 소음이 경찰투입과 체포를 위한 이유가 되지 않는다는 것이고, 청년들은 과도한 경찰대응을 더는 수용하지 않으려 했다. 슈바빙 소요는 이렇게 국가공권력에 근본적인 문제제기를 하는 새로운 준비태세라는 점에서 '슈피겔 사건'과도 맥이 닿고 이후의 68운동과도 접점이 열린다. 경찰이 물리력을 총동원해 소요를 잠재워야 한다는 50년대를 지배했던 믿음에 의문이 제기되며, 이제 '무제한적인 국가권위의 시대'도 옛일이 되어간다는 징후였다. 독일 남부 뮌헨을 며칠간 혼란의 소용돌이로 몰아가며 전국적인 주목을 끈 이 소요는 60년대 후반 분출하는 학생저항을 위한 일종의 '비정치적인 예행연습'으로 꼽을 만하다. Großkopff, Rudolf 2007, pp. 39~42. 역사가 헴러도 슈바빙 소요를 "'1968년'의 전조"로서 "세대적 및 청년문화적 충돌 시그널"이라고 평가하며 68운동과의 연결점을 지적했다(Hemler, Stefan 2006, pp. 25~57, 인용은 p. 57).

2) Habermas, Jürgen 1969, p. 169.

3) Thränhardt, Dietrich 1996, p. 151.

4) Ingrid Gilcher-Holtey의 서문(Liehr, Dorothee 2002, p. 9).

5) 슈피겔 사건을 다룬 독일학계의 연구는 적잖이 존재하지만 사건의 다면성을 체계적으로 분석하고 종합한 연구는 드문 실정이다. 특히 몇 년 후에 불타오르는 68운동과의 관계 문제에 천착한 연구는 전혀 없을 뿐더러, 68운동의 선구적 사건으로 언급한다고 해도 상관관계를 선언하는 수준에 그친다. 말하자면 슈피겔 사건을 다루며 68운동과의 접점을 중심에 놓은 논문이나 저작은 아직 없고 두 사건의 관계 문제도 여전히 피상적인 형태로 말하고 있는 정도이다(국내에서 슈피겔 사건 연구는 거의 전무하다). 독일의 연구로는 자이페르트가 엮은 책이 상세한 설명과 자료모음을 겸하고 있어 유용하다(Seifert, Jürgen ed. 1966). 독일현대사를 다룬 클레스만의 저서는 슈피겔 사건을 간략하지만 유익하게 요약해 준다(Kleßmann, Christoph 1988, pp. 162ff). 더불어 다음 저작들도 참고할 만하다. Søe, Christian 1972; Brawand, Leo 1995, pp. 131~58; Weiß, Matthias 2001, pp. 272ff; Köhler, Otto 2003, pp. 123~46; Greiwe, Ulrich 2003, pp. 50~80; Schröder, Dieter 2004, pp. 108~20; Bölsche, Jochen ed. 2004, pp. 85~104; von Hodenberg, Christina 2006, pp. 328ff; Merseburger, Peter 2007, pp. 244~89. 최근 연구로는 Doerry, Martin, Hauke Janssen eds.(2013) 참조. 슈피겔 사건 50주년을 맞아 2012년 9월 22~23일 함부르크에서 열린 학술 심포지

엄 결과물을 책으로 엮은 것으로, 이름난 역사학자를 비롯해 저널리스트와 당
대 목격자들이 함께한 행사답게 사건의 다양한 측면이 검토되고 분석되었다.
저명한 역사가 벨러 교수의 모두 연설 및 동시대 목격자와의 대화 외에도, 심
포지엄 섹션인 "슈피겔 사건 이전의 『슈피겔』"과 "사건" "저항" "결과" 등을 망
라하는 12편의 글이 실려 있다.

6) "Bedingt Abwehrbereit," *Spiegel* 41, Okto./1962, pp. 34~53. Thränhardt, Diet-
rich 1996, p. 153; Doering-Manteuffel, Anselm 1983, p. 242; Schröder, Dieter
2004, p. 109도 참조.

7) "Bedingt Abwehrbereit," p. 35. Kleßmann, Christoph 1988, p. 162; Merseburg-
er, Peter 2007, pp. 244f도 참조.

8) Kepplinger, Hans Mathias 1999, p. 702; Köhler, Otto 2003, p. 134.

9) Kraushaar, Wolfgang 2006, p. 1080.

10) Pross, Harry 1987, p. 230; Søe, Christian 1972, p. 205; Köhler, Otto 2003, pp. 135f;
Schröder, Dieter 2004, pp. 111ff. 알러스는 뒷날 연방 국회의원과 정부대변인이
되는 인물이다(Großkopff, Rudolf 2007, p. 43 참조).

11) Görtemaker, Manfred 1999, p. 383; Kepplinger, Hans Mathias 1999, p. 702; Seif-
ert, Jürgen 1990, p. 73; Merseburger, Peter 2007, pp. 254f. 당시 『슈피겔』에서 일
한 디터 빌트(Dieter Wild)는 2005년 그런 경찰행위가 "서독사 최악의 정치적
범죄"였다고 주장한다(Merseburger, Peter 2007, p. 254에서 재인용). 10월 26일
밤의 경찰 기습작전에 관해서는 Liehr, Dorothee(2002, pp. 15ff)와 Brawand,
Leo(1995, pp. 143f) 참조.

12) Liege Hubert ed. 1967, p. 321; Seifert, Jürgen 1990, p. 83; Bölsche, Jochen ed.
2004, p. 86; Merseburger, Peter 2007, p. 268. 슈피겔 사건의 법률적 측면과 관
련된 상세한 자료는 Seifert, Jürgen ed.(1996, pp. 549ff) 참조.

13) Schildt, Axel 2000, p. 40; 2011, p. 10; Görtemaker, Manfred 1999, p. 383; Grei-
we, Ulrich 2003, p. 75.

14) Kleßmann, Christoph 1988, p. 164.

15) Mündemann, Tobias 1988, p. 51.

16) Grimberg, Steffen 2002.

17) Görtemaker, Manfred 1999, p. 383; Liege Hubert ed. 1967, p. 317.

18) Kleßmann, Christoph 1988, p. 164; Görtemaker, Manfred 1999, p. 383; Brawand,
Leo 1995, pp. 154f.

19) Kraushaar, Wolfgang 2001, p. 323.

20) von Hodenberg, Christina 2006, p. 24; Görtemaker, Manfred 1999, p. 381;
Köhler, Otto 2003, pp. 131~34; Schröder, Dieter 2004, pp. 102~108도 참조. 50
년대 말부터 시작된 양측의 대결에 관한 상세하고 긴 설명은 Merseburger,

Peter(2007, pp. 224~43) 참조. 핵무기에 손을 뻗친 슈트라우스는 아우그슈타인의 눈에 아주 위험하게 비쳤고, 심지어 "너무나 거대한 적의 형상"으로 그려졌다. 이런 이미지는 해가 가며 『슈피겔』 지면에서 차곡차곡 쌓여갔다(같은 책, p. 233). Greiwe, Ulrich 2003, p. 68; Köhler, Otto 2003, pp. 133f; Søe, Christian 1972, pp. 56~86도 참조.

21) Doerry, Martin, Hauke Janssen eds. 2013, p. 348.

22) Seifert, Jürgen 1960, p. 74f에서 재인용. Köhler, Otto 2003, p. 129도 참조.

23) Großkopff, Rudolf 2007, p. 43.

24) Schoenbaum, David 1968, p. 117; Schröder, Dieter 2004, p. 114.

25) Großkopff, Rudolf 2007, p. 43.

26) Doerry, Martin, Hauke Janssen eds. 2013, pp. 354, 355.

27) Winkler, Heinrich Ausgust 2000, p. 210; Kruip, Gudrun 1999, p. 252.

28) Doerry, Martin, Hauke Janssen eds. 2013, p. 349.

29) 같은 곳.

30) Großkopff, Rudolf 2007, p. 44.

31) Doering-Manteuffel, Anselm 1983, p. 244.

32) Thränhardt, Dietrich 1996, pp. 155f, 244; Liege Hubert ed. 1967, pp. 322f; Winkler, Heinrich Ausgust 2000, pp. 210f; Schröder, Dieter 2004, p. 115; Brawand, Leo 1995, p. 155. 서독역사에서 선거가 아닌 내부적인 정치분쟁의 결과로 정부가 새로 탄생한 것은 처음이었다. 그라이베는 이미 그해 겨울부터 아데나워가 정치적으로는 '죽은 사람'이었다고 본다(Greiwe, Ulrich 2003, p. 76).

33) Øhrgaard, Per p. 728에서 재인용.

34) von Hodenberg, Christina 2006, p. 329. Merseburger, Peter 2007, pp. 265f; Schröder, Dieter 2004, p. 118; Brawand, Leo 1995, p. 147; Søe, Christian 1972, pp. 294~321도 참조

35) Kleßmann, Christoph 1988, p. 166; Görtemaker, Manfred 1999, p. 385.

36) Großkopff, Rudolf 2007, p. 45.

37) Reimer, Uwe 1993, pp. 8f.

38) Schöpf, Joachim 1983, pp. 207f.

39) Kleßmann, Christoph 1988, p. 166; Kepplinger, Hans Mathias 1999, p. 703.

40) Liebel, Manfred 1966, p. 42.

41) von Hodenberg, Christina 2006, p. 329.

42) 같은 책, pp. 329f; Liebel, Manfred 1966, p. 145.

43) 같은 글, p. 63에서 재인용.

44) Sozialistischer Deutscher Studentenbund(SDS) Bundesvorstand(BV), Rundsch-reiben No. 1, 1962. 10. 31, *APO und soziale Bewegungen-Archiv* in 베를린 APO-문서고, SDS-BV, *Spiegel-Affäre* 1962, pp. 1f; Kraushaar, Wolfgang ed. 1998, pp. 192f.

45) von Hodenberg, Christina 2006, p. 332; Kepplinger, Hans Mathias 1999, p. 703.

46) Wagenbach, Kalus, Winfried Stephan, Michael Krüger eds. 1979, pp. 199f에서 재인용. Schöpf, Joachim 1983, p. 218; Liehr, Dorothee 2002, p. 100도 참조.

47) 서독의 펜 중앙본부가 연방 내무장관 회혜를에게 보낸 1962년 10월 29일자 전보(Seifert, Jürgen ed. 1996, Vol. 2 *Reaktion der Öffentlichkeit*, p. 384).

48) Lönnendonker, Siegward, Tilman Fichter eds. 1974, p. 147.

49) 독일사회주의학생연합(SDS) 의장 디터 슈테르첼이 받은 1962년 11월 2일자 편지(베를린 APO-문서고, SDS-BV, *Spiegel-Affäre* 1962; Lönnendonker, Siegward, Tilman Fichter eds. 1974, p. 48). 다섯 명의 연설자는 베를린자유대학 아르구멘트 클럽(Argument-Club)의 마르그헤리타 폰 브렌타노 박사(Dr. Margherita von Brentano)와 '그루페 47'의 한스 베르너 리히터(Hans-Werner Richter), 카바레티스트 볼프강 노이스(Wolfgang Neuss), 리아스(RIAS)의 언론인 마리안네 레겐스부르거(Marianne Regensburger), 사민당의 조제프 그루너 박사(Dr. Josef Grunner)이다. 독특한 점은, 이 내용을 SDS 의장에게 보고하는 편지에서 '페터'로 서명한 인물이 〈자유베를린방송〉 차량이 온 것을 "시위 전체에서 가장 중요한 일"이라고 본 것이다. 이는 당시 68운동 주체나 시위대 측도, 특히 TV방송을 필두로 한 언론보도가 여론형성과 운동의 성공에 중요한 역할을 한다고 생각하고 있었음을 보여주는 대목이다.

50) Thränhardt, Dietrich 1996, p. 155. Winkler, Heinrich Ausgust 2000, p. 210; Seifert, Jürgen 1990, p. 82도 참조.

51) Doerry, Martin, Hauke Janssen eds. 2013, p. 354.

52) Großkopff, Rudolf 2007, p. 45.

53) *Jugend-Schnelldienst* vom 15, November 1962, pp. II-2, II-6, II-7, II-10, in 베를린 APO 문서고, SDS BV, *Spiegel-Affäre* 1962.

54) SDS Bundesvorstand, Rundschreiben No. 1, 1962. 10. 31, in 베를린 APO-문서고, SDS-BV, *Spiegel-Affäre* 1962.

55) SDS Bundesvorstand No. 2, 1962. 11. 2; No. 3, 1962. 11. 7; Telegramm 1962. 11. 16, in 베를린 APO-문서고, SDS-BV, *Spiegel-Affäre* 1962.

56) Kepplinger, Hans Mathias 1999, p. 703; Weiß, Matthias 2001, p. 273.

57) Sommer, Theo 2002; Bölsche, Jochen ed. 2004, p. 96; Merseburger, Peter 2007, p. 265.

58) *Jugend-Schnelldienst* 1962. 11. 15, pp. III-1, III-8, in 베를린 APO-문서고, SDS-

BV, *Spiegel-Affäre* 1962; Soe, Christian 1972, pp. 302ff.

59) Doerry, Martin, Hauke Janssen eds. 2013, p. 354.

60) Kraushaar, Wolfgang 2000, p. 338.

61) Grimberg, Steffen 2002.

62) Kruip, Gudrun 1999, pp. 149, 252.

63) Jürgs, Michael 1995, S. 243.

64) Schoenbaum, David 1968, p. 164.

65) von Paczensky, Gert 1967, p. 5; Republikanischen Club ed. 1967, p. 17에서 재인용.

66) von Hodenberg, Christina 2006, p. 329.

67) Kruip, Gudrun 1999, p. 252.

68) 『빌트』의 리포터로 나토 훈련 '팔렉스 62'를 취재한 헤르베르트 샤르노브스키 (Herbert Scharnowski)의 1962년 11월 22일자 발언(같은 책, pp. 252f에서 재인용).

69) 같은 책, p. 253. Jürgs, Michael 1995, p 244; Brawand, Leo 1995, p. 147; Schröder, Dieter 2004, pp. 117f; Merseburger, Peter 2007, pp. 255f; Bölsche, Jochen ed. 2004, p. 90도 참조.

70) Kruip, Gudrun 1999, p. 253.

71) Jürgs, Michael 1995, p. 244; Brawand, Leo 1995, p. 147; Schröder, Dieter 2004, pp. 117f; Merseburger, Peter 2007, pp. 255f; Bölsche, Jochen ed. 2004, p. 90.

72) Wehler, Hans-Ulrich 2013, pp. 24~33, 인용은 p. 24.

73) 같은 글, p. 343.

74) Ahlers, Conrad 1979, p. 145. Greiwe, Ulrich 2003, p. 80도 참조.

75) 자이페르트는 1967년 6월 16일 자유대학 대강당에서 열린 SDS와 자유대학 학생회의 토론회에서 그렇게 역설했다(Lönnendonker, Siegward, Tilman Fichter, and Jochen Staadt eds. 1983, p. 27). 자이페르트는 슈피겔 사건에 관한 역사적 고찰 작업에도 참가했다.

제3부

68의 사람들: 혁명의 아이콘과 순교자
"역사의 가능성은 우리에게 열려 있다!"

루디 두치케와 베노 오네조르크, 독일 68의 역사에서 지울
수 없는 두 이름이다. 한 사람은 68의 아이콘이었고, 또 한
사람은 그 폭발의 기폭제 역할을 한 순교자였다. 두치케는
60년대 중반부터 서베를린 학생운동의 역사와 함께한 열정
의 이름이고, 오네조르크는 1967년 6월 시위도중 경찰의 총
에 목숨을 잃으며 68의 재단에 바쳐진 추모의 이름이었다.
1968년 4월 극우파 청년의 총에 맞서 쓰러지며 68의 정점인
'부활절 봉기'를 불러일으킨 두치케는 이후 숱한 논쟁의 대
상이 되었고, 68의 폭발을 낳으며 사망한 오네조르크는 수
십 년 후 '추모기념물'로 돌아왔다. 두 사람의 삶과 죽음 그
리고 그 이후의 이야기는 오늘날까지 이어진다.
　　두치케의 행동전략과 사상이 경찰과의 폭력적 대결을
야기하고 급기야 독일 도시게릴라 이론의 선구라는 주장을
비판적으로 검토하는 일은 그래서 유의미하다. 오네조르크

의 죽음을 재구성하고 그를 기리는 기념비를 둘러싼 대결과 의미를 짚어보는 일 역시 마찬가지다. 두 사람의 이름이 독일 68의 역사이면서도 오늘의 문제와 맞닿는 탓이다. 그들의 이야기를 어제와 오늘의 대립과 논쟁 속에서 시작한다.

제1장

독일 68의 아이콘 루디 두치케

이상과 현실

> "철학은 지금까지 세상을 다양하게 해석하기만 했다.
> 하지만 관건은 스스로 변화하는 것이다."
> _ 루디 두치케

우리가 68혁명이나 68운동이라 부르는 세계사적 사건은 수많은 아이콘을 낳았다. 프랑스 68혁명을 상징하는 다니엘 콘벤디트(Daniel Cohn-Bendit)나 미국의 톰 헤이든(Tom Hayden) 같은 인물은 익히 알려진 이름이다. 하지만 독일 68의 상징인 루디 두치케만큼 드라마틱한 삶을 살아간 이는 찾기 어렵다. 두치케의 인생 자체가 격동의 파노라마에 다름 아니고, 그 인생의 굽이에 독일 68운동의 격변이 맞물려 있는 탓에 더더욱 그렇다. 동독 출신으로 서베를린으로 넘어와 자유대학에서 학업을 하며 68운동의 핵심 활동가로 올라서고, 극우 청년의 총격으로 중상을 입은 뒤 1979년 성탄절 전야에 죽은 인물이 바로 두치케이다. 게다가 부상 후유증으로 욕조에서 사망함으로써 프랑스대혁명의 혁명가 마라의 죽음과 유비되며 '비운의 혁명가'로 형상화된 그는 '68운동의 심장'[1]이었다. 공식직함 하나 없었지만 68운동을 체현한 상징이자 '무관의 사령관'이었던 것이다.

두치케는 1968년 2월 냉전의 전선도시이자 동서대립의 격전지인 서베를린에서 열린 '국제베트남회의' 대표연설에서 그 위용을 여실히 드러낸다. 미국이 주도하는 베트남전에 반대하는 목소리를 내고 반전운동의 불길을 드높이기 위해 전세계에서 몰려든 활동가들 앞에서 사자후를 토한다. "역사의 가능성은 우리에게 열려 있습니다. 역사의 이 시기가 어떻게 끝날지는 무엇보다 우리 의지에 달려 있습니다!"[2]

독일 공영방송 인터뷰에서도 유사하게 천명한다.

우리는 자신의 운명을 장악할 수 없는 희망 없는 역사의 멍청이가 아닙니다. … 우리는 당신들이 지금껏 보지 못한 세상, 더 이상 전쟁을 알지 못하고 더 이상 기아가 없는 세상을 만들어낼 수 있습니다. 이는 우리의 역사적 가능성입니다.[3]

이렇게 두치케는 '세상을 바꿀 역사적 가능성'을 철저히 믿은 이상주의자였다. 전쟁이 없는 세상, 기아가 없는 세상, 그래서 지금껏 누구도 열어보지 못한 세상을 열망하고 또 믿었던 것이다. 두치케는 '세계혁명'을 통한 "자유로운 개인의 자유로운 사회"[4]의 출현을 희망하고 "기아와 전쟁과 지배의 철폐"[5]를 꿈꾼 '민주적 사회주의자'이자, 스탈린주의와 거리를 두고 현실사회주의를 비판한 '혁명적 마르크스주의자'였다.[6]

하지만 다른 한편으로, 단순히 생각을 앞세운 이상주의자만은 아니었다. 역사의 가능성을 믿고 실천한 낙관주의자로, 이상을 현실에서 실천해 나간 행동가이기도 했다. 그래서 가방에는 늘 책과 함께 '메가폰'이 들어 있었다.[7] 그는 이상을 품에 안고 현실로 뛰어들어 현실 속에서 그 이상을 실천해 나간 활동가였던 것이다.

이 장에서는 두치케라는 독일 68운동의 상징이자 아이콘의 행적을 더듬어 그가 꿈꾼 세상과 이상이 현실에서 어떻게 발현되고 충돌하는지, 한편으로 그와 신좌파가 꺼내든 '행동전략', 다른 한편으로 운동 당시 및 그 이후까지 쟁점화된 '폭력문제'를 중심으로 살펴본다. 이를 위해 두 가지 프리즘이 동원되는바, 68운동의 성공과 독일사회의 변화를 위해 중차대한 일로 간주된 보수 언론출판그룹 슈프링어 사 반대 캠페인이 그 하나이다. 운동의 최대 걸림돌로 비친 슈프링어 그룹과의 대결은 '직접행동'과 '사물에 대한 폭력'(Gewalt gegen Sachen)이라는 두치케 및 독일 신좌파의 전략이 잘 드러나는 지점이다. 그런 행동전략은 결국, 베를린 백주대로에서 자신이 극우 청년의 총탄에 맞은 뒤 경찰과의 폭력대결로 점철된 '부활절 봉기'라는 68운동의 거대한 격변이 일어나며 '폭력문제'가 최대 이슈로 부각되는 결과를 초래했다. 이 폭력문제는 또 다른 프리즘과 연결된다. 체 게바라가 제3세계 해방운동을 위해 주창한 '포코(foco) 이론'과 관련해 두치케가 말한 메트로폴리스 '도시게릴라의 행동의 선전'이라는 프리즘이 그것이다. 이는 두치케의 사상이 극좌테러주의 적군파(RAF)와 직접 연결된다는, 일각에서 제기한 주장의 핵심 근거이자 68운동과 적군파의 연관성 문제와도 맞닿는 부분으로서 면밀한 검토가 필요하다.[8]

　　따라서 이 장에서 "두치케의 도시게릴라 이론과 적군파의 연관성"을 주장한 연구[9]와 비판적으로 대결함으로써 68운동과 적군파의 관계라는 더 큰 주제[10]를 이해하는 데 하나의 단초를 제공할 수도 있을 것이다.

　　두치케는 사실 드라마틱한 인생역정과 더불어 68운동을 대변하는 상징성으로 인해 일찍이 그 행보나 사상을 둘러싼 논란의 중심에

섰던 인물이다. 가령 1974년 11월, 수감중 단식투쟁으로 사망한 적군
파 대원 홀거 마인스(Holger Meins)의 장례식에서 주먹을 치켜들고
"홀거, 투쟁은 계속된다!"라고 외친 일은 숱한 비난과 논쟁을 불러일
으켰다. 또한 같은 동독 출신으로 오래도록 절친한 친구이자 동지였
다가 뉴 라이트로 전향한 베른트 라벨은 독일 '민족문제' 및 '통일문
제'와 관련해 두치케를 '민족혁명가'(Nationalrevolutionär)라고 지칭했
다.[11] 나치역사의 부담으로 '민족'에 대한 명시적인 언급이나 강조가
금기시되던 좌파진영에서 두치케가 독일통일 자체의 필요성과 당위
성을 주장한 것과 연결되는 일이었다. 두치케는 그 문제와 관련해 이
렇게 말했다. "파시즘이 사라졌는데, 왜 지금 독일이 여전히 분단되
어 있어야 하는가?"[12]

두치케가 만 18세 무렵인 1958년 동독 고등학교 시절의 '병력거
부' 발언 때문에 대학진학이 허용되지 않고 그로 인해 서베를린으로
넘어온 것은 유명한 일화다. 당시 동급생 150명 가운데 유일하게 두
치케는 15분간 군국주의와 재무장에 반대하는 발언을 하고 병력을
거부했다. 그리고 10년 뒤인 1968년에 슈테른(Stern) TV방송 기자와
의 인터뷰에서 이렇게 말했다.

저는 통일을 지지했습니다. … 그리고 동독 인민군에 들어가는
것을 반대했습니다. 저는… 두 독일국가 속에서, 내전을 벌이는
한쪽 독일군에 속해 다른 쪽 독일군에 총을 쏘는 의무를 수행할
수도 있는 군복무에 대한 각오가 되어 있지 않았고, 그래서 거
부했습니다.[13]

실제로 두치케는 1978년 「누가 통일을 두려워하는가?」라는 글을 통해 독일통일의 정당성을 강하게 피력했다.[14] 여하튼 민족문제를 좌파에게 환기하려는 이 글을 통해 두치케는 실제로 큰 비판과 논란을 불러일으켰다.[15] 이렇게 두치케는 실제로 당시 좌파진영에서 '독일통일'의 정당성을 주장하고 옹호한 인물이었다.

두치케에 대한 비판으로 치자면, 68운동을 나치 청년운동에 비견한 괴츠 알리(Götz Aly)의 주장이 가장 과감하고 전복적일 것이다. 알리는 이른바 '총구의 선전'을 장전하고 증오를 선동하는 두치케의 어두운 목소리가 나치의 정신적 선구로 간주되는 인물인 '에른스트 윙어의 소리'(Ernst-Jünger-Sound)처럼 들릴 뿐더러 괴벨스도 연상시킨다고 힐난했다.[16]

두치케를 둘러싼 이런 비판과 논란의 중심에는 사실 그의 이론과 실천이 68운동의 딜레마 가운데 하나인 '폭력(성)'을 고무하고 선동했다는 혐의가 굳건히 자리하고 있다. 68운동을 나치 전체주의 운동의 후예로 보는 견해[17] 역시 운동의 '폭력문제'와 결부되고, 이미 당대에 악의적으로 히틀러와 비견된 두치케라는 인물과 다시금 연결된다. 두치케의 '폭력철학'이 적군파 탄생의 핵심 요소라는 주장도 같은 맥락에 놓여 있다.[18] 따라서 두치케를 그 '행동전략' 및 '폭력문제'를 중심으로 검토하는 일은, '폭력의 선동자'이자 '증오의 사도'로 낙인찍는 악마화뿐 아니라 '운동의 화신이자 순교자' 및 '좌파 예수'[19]로 추켜올리는 신화화와도 거리를 두는 작업의 출발점이 된다. 이는 68운동의 아이콘 두치케와 그 운동 자체를 역사화하는 시도와도 궤를 같이한다.

'직접행동' 전략과 '사물에 대한 폭력'

두치케와 신좌파의 '직접행동'은 항의행동의 비폭력성을 전제로 하지만 합법성과 불법성의 경계에 있는 행동전략이었다. 이 전략은 인도 해방운동과 영국 반핵운동, 미국 흑인시민권운동에서 시험된 '시민불복종운동'의 전통과 맥이 닿아 있고, 국제상황주의자들의 '상황구성' 전략과도 연결된다. 직접행동은 놀이적이고 도발적인 시위와 행동을 통해 '제한적인 규칙위반'을 행하며, 국가폭력을 비롯한 사회속의 모순을 드러내고 참가자를 포함한 사람들의 생각과 심성구조의 변화를 목표로 삼았다.[20]

즉 두치케가 주장한 직접행동 전략은 사실 단순한 '직접적인' 행동이 아니었다. 다층적인 함의를 가진 의식적인 행위였다. 좀더 구체화하면, 우선 국가권력의 폭력적인 본질을 폭로하려는 측면이 중요했다. 두치케는 이미 1965년에 "국가공권력과의 대결은 추구되어야 하고 무조건 필요하다"고 주장한 바 있다.[21] 그 전략은 충돌을 위한 충돌이 아니라 폭력을 독점하는 국가의 본질, 즉 "'폭력독재'로서의 시스템"에 내재된 진정한 본성을 폭로하기 위해서였다.[22] 이를 위해 심지어 "허가받은 시위가 불법적으로 전환되어야 한다"고까지 주장했다.[23] 하지만 이런 폭로만큼이나, 아니 그보다 중요한 것은 "직접행동 참가자들의 경험과 변화의 의미"였다. 경찰이나 제도기관과의 대결 및 거기서 나오는 좌절과 성공의 경험은 참가자들의 영속적인 배움의 과정 및 자기계몽의 과정으로 이해될 수 있으며, 바로 그 속에 직접행동의 해방적인 내용이 들어 있다고 보는 것이다.[24]

그런 맥락에서 두치케는 강조한다. "이런 [직접]행동은 우리를 내적으로 바꾸기 때문에 정치적이다. 참가자들의 내적인 변화가 없는 정치[행동]는 엘리트에 의한 조작에 불과하다."[25] 직접행동의 원칙에서 개인의 그런 실천적인 자기 행동은 두치케 행동이론의 핵심이었다. 하지만 '직접'행동이라는 용어에서 풍기고 오해받는 행동의 '즉흥성'에는 단호히 반대하며 "자기 행동의 최고의 형태는 조직화된 형태"임을 명시했다.[26]

이렇게 두치케의 직접행동 전략은 한편으로 국가권력의 폭력적인 특성을 폭로하고, 다른 한편으로 그런 과정에서 개인 스스로가 변화하는 자기 각성과 계몽의 과정을 강조하는 목적의식적인 활동이었다. 이런 직접행동이 호소되고 적용되고 펼쳐지는 장이 '슈프링어 반대 캠페인'이었다.

두치케는 60년대 독일 언론계에서 막강한 위력을 떨치던 슈프링어 그룹 반대운동의 선봉에 선다. 앞장에서 보았듯 50년대부터 급속히 팽창하고 60년대 후반 서독 언론시장의 1/3 이상을 지배하며 각종 일간지와 주간지를 보유한 슈프링어는 냉전시대, 반공과 경직된 보수의 목소리를 맹목적으로 대변하고 신봉한 무소불위의 '언론권력' 자체였다. 서베를린 본사건물이 베를린장벽 바로 앞에 위치해 동베를린을 감시하는 듯한 형상도 그런 위상에 걸맞게 비쳤다. 두치케와 운동진영에서 볼 때 슈프링어 신문들은 엄청난 영향력을 앞세워 기존 질서를 방어하고 옹호하며 독일사회의 각종 병폐에 눈감고 여론을 호도할 뿐더러 심지어 '조작'도 서슴지 않았다.[27]

베트남전과 대학개혁, 비상사태법 문제 등에서 운동진영과 언제나 대립각을 세우던 슈프링어는 운동의 주된 걸림돌이자 운동의 승패를 가늠할 중심 고리였다. 그 '언론제국'을 겨냥한 다양한 계몽과 선전뿐 아니라 '직접행동'과 '사물에 대한 폭력'을 통한 봉쇄와 저지가 공공연히 주장되었던 반대 캠페인의 사령관이 바로 두치케였다. 1967년 6월 독재자 이란국왕의 서독 국빈방문에 항의하는 서베를린 시위에서 대학생 베노 오네조르크가 사복경찰의 총에 맞아 사망하는 '6월 2일 사건'을 둘러싼 슈프링어 신문들의 운동진영 책임론 및 공격에 맞서 본격적인 '반슈프링어 캠페인'이 호소·조직되기 시작한다.[28]

두치케는 1967년 7월 10일자 『슈피겔』(Spiegel)과의 인터뷰에서 슈프링어 출판그룹 '몰수'를 명시적으로 요구하며 '직접행동'을 공개적으로 선언했다. 그는 '슈프링어 몰수'가 운동진영의 핵심인 학생층과 다른 주민 사이를 이어주는 '전략적인 연결축'으로 기능할 것이라고 보고, 자유대학을 중심으로 학생들이 다음 학기에 "서베를린 슈프링어 신문들의 출고·배포에 맞서는 직접행동에 착수할 것"이라고 밝혔다. 많게는 수천 명의 학생들이 슈프링어 사 베를린 인쇄소 앞에서 직접행동의 일환인 '수동적인 저항형태'로 슈프링어 신문의 출고 및 배포를 저지할 것이었다.[29]

두치케는 이틀 뒤인 7월 12일 운동진영의 잡지 『오베르바움 블라트』(Oberbaum Blatt)에서 이 선언을 보강한다. 즉 다음 단계의 중차대한 과제는 "슈프링어 콘체른의 몰수를 위한 체계적인 캠페인"을 본격화하는 것이고, 캠페인은 주민의 '거대한 반향'을 얻을 것으로 내다보았다.[30] 슈프링어에 맞서는 캠페인이 운동 전체에 큰 동력을 제공할 것이라는 진단이었다. 7월 10∼13일 마르쿠제 초빙 강연 및 토론회에서도 두치케는 슈프링어 신문의 거짓과 왜곡을 폭로하고 대항하는 반대 캠페인을 강력히 호소했다. 서베를린에서 여러 대학과 중등학교 및 공장이나 다른 주민 대표들의 행동위원회를 통한 체계

적인 계몽활동과 더불어 예의 '직접행동'을 통한 슈프링어 신문의 출
고와 배포 저지가 강조되었다.[31]

두치케는 엄청난 판매부수의 신문들을 앞세운 슈프링어 사가
'조작을 통한 대중의 지배'라는 과제를 수행하는 후기자본주의 시스
템의 중심 요소라고 판단했다.[32] 그리고 슈프링어 콘체른에 맞선 캠
페인의 종착점을 다시금 역설했다. "이 장기적인 캠페인의 절정은 공
개된 일정 시점에서 이루어지는 슈프링어 신문들의 발행 및 배포의
저지가 될 것이다."[33] 또한 두치케는 '직접행동'의 중요성을 재차 강조
하며, 신문시장의 약 70%를 장악한 슈프링어의 아성이던 서베를린
과 함부르크에 일차적으로 집중될 '슈프링어 행동'에 수천 명이 참가
할 것이라고 내다봤다.[34] 물론 베를린에만 신문가판점이 1650개나 있
는 상황에서 실제적인 신문의 배포나 판매 저지가 얼마나 어려울지
를 잘 알고 있었다.[35] 하지만 두치케의 목소리는 독일 68운동의 핵심
조직인 독일사회주의학생연합(SDS) 대표들 사이에서도 큰 공명을 얻
어, 여름방학 직후를 기점으로 한 포괄적인 반슈프링어 캠페인의 출
범이 공포되었다.[36]

슈프링어 신문들의 배포 저지를 겨냥한 직접행동과 나란히 '사
물에 대한 폭력'도 이 반슈프링어 캠페인에서 직접적으로 공언되었
다. 두치케는 이렇게 선언했다.

우리는 [그 콘체른의 주인] 슈프링어를 쏘아 죽이려고 기도하지
않는다(그것은 비인간적인 일일 것이다). 하지만 우리는 슈프링어의
기계를 부수기를 원한다. 테러는 사회혁명적인 의미에서 사람이
아니라 비인간적인 기계를 향한다. 우리는 그것을 완전히 파괴

해야 한다.[37]
우리는 단 하나의 테러만 알고 있다. 비인간적인 기계에 대한 테러이다. 슈프링어의 윤전기를 날려버리는 것, 그때 어떤 사람도 죽지 않는 것, 이는 해방적인 행동으로 보인다.[38]

여기서 '비인간적인 기계'란 미국의 베트남전을 무조건 지지하고 국민의 기본권을 침해하는 비상사태법 도입을 찬성하고 운동진영 및 그 대표자들을 신랄하게 비판하며 냉전의 첨병 역할을 수행하는 슈프링어 신문들을 찍어내는 기계를 말함이었다. 게다가 슈프링어 윤전기에 대한 공격은 이제 '해방적인 행동'으로 격상되었다.

'사물에 대한 폭력'을 용인하거나 심지어 필수적이라고 보는 이런 태도는 실제로 불길한 전조를 보여주는 사건으로 이어졌다. 1968년 2월 1일, 반슈프링어 캠페인의 일환으로 계획된 '슈프링어 청문회' 준비행사 후 슈프링어 신문의 몇 개 지부가 투석 공격으로 창문이 깨지는 '사물에 대한 폭력'이 발생했다. 이 사건으로 반슈프링어 진영 내부에 알력이 생기고 폭력을 반대하는 자유주의 좌파 진영이 대거 이탈하는 사태가 벌어졌다. 이 창문투석은 나치의 유대인 공격의 신호탄인 '수정의 밤'과 비견되는 등 대다수 언론의 십자포화를 맞으며 슈프링어 반대 캠페인 자체가 위기에 빠지는 상황으로까지 번졌다.[39] 3월 SDS의 임시대의원대회에서도 이제 그 캠페인은 중요성을 인정받지 못했다.

그런데 반전이 일어났다. '투석사건'으로 위기에 처했던 반슈프링어 캠페인이 두치케에 대한 암살기도 사건을 계기로 새로이 운동의 전면에 등장한 것이다. 1968년 4월 11일, 두치케가 바로 슈프링어

간판신문 『빌트』의 열혈독자인 우파 청년노동자의 총에 맞으며, 바리케이드와 '슈프링어 봉쇄' 시도로 점철된 '부활절 봉기'가 폭발했다. 사실 이런 분노와 궐기의 폭발은 익히 예견된 일이었다. 총격을 당하기 직전에 두치케가 누차 슈프링어 운전기에 대한 '폭력과 테러'를 선동했던 탓도 없지 않았다. 게다가 수많은 학생들은 암살기도가 그간 슈프링어 신문들이 씨앗을 뿌린 두치케 및 운동에 대한 비방과 증오의 산물이라고 보았던 때문이다.

그러나 부활절 봉기의 결과는 양면적이었다. 독일 68운동의 정점으로 꼽히는 이 사건은 한편으로 슈프링어의 후퇴와 항복으로 연결되었지만, 다른 한편으로 '직접행동'과 '사물에 대한 폭력'의 실천이 예측 가능한 선을 넘어 운동이 통제 불능의 상황으로 빠지는 결과로도 이어졌다. 언론시장 독점에 대한 여론의 오랜 비판과 압박은 물론이고 자사 건물과 인쇄소에 대한 진입이나 봉쇄 시도 같은 전방위적인 공격을 받은 슈프링어 그룹은 전체 출판물의 1/3에 해당하는 잡지를 매각하면서 백기를 들었지만, 경찰과의 물리적 충돌과 운동의 과격화는 '폭력문제'를 둘러싼 각종 비판과 여론의 뭇매 속에 운동이 점차 동력을 상실하고 쇠퇴하는 데도 기여했던 것이다. 경찰의 무자비한 폭력진압과 바리케이드를 앞세운 강력한 직접행동이 충돌하며 사망자가 두 명 나오고 운동의 폭력성에 대한 우려와 비판이 급속히 고조된 결과였다. 운동측이 주장한 '사물에 대한 폭력'은 '사람에 대한 폭력'과 쉽게 구분하기 어려웠고, 직접행동을 앞세운 두치케와 신좌파의 행동전략은 운동측에 양날의 검으로 기능하고 말았다.[40]

무엇보다 운동진영 내부에서 '봉쇄'와 '폭력문제'를 놓고 공조의 파열음이 일었다. 68운동뿐 아니라 반슈프링어 캠페인에서도 대학 외부 핵심 조직에 해당하는 '민주주의와 군축을 위한 캠페인'(KfDA: Kampagne für Demokratie und Abrüstung, KfA의 변경된 명칭)이 보인 '슈 프링어 봉쇄' 비판과 지원거부가 결정적이었다.

　운동진영의 내부분열을 일으킨 이른바 '폭력문제'는 또한 중대한 여론의 문제로 비화했다. 슈프링어 봉쇄 동안 나타난 폭력적인 대결로 언론과 여론이 돌변했던 것이다. 특히 이제껏 저항운동에 비교적 우호적이던 『슈피겔』 같은 자유주의 좌파 미디어의 입장이 비판으로 돌아섰다.[41] 『슈피겔』도 인정했듯이 시위대와 경찰의 폭력적인 대결에는 경찰의 야만성이 상당한 역할을 했음에도 불구하고, 경찰과의 대치과정에서 발생한 두 명의 죽음에 대한 책임과 격화된 폭력대결의 원인은 전체적으로 운동 쪽에 돌아갔다. 여론의 급변은 지표로 분명히 드러났다. 『슈피겔』이 부활절 직후인 4월 18일에 실시한 여론조사에 따르면, 서베를린 주민 80%는 "대학생 항의에 공감하는 마음"이 줄었다고 밝혔다. 서베를린 시민의 92%가 "시위대학생들의 폭력사용"을 부당하게 보았다. 또한 비록 16~30세 서베를린 젊은이 50%가 대학생들의 항의와 저항을 여전히 타당하다고 했지만, 역시 86%가 그 폭력사용은 옳지 않다고 답했다.[42] 부활절 기간 동안 극적으로 고조된 폭력사용에 대한 시민들의 거부감이 이 설문조사 결과에서 분명히 확인된다.

　이렇게 '직접행동'과 '사물에 대한 폭력'이 뒤섞인 폭력문제가 급부상하면서 여론 및 운동 내부에 우려와 경악, 알력과 대립을 불러일으켰다. 이런 의미에서 결국 반슈프링어 캠페인도 전체 운동도 폭력문제와의 대결에서 갈라지고 여론의 지지를 잃었음이 확인된다.

　　원래 반란 대학생들은 '사람에 대한 폭력'은 거부했지만 '사물에 대한 폭력'은 합법적인 것으로 옹호했다. 베를린자유대학과 베를린 공대 및 베를린종교대학의 학생회가 다음과 같이 공동으로 선언한 것도 같은 맥락이다. "슈프링어의 박해수단이자 경찰의 수단이기도 한 사물에 대한 우리의 폭력은, 우리 모두에게 노출된 억압이자 거리에서 우리를 겨냥한 억압에 맞서는 대항폭력이다."[43] 실제로 경찰 폭력에 대한 수많은 증언도 부활절 봉기의 역사다. 그런 의미에서 역사가 크리스토프 클레스만(Christoph Kleßmann)은 비록 운동진영도 일부 폭력적 대결의 고조에 일조했다고 보지만 경찰폭력을 특히 비판했다. "다른 한편으로 무엇보다 기마경찰의 투입은 국가의 폭력사용이 때때로 통제 불능상황에 빠지고 야만적인 구타행위로 끝났음을 의심할 나위도 없게 만들었다."[44]

　　이렇게 경찰의 폭력적인 과잉진압도 문제가 되었고, 이는 일면 '국가의 폭력성'에 대한 폭로가 어느 정도 성공했음을 보여준다. 하지만 부활절 봉기 와중에 발생한 사망사건 책임이 운동 쪽으로 기울면서 국가공권력의 폭력성은 상쇄되는 반면, 운동주체의 폭력성은 부각되는 결과를 가져왔다. 게다가 조직화된 힘인 노동조합 주류가 슈프링어 사 봉쇄나 총파업 요구에 등을 돌림으로써 운동진영은 더더욱 수세에 몰렸던 것이다.

　　사실 폭력의 고조는 운동진영의 상황과 무관하지 않았다. 두 사람이 시위에 휩쓸려 죽음을 맞았고, 특히 사진기자인 클라우스 위르겐 프링스(Klaus-Jürgen Frings)는 시위대가 슈프링어 건물로 던진 돌에 맞아 목숨을 잃었다.[45] 통제가 불가능한 상황 때문이었다. 실제로 부활절 봉기 상황에서 운동의 핵심 조직인 독일사회주의학생연합(SDS) 의장은 상황에 대한 통제력을 잃었다고 고백했다. 두치케와 SDS가 누차 호소한 직접행동인 봉쇄 요구는 오히려 분노한 시위대의 바람을 따른 것이었다. 슈프링어 봉쇄는 SDS에 의해 의식적으로 지도되거나 통제되지 않았으며, 두치케가 경계하고 반대한 '즉흥성'이 지배하고 SDS는 "시위대를 실질적으로 조직할" 능력이 없음을 드러냈다.[46]

이렇게 부활절의 폭력고조는 슈프링어 사에 대한 '직접행동'과 '사물에 대한 폭력'의 통제 불가능성에서 기인한 것이었다. 이런 의미에서 68운동 전문가 길혀홀타이 교수가 분명히 말했듯 "투석은 신체상해의 위험과 결부되고, 이와 더불어 '사물에 대한 폭력'이 사람에 대한 폭력으로 옮아갔다."[47]

부활절의 슈프링어 봉쇄, 즉 슈프링어 사에 대한 직접행동 와중에 인명손실이 발생했고 그 속에서 반란도 더 이상 무죄가 아니게 되었다. 이는 결국 반슈프링어 캠페인에도, 저항운동 전체에도 부정적인 영향을 끼쳤다.[48] 이런 측면에서 이른바 '부활절 봉기'는 서독 68운동의 종언의 시작이라고 해야 할 것이다.

그리고 이런 종언은 어떤 식으로든 두치케와 함께 열렸다. 적지 않은 이가 두치케라는 아이콘의 상실을 운동 쇠락의 주요인으로 꼽는 이유이기도 하다. 가령 도르테 바이트브레히트(Dorothee Weit-brecht)는 두치케 암살기도로 인한 손실이 운동의 해산과 맞물렸음을 강조한다. "운동의 상징적 구심점 역할을 한 두치케라는 매개의 상실은 운동 내에 이미 존재하는 조직 및 이론적 대립을 더 격화시켰고, 운동은 상이한 이해그룹으로 쪼개졌다"는 것이다.[49] 미하엘라 카를(Michaela Karl)도 부활절의 그 총격으로 "68운동은 루디 두치케

라는 학생지도자의 대표얼굴을 잃었다"고 유사한 주장을 펼친다.[50]

하지만 카리스마 있는 지도자 두치케를 잃었다는 사실이 운동 쇠퇴의 근본 원인이라고 말할 수 있을지는 의문이다. 오히려 두치케 개인보다는 폭력의 고조에 더 많은 원인이 있다는 판단이 합리적일 것이다. 여하튼 부활절 봉기 이후 여론의 질타 속에서 분열과 갈등으로 고통받던 운동진영은 같은 해 5월 '비상사태법 반대운동' 속에서 잠시 놀라운 폭발력과 동원 성공을 보이지만 차후 지속적인 쇠퇴의 과정을 겪는다. 같은 해 11월 베를린 학생들이 경찰과 폭력적인 가두투쟁을 벌인 이른바 '테겔 거리의 전투'(Schlacht am Tegeler Weg)로, 여론에서 십자포화를 맞고 학생운동은 결정적으로 파편화와 해산의 길로 들어선다. 영향력을 완전히 상실한 학생운동은 이제 대학으로 돌아가고 거기서 고립된다. 학생운동뿐 아니라 반슈프링 캠페인과 68운동 전체의 핵심 조직이자 선봉이기도 한, 두치케가 소속되어 있던 SDS는 1970년에 공식 해산해 역사의 뒤안길로 사라진다.

어쨌든 부활절 봉기를 휩쓴 '직접행동'과 '사물에 대한 폭력'은 두치케가 주장한 행동전략의 딜레마를 분명히 보여준다. 결국 두치케가 선전하고 호소한 '직접행동'과 '사물에 대한 폭력'은 동전의 양면이자 양날의 검으로 작용했다. 카리스마 넘치는 운동지도자가 반복해서 주문한 것이 바로, 직접행동과 사물에 대한 폭력을 모두 포함하는 '슈프링어 봉쇄'였고 이는 실제로 부활절 봉기에서 실현되었다. 그 실현은 분노의 동원으로 운동의 절정을 이루면서도 그 발목을 잡는 형국으로 실천되고 말았다. 다시 말해 두치케의 직접행동 전략은 사물에 대한 폭력이 '사람에 대한 폭력'과 뒤엉키며 부활절 봉기의 슈프링어 사 공격이나 경찰과의 폭력대결 양상을 격화하는

데 일조함으로써, 거대한 결집과 궐기의 와중에서 운동진영의 알력과 여론악화로 인한 운동의 쇠퇴에도 기여했음은 부정하기 어려운 사실이다.

이런 대목은 직접행동 전략 자체에 내재한 딜레마가 작동한 것으로 볼 수 있다. 다시 말해 '공권력과의 대결'을 마다하지 않는 직접행동의 성격은 운동진영이 수용한 '사물에 대한 폭력'과 결합해, 두치케가 희망한 '국가폭력의 폭로'와 '참가주체의 자기변화'라는 본래의 해방적·희망적 기능보다 '폭력적 행위와 사유재산에 대한 침해'라는 외형적 기능이 강조되는 딜레마에 빠진 것이다. 물론 이런 직접행동 전략이 이후 신사회운동에 수용되며 민주적 표현양식의 하나로 변환되는 장기적 측면은 분명히 주지되고 지적되어야 한다. 하지만 당대 68운동에서 두치케가 강조하고 주창한 '직접행동'과 '사물에 대한 폭력'은 부활절 봉기의 소용돌이 속에서 급진화와 폭력문제의 딜레마에 갇히는 한계와 모순을 낳고 말았음은 부정하기 어렵다.

무장투쟁과 도시게릴라의 행동의 선전

국내적으로 직접행동을 내세운 두치케는 대외적으로 베트남을 비롯한 제3세계 해방운동을 공공연하게 지지했다. 제국주의 미국이 주도하는 베트남전의 반대와 비판은 비단 두치케를 넘어 서구 비판적 지식인의 공동 의제로, 세계적 차원에서 68운동의 국제성을 확장하고 증명하는 핵심 공통분모이기도 했다. 그렇게 68혁명기 세계 곳곳에서는 베트남전 반대운동이 불꽃처럼 일었고, 그 비판과 분노가 거대하게 모인 곳이 다름 아닌 1968년 2월 서베를린에서 열린 '국제베트남회의'였다. 볼리비아에서 무장게릴라투쟁을 벌이다 1967년 10월 9

일 총살당한 체 게바라와 제3세계 해방투쟁 역시 68운동의 지지와 지원을 등에 업었다. 게바라가 사살되었다는 소식에 충격을 받은 두치케와 SDS는 "미 제국주의와 서독 동맹자들에 맞선 직접행동을 강화하자"고 호소하는 전단을 배포하기도 했다.[51] 여하튼 SDS가 주최한 국제베트남회의가 열린 베를린공대 대강당에는 거대한 베트남민족해방전선(NLF)의 깃발이 내걸리고, 체 게바라의 유언 같은 호소인 "혁명가의 임무는 혁명을 만드는 것이다"가 휘날렸다.

이렇게 체 게바라의 게릴라 해방투쟁을 지지하고 국제베트남회의를 주도한 두치케는 '폭력'을 부정하는 순수한 '평화주의자'와는 거리가 멀었다. 오히려 필요하다면 '혁명적인 폭력'을 마다하지 않아야 한다고 생각했다. 하지만 두치케는 '폭력'에 내재한 모순도 알고 있었다. 그래서 새로운 세상에 대한 희망을 그 모순과 섞어 이렇게 밝힌다.

혁명적인 폭력의 문제는 혁명적인 폭력이, 인간해방과 새로운 인간의 창출이라는 그 폭력의 목표를 망각하는 폭력으로 뒤바뀌는 것[입니다]. 이런 문제점은 혁명적인 전략의 필수 구성요소이기도 한 것입니다. 그 전략은 혁명적인 투쟁의 모든 국면, 전투적인 수단도 동원되는 모든 국면에서, 즉 혁명의 목표가 그 모든 국면에서 새로운 인간의 창출과 새로운 욕구의 창출, 사람들 사이에서 새로운 협력형태의 창출임을, 혁명의 모든 국면에서 새로운 사회가 혁명단계 속에 이미 표현되고 있음을 파악하는 것입니다.[52]

두치케의 관점에 따르면 새로운 미래사회는 '기존 사회 속에서' 이미 실험적으로 시험하는 것이고, 그 근본 요소들 속에서 '새로운 협력형태'를 창출하고 '대안적인 가치 및 새로운 관계구조의 전개'를 통해 선취되어야 했다. 이는 기존 사회 및 관계 속에서 피어나는 새로운 사회의 가능성과 맹아를 파악하고 인정하는 길과 결을 달리하는 지하활동과 폭탄공격을 통한 새로운 사회로의 길을 근본적으로 배제하는 것이었다.[53]

두치케는 당연히 사람에 대한 폭력을 단호히 거부했다. 서독의 정부인사들에 대한 테러는 '완전히 정신 나간 행위'로 치부했다. 테러가 일어나더라도 누구든 교체가 가능할 뿐더러 "사람에 대한 테러주의 폭력은 메트로폴리스에서 더 이상 필요하지 않기" 때문이었다.[54]

하지만 전쟁과 무장투쟁이 현실로 일어나는 세상으로 가면 이야기는 달랐다. 두치케는 1967년 12월 독일 공영방송 ARD의 인터뷰 프로그램에서 무장투쟁에 대한 입장을 밝혔다. "혁명적인 목표를 위해서라면 비상시에 무기를 들고라도 싸울 생각인지" 묻는 질문에 답하면서였다. "분명합니다. 제가 라틴아메리카에 있다면 무기를 들고 싸울 것입니다. 저는 라틴아메리카에 있지 않고 서독에 있습니다. 우리는 손에 무기를 드는 일이 벌어지지 않도록 하기 위해 싸웁니다."[55]

그럼에도 두치케의 (무장)폭력에 대한 태도가 아주 명료하지는 않다. "무기를 들어야 하는지는 운동측에 달려 있지 않다"고 덧붙이기 때문이다. 국내상황이 관건이었다. 왜냐하면 "분명한 것은, 서독 군대가 베트남이나 볼리비아 혹은 다른 어떤 곳에서든 전쟁을 하면 우리는 국내에서 이에 맞서 싸우고 무기를 사용할 것"이라고 밝히기 때문이다.[56] "본인도 그렇게 하기를 원하는가"라는 질문에 두치케는 오히려 반문한다. "그런 고통을 일으킨 자가 누구입니까? 우리는 아닙니다. 우리는 그것을 피하려고 노력합니다. 이런 미래의 고통을 피하고 정치적인 대안을 발전시키는 일은 기존 권력에 달려 있습니다."[57]

결국 비폭력주의자가 아닌 두치케는 폭력행동을 근본적으로 배제하지 않았다. 다만 폭력의 사용은 기존 체제가 어떤 방책을 사용하느냐에 더 많이 달려 있으며, 무장투쟁이 불가피한 조건은 미국이 주도하는 나토연합군에 소속된 독일군의 해외파병이었던 것이다. 사실 이런 대목은 나치 악몽 이후 전쟁이나 해외파병에 대한 절대적인 거부 분위기와도 결부된다. 당시 나치역사를 뒤로한 독일군대의 해외파병은 생각도 용납도 힘든 일이었기 때문이다.[58]

여하튼 제3세계 해방운동을 지지한 두치케는 상황에 따라 무장투쟁도 완전히 배제하지 않음을 분명히 했다. 물론 그런 상황은 당시 독일로는 상상하기 어려운, 제3세계 해방운동을 진압하기 위한 해외파병 같은 일에 국한되었다. 하지만 이런 '폭력과 무장투쟁'에 대한 원칙적인 자세는, 그가 서구 메트로폴리스에서 '도시게릴라 전략'을 주창함으로써 적군파로의 길을 열었다는 일각의 주장으로 질적인 비화가 이루어졌다. 기실 두치케의 '폭력철학'이 좌파 테러주의의 씨앗을 뿌렸다거나 68운동의 폭력과 테러주의의 유사점이나 인과성을 주장하는 목소리는 일찍이 70년대 말부터 이어져왔다.[59]

하지만 두치케가 적군파 도시게릴라의 사상적 선구 및 주창자라고 본격적으로 야심차게 주장하고 나선 사람은 볼프강 크라우스하르이다. 68운동 당시의 활동가로, 이후 그 운동을 기록하고 연구해

온 크라우스하르는 두치케가 이미 60년대 중반에 독일에서 도시게 릴라의 창설을 목표로 했고, 이는 적군파의 도시게릴라 원칙과 동일 하다고 주장했다. 그가 쓴 논문의 장 제목 "독일 도시게릴라의 창설 자 두치케"가 그 핵심이다.[60]

크라우스하르는 먼저, 녹색당 창당작업에 함께했다는 이유로 두 치케의 이미지가 1979년 사망 직후 녹색당의 '비폭력 원칙'으로 각인 되는 데 반기를 들고, 좌파 테러주의 조직에 몸담았던 프리츠 토이펠 (Fritz Teufel)이 쓴 두치케 조사(弔辭)를 거론한다. 두치케에 대한 암살 기도가 없었다면 "아마 루디 [두치케] 스스로가 무장투쟁의 길을 가 고, [적군파] 울리케[마인호프]처럼 메트로폴리스 무장투쟁에 결정적 인 추진력이 될 수 있었을 것"이라는 내용이었다.[61]

이어서 크라우스하르는 1967년 9월 두치케가 SDS의 22차 대의 원대회에서 한스 위르겐 크랄(Hans-Jürgen Krahl)과 공동으로 발표한 '조직보고서' 내용을 결정적 증거로 제시했다.

제'3세계'에서의 '총구의 선전'(체 [게바라])은 농촌 게릴라활동의 도시화를 역사적으로 가능하게 하는, 메트로폴리스에서의 '행 동의 선전'을 통해 완성되어야 한다. 도시게릴라는 억압적인 제 도 시스템의 파괴자로서 절대적인 불규칙성의 조직이다.[62]

크라우스하르는 이 내용을 통해 의문의 매듭이 풀리고, 두치케 가 "도시게릴라의 결성을 처음으로 또 아주 공개적으로 호소한" 사 람이 되었다고 주장한다.[63] 또한 도시게릴라 개념을 독일어권에서 처 음 사용한 두치케는 1966년 2월 이미 도시게릴라 건설을 목표로 내걸었다는 것이다. 준군사적으로 이해된 도시게릴라의 '이론적인 창시'라는 자신의 테제를 정당화하기 위해 크라우스하르는 두치케 유고에서 발견된 자필메모를 증거로 들고 나온다. 두치케가 1966년 2월 13일에 쓴 "제3세계의 포코 이론과 메트로폴리스에서 그 재규정"(Fokustheorie I. d. 3. Welt und ihre Neubestimmung in den Metorpolen)[64]이라는 제목의 기록이다.

크라우스하르는 이를 "게바라의 게릴라이론을 서베를린 상황으로 이전하는 것"이라고 판단했다.[65] 대학은 "제도를 관통하는 대장정"이 시작되어야 하는 '가장 약한 고리'이자 "가장 작은 균일한 게릴라 단위들"의 '포코(중심)'라는 말을 비롯해, '도시의 무장기구'나 '반격' 및 '4명에서 6명의 소규모 투사그룹' 등, 그 기록에 포함되어 있는 표현들이 핵심 증거로 호출되었다.[66] 그리하여 이 자료가 라틴아메리카의 농촌게릴라와 나란히 이제 유럽 대도시에서 게릴라를 조직하려는 생각을 입증한다는 주장이었다. 나아가 그 시점도 1967년의 조직보고서가 발표된 68운동의 과정 혹은 그 이후의 해체기가 아닌 1966년 2월까지 거슬러 올라간다고 말한다.[67]

한마디로 독일에서 '도시게릴라 사상'은 68운동이 본격적으로 시작되기도 전에 두치케에 의해 정초되었다는 것이 크라우스하르의 주장이다. 즉 유고 메모에서 드러나듯, 두치케가 체 게바라의 포코 이론을 차용하여 1966년 2월에 '도시게릴라의 설립'을 목표로 삼았고, 이것이 1967년의 조직보고서에서 공개적으로 천명되었다는 말이다. 68운동이 무장투쟁으로 이행하는 데 두치케가 핵심 역할을 했다는 주장이다.

그럼 두치케가 말한 도시게릴라가 무장투쟁을 수행하는 게바라의 게릴라부대와 유사한 개념인가를 보자. 결론부터 말하자면, 두치케가 말한 '도시게릴라'는 무장투쟁 혹은 준군사적인 전투를 수행하는 존재가 아니었다. 게바라 같은 '총구의 선전'을 유럽 대도시에서 '행동의 선전'을 통해 완성하자는 두치케의 발언은 제국주의에 맞선 싸움에서 양측의 공조가 필요하다는 뜻도 내포하지만, 무엇보다 제3세계 해방투쟁에 대한 연대와 지지의 표현을 의미했다. 또한 '행동'의 선전은 말 그대로 '총구'와는 다른 것이다. 두치케의 글이 다름 아닌 SDS 대의원대회의 '조직보고서'로 발표된 사실에서도 드러나듯, 도시게릴라 원칙은 SDS의 조직형태로 구상되어 행동의 선전을 위한 단위거점을 특히 대학 안팎에 건설하자는 제안이었다. 그 행동 중심이자 조직형태는 서독에서 무장투쟁의 시작이 아니라 사회변화를 위한 선전활동과 직접행동의 수행을 위한 존재를 의미했다고 보는 쪽이 더 타당하다.

  68운동 당시의 주요 활동가였던 메슈카트도 같은 맥락에서 사고한다. 가령 "베트남전에 대한 침묵을 깨는 데 도움이 되는 창조적인 행동을 하는 작은 그룹들"이 필요했고, '도시게릴라'는 그런 그룹을 의미했다는 것이다.[68] 결국 도시게릴라 그룹의 행동의 선전은 말 그대로, 외적으로 부당한 전쟁을 둘러싼 침묵이나 동조 분위기에 균열을 일으키는 '선전'이고, 그 선전 자체가 '행동'적이어야 한다는 의미에 가깝다. 물론 도시게릴라의 행동과 선전은 내적으로 다양한 사회 비판지점을 둘러싼 침묵과 방조를 겨냥하고, 이를 지탱하는 제반 사회구조와 권위적 위계구조를 돌파하는 방향으로도 열려 있었다.

  사실 이런 발언을 뒷받침하는 근거는 크라우스하르가 증거로 내민 두치케 유고 메모의 말미에도 나온다. '이중적인 삶'을 살도록 강제되는 게릴라들은 "투쟁 속에서 자신의… 과거를 철폐하는 새로운 인간"이 될 수 없다. 왜냐하면 "새로운 인간은… 밤에는 게릴라가 되고 낮에는 자본에 속할 수 없기" 때문이다.[69] 즉 유럽 대도시에서 게릴라활동을 전개하는 것은 불가능하고 불필요하다는 이야기에 다름 아니다.

또 다른 중요한 근거는 두치케의 그 메모가 1965년 『뉴 레프트 리뷰』(9/10월호)에 처음 실린 레지스 드브레(Regis Debray)의 「라틴아메리카: 대장정」(Latin America: The Long March)이라는 논문과 관련 있다는 점이다. 실제로 두치케의 메모에는 그 논문에서 가져온 영어 인용문 두 개가 들어 있다. 또한 드브레의 그 글을 독일어로 번역하고 서문을 쓴 사람이 바로 두치케이다.[70] 그런데 드브레의 글과 두치케의 메모를 비교하면 놀랍게도 메모의 상당 부분이 드브레의 글에서 발췌한 것임이 드러난다. 크라우스하르가 두치케가 계획했다고 주장한 '도시의 무장기구'[71]와 '균일한 게릴라 단위들'[72] 두치케가 숙고했다던 '4명에서 6명의 소규모 투사그룹들'[73] 두치케가 추구했다는 '반격을 위한 자기방어'[74] 전략 등이 모두 그렇다. 그리고 무엇보다 스스로 볼리비아의 체 게바라 부대에 합류해 투쟁한 전력에도 불구하고 드브레의 논문은 많은 부분 서유럽 도시게릴라 구상에 대한 이론적인 '거부'에 바쳐졌다.[75]

결국 두치케는 크라우스하르의 주장과는 달리 드브레처럼 "제3세계 게릴라의 삶과 방식은 유럽 메트로폴리스에 맞지 않다"고 전하며, 다른 한편에서 도시게릴라의 이름을 빌려 "대학을 중심으로 선전과 행동을 위한 단위그룹을 조직"하기 위한 사고를 그 메모 속에서 펼쳤다고 볼 수 있을 것이다.

그렇다면 두치케가 1966년 2월에 남긴 메모의 제목 "제3세계의 포코 이론과 메트로폴리스에서 그 재규정"은 더 구체적으로 어떤 의미일까. 두치케는 "사람들이 받아들일 수 없는 투쟁형태"와, 분명 이런 투쟁형태에서 파생되고 "우리의 역사적인 조건 아래서도 통용 가능한 포기할 수 없는 전술"을 구분했다.[76] 가령 그는 "객관적인 게릴라전술"[77]로서 이른바 1966년 12월 17일 SDS가 조직한 '산책시위'(Spaziergangsdemonstration)를 꼽는다. 이 시위는 네덜란드 프로보스(Provos)에서 따온 것으로, 평범하게 차려입은 시위자들이 보행자 무리 속으로 섞여 들어가 경찰에게 발견되지 않고 선동할 가능성을 보여줬다고 한다.[78] 비록 결국 자신이 체포되고야 말았지만, 두치케는 산책시위를 다름 아닌 '도시게릴라' 전술의 일환으로 파악했던 것이다.

그리고 두치케는 "후기자본주의의 게릴라적 실천"을 바로 "주말의 늘어난 노동시간"에 시달리는 "서베를린의 판매원들을 위한…[SDS] 반권위주의 진영 몇몇 분과의 지원"으로 언급한다.[79] 그 지원형태는 바로 진입시위(go-in)였다. 지원팀은 "백화점으로 밀고 들어가 삐라를 나눠주고 통상적인 판매흐름을 얼마간 교란할 것"이었다.[80] 이 사례에서 보듯 두치케의 '게릴라 실천'은 무장투쟁과 전혀 관계가 없다. 오히려 자신과 신좌파가 선전한 '직접행동'의 일부였다. 게다가 이 '진입시위' 사례를 바로 드브레의 글을 번역한 책의 서문에 썼다는 사실로써, 두치케의 1966년 메모 "포코 이론의 서유럽적 재규정"과 1967년 조직보고서에 나온 도시게릴라의 의미는 더욱 분명해진다. 결국 두치케가 설파한 '도시게릴라 행동의 선전'은 '적군파 무장투쟁의 총구의 선전'과는 완전히 다른 종류의 실천이었다.

하지만 크라우스하르는 "68운동과 적군파 사이에 관련성이 존재한다는 사실은 이제 논란의 여지가 없다"고 단정한다.[81] 적군파 창설멤버인 울리케 마인호프(Ulrike Meinhof)가 이미 1971년에 "적군파는… 학생운동의 역사가 적군파의 전사(前史)임을 부정하지 않는다"[82]고 선언함으로써 논란을 잠재웠다는 것이다. 그러나 이는 과거 68운동에 함께했던 극소수 세력의 발언이나 행보에 과장된 대표성을 부여하거나, 두치케의 사상과 행동전략의 편린을 침소봉대하는 주장으로 비친다.

68운동의 주류는 분명 무장투쟁을 기각했고 두치케 역시 1971년 마인호프의 적군파 가담 제의를 단호히 거부했다. 두치케는 1974년 12월 1일 일기에서 이렇게 썼다. "적군파 총격의 부정적인 영향력은 도처에서 인식된다. 특히 기민기사연합, 일반적으로 정부와 엿같은 적군파는 정치적 계급투쟁을 가로막기 위해 서로 결혼한 것처럼 보인다!!"[83] 또한 1977년 '독일의 가을'과 관련해서도 적군파에 대한 반대와 거부를 분명히 밝힌다. "적군파 테러리스트들의 주장과 논의 속에는 피억압자와 모욕당한 자들의 사회적 해방 문제가 이미 오래전부터 더는 들어 있지 않기 때문이었다. 개인적인 테러는 나중에 개인의 폭압적 지배로 이어지는 테러다. …우리는 자본주의의 폭정이 무엇인지 잘 안다. 우리는 그 폭정을 테러의 폭정으로 대체하고 싶지 않다."[84] 그리고 1979년 사망하기 직전까지 두치케가 녹색당 창당준비를 함께한 점 역시 일종의 유의미한 시사점이 된다.

이렇게 두치케의 '메트로폴리스 도시게릴라' 이론은 크라우스하르의 주장과는 달리, 적군파의 행동이나 원칙의 사상적 선구와는 천양지차이다. 사회변화를 고민하고 실천하는 발상법 자체가 달랐으며, 적군파나 좌파 테러주의의 '무기를 든 비판'과는 다른 종류의 행동 및 조직 전략이었다. 두치케의 전략은 오히려 '비판의 무기'를 현실 속에서 '진정한 무기'로 사용하는 방식에 더 가까웠다. 역사적 상황과 조건을 고려하지 않는 '무기의 비판'이 어떤 무기도 될 수 없음은, 적군파의 무모하고 참혹한 테러의 전쟁이 '독일의 가을'이라는 암흑의 시간으로 역사에 기록되면서 잘 드러났다. 처음부터 적군파를 격렬히 반대하고 비판한 '이상적 현실주의자' 두치케는 이미 그 출발점에서 적군파 무장투쟁의 '죽음의 결말'을 예측하고 있었는지도 모른다.

두치케의 죽음에 예술가 요제프 보이스(Joseph Beuys)는 이렇게 말했다.

> 루디[두치케]의 죽음이 분명 역사적인 일이고 이 세상의 큰 손실임은 강조되어 마땅하다. 하지만 그 죽음을 통해 현재로서의 그가 과거로서의 그보다 훨씬 더 우리에게 영향을 끼칠 수 있음도 가능해질 것이다."[85]

이 말은 그의 영향력에 대한 헌사이기도 하지만 그의 죽음과 더불어, 아니 그의 역사화와 더불어 그에 대한 온당한 평가가 '비로소' 가능하다는 말로 바꿔 읽을 수도 있음이다.

당대에 68운동을 '아이들의 사이비혁명'[86]이라고 신랄히 비난한 하버마스는 차후 두치케 조사(弔辭)에서 68이라는 "지식인운동의 카리스마"라는 상찬을 바쳤다.[87] 68운동은 기실 영국의 뉴 레프트나 독일 프랑크푸르트학파 같은 지적인 신좌파가 고무하고 대학생이 주축이었던 만큼 일종의 '지식인/지적인' 운동이라고도 할 만하다. 두치케는 그 운동의 '카리스마'였다.

무엇보다, 직접행동이라는 두치케와 신좌파의 도발적인 행동형 태를 통해 이후 사회과학 및 정치 이론에서 폭력 및 권력 개념과의 대결이 촉발되었다. 또한 신좌파의 행동전략 및 실천은, 그와 관련된 '구조적인 폭력'에 대한 단초와 사고가 이후 푸코의 미시권력 연구에 주요한 실마리를 제공하듯, 기존의 폭력 개념이나 권력 개념 자체를 확장하는 장기적 효과를 낳기도 했다.[88]

실제로 두치케와 신좌파의 행동전략은 폭력과 비폭력의 경계를 넘나들고 있어, 다방면으로 이어질 가능성과 예기치 못한 비약의 잠재력을 내포하고 있었다. 폭력이 무조건 거부되지는 않았지만 사람에 대한 공격이나 테러에 대한 반대는 명백했다. 하지만 현실에서 '직접행동'이 경찰력과 충돌하며 통제 불능의 폭력행위로 전환되고, 운동진영이 감당하기 어려운 급진화의 딜레마가 수반되었다. 두치케 스스로 우려하던, '혁명적인 폭력'이 상황에 따라 "인간해방과 새로운 인간의 창출이라는 그 폭력의 목표를 망각하는 폭력으로 뒤바뀌는 것"[89]이기도 했음이다. 결국 두치케의 이상과 실천은 68운동의 궐기와 결기를 담아낸 그 행동전략을 앞세워 장기적인 '해방의 상상력'을 확장했지만, 긴박하게 작동한 현실에서 직접행동 자체에 잠재한 통제 불가능한 폭력이라는 문제가 운동의 족쇄와 한계로도 함께 작용했던 것이다.

하지만 이는 두치케 행동전략 자체의 문제나 한계는 아니었다.

그의 행동전략은 현실상황에서 다양하게 펼쳐질 여지가 있었다. 실제, 직접행동을 앞세운 다채로운 시위방법은 70년대부터 각종 신사회운동이 채택한 행동전략 속에 녹아들며 민주적인 표현방식으로 수용되어 나간다. 68운동의 직접행동 전략은 장기적으로 민주적 표현방식의 일부가 되었고, 그 여정의 출발점은 결국 두치케의 이름과 연결되는 것이다.

1) *Spiegel-Spezial, Die Wilden 68er* no. 1/1988, p. 44.

2) SDS Westberlin und INFI Redaktion eds. 1968, p. 123.

3) Günter Gaus im Gespräch mit Rudi Dutschke, Sendreihe 1968, p. 15

4) SDS Westberlin und INFI Redaktion eds. 1968, p. 124.

5) Dutschke Klotz, Gretchen 1996, p. 135.

6) 같은 책, pp. 39ff, 426f; Dutschke Rudi 1978a, p. 101.

7) Hentschel, Rüdiger 2013, pp. 79~106, 여기서는 p. 79. 스스로도 지식인이라기보다 '혁명적인 지식인'으로 생각한 두치케의 롤 모델은 "실천적인 이론을 겸비한 전투적인 지식인"이라고 본 로자 룩셈부르크였다(같은 글, p. 80).

8) 사실 68 관련 서적이나 연구에서 두치케라는 이름이 등장하지 않은 경우는 찾아보기 힘들 정도고 그가 남긴 많은 글도 다채롭게 책으로 묶여 나왔다(Miermeister, Jürgen ed. 1980; Dutschke-Klotz, Gretchen, Helmut Gollwitzer, and Jürgen Miermeister eds. 1980; Dutschke, Rudi 1981; Dutschke-Klotz, Gretchen, Jürgen Miermeister and Jürgen Treulieb eds. 1983). 그의 일기장도 출간되었다(Dutschke-Klotz, Gretchen ed. 2003). 하지만 두치케 자체에 대한 학문적인 연구는 생각보다 많지 않다. 1979년 두치케 사망 후 1983년과 1986년에 각각 언론인과 동료가 전기(Chaussy, Ulrich 1983; Miermeister, Jürgen 1986)를 펴냈고, 1998년 아내가 쓴 전기(Dutschke-Klotz, Gretchen 1996), 이후 2003년에 최초의 학문적인 전기(Karl, Michaela 2003)가 나왔다. 다소 최근에는 전기(Reinicke, Helmut 2012)와 두치케의 정치이론을 다룬 책(Prien, Carsten 2015)이 출간되었고, 지난해 새로운 전기(Zöller, Elisabeth 2017)가 나왔다. 하지만 68연구에서 숱하게 언급되는 '폭력문제'와 '행동전략'을 두치케와 연결해 본격적으로 다룬 연구는 매우 드물다. 두치케가 중심에 서지는 않지만 신좌파와 폭력 문제를 다룬 주요한 논문으로는 Gilcher-Holtey, Ingrid(2006, pp. 198~220; 2008, pp. 57~66) 참조. 다만 치열한 논쟁지점이기도 한 68운동과 적군파 테러주의의 관계 및 연속성에 관한 연구는 꽤 존재한다. 이 테마는 적군파와 68운동의 관계를 놓고 크게 두 진영으로 나뉘는데, 한편에서는 양측의 인과성이나 연속성을 강조하고 다른 한편에서는 연관성을 인정하지만 단일 인과성을 부정한다. 두 진영에 관한 구체적인 설명은 이 책의 제4부 2장 참조.

9) Kraushaar, Wolfgang 2005, pp. 13~50. 이 책의 논조는 해당 저자가 이듬해에 "적군파와 좌파 테러주의"를 주제로 엮은 책에서도 유지된다(Kraushaar, Wolfgang ed. 2006). 크라우스하르는 대표적인 68연구자로, 그 자신이 당대의 활동가였지만 지금은 그 운동의 가장 신랄한 비판자로 꼽힌다.

10) 이 책 제4부 참조.

11) Rabehl, Bernd 1998a; 2002. 독일 뉴 라이트의 등장과 부침 및 최근의 급부상에 관해서는 이 책 제4부 1장 참조.

12) Dutschke, Rudi 1978a, p. 97.

13) Kraushaar, Wolfgang 2000, pp. 92f, 인용은 p. 93.

14) Dutschke, Rudi 1978b, pp. 22, 23 참조.

15) Kraushaar, Wolfgang 2000, p. 90 참조.

16) Aly, Götz 2008, p. 95; Schwenger, Hannes 2013, p. 21.

17) 구체적인 내용은 이 책 제4부 참조.

18) Langguth, Gerd 2001.

19) Marquardt, Friedrich-Wilhelm 1998. 두치케는 1964년 3월 27일 일기에서 예수를 "세상에서 가장 위대한 혁명가"라고 쓴다(Dutschke-Klotz, Gretchen ed. 2003, p. 20). 그리고 1년 전인 1963년 4월 14일 부활절 일기에서는 "예수가 부활했다. …모든 것을 넘어서는 사랑을 통한 세계사의 결정적인 혁명이 시작되었다"고 쓰고 있다(같은 책, p. 17). 프리드히리 빌헬름 마르쿠아르트는 두치케가 "진리를 위해 싸웠고 또한 예수처럼 싸웠다"고 한다(Marquardt, Friedrich-Wilhelm 1998, p. 33). 두치케가 '좌파 예수'로 불릴 만한 대목은 그가 예수를 따르고자 하고 자신의 모범으로 삼았다는 점과도 연관된다. 또한 성탄절 전야에 사망한 것도 '좌파 예수'라는 명칭과 연결점을 갖는다. 크라우스하르는 기독교인이던 두치케 말고도 많은 68활동가에게 기독교 프로테스탄트가 중요한 영향력을 행사했다고 하는바, 이는 차후 검토할 만한 주제로 보인다(Kraushaar, Wolfgang 2017b). 여하튼 '기독교 사회주의자'로도 불린 두치케는 1978년 스스로 이렇게 말했다. "저는 기독교 전통에 서 있는 사회주의자입니다. 또한 이런 전통을 자랑스럽게 생각합니다. 저는 기독교를 인류의 희망과 꿈에 대한 특별한 표현으로 이해합니다."(Dutschke-Klotz, Gretchen ed. 2003, p. 429.) 실제로 청소년기부터 두치케는 스스로 '기독교 사회주의자'라고 생각했다(Kraushaar, Wolfgang 2000, p. 91).

20) Gilcher-Holtey, Ingrid 2006, pp. 212f.

21) Dutschke, Rudi 1980, p. 35.

22) Dutschke, Rudi 1968, pp. 33~93, 여기서는 pp. 82, 84.

23) Dutschke, Rudi 1980, p. 35.

24) Henning, Markus and Rolf Raasch 2016, pp. 36f.

25) Dutschke, Rudi 1968, p. 76.

26) 같은 글, p. 83.

27) 슈프링어의 조작을 다룬 헬케 잔더(Helke Sander)의 당대 다큐멘터리 영화 〈조작자의 힘을 꺾어라〉(Brecht die Macht der Manipulateure, 1967/68)의 설명서는 영화제작 취지를 이렇게 설명하고 있다. "신문에 실린 것이 객관적인 정보이기도 하지만 조작될 수도 있다는 인식은 68운동의 중요한 테마였다."(Sander, Helke Beilage 2007, p. 27) 하지만 이런 '인식'의 저변에는 어떤 '확신'도 있었다. 즉 68운동이 "슈프링어에 맞서서 내놓은 새로운 캠페인의 핵심에는 미디어가 여론을 조작할 수 있다는 확신"이 놓여 있었던 것이다(Langston, Richard 2007, p. 169).

28) '반슈프링어 캠페인'에 대해서는 Jung, Dae Sung(2016)과 이 책의 제2부 1장 참조. '6월 2일 사건'에 대해서는 Soukup, Uwe(2017); Michels, Eckard(2017) 참조.

29) Dutschke Rudi 1967c, pp. 29~33, 여기서는 p. 31.

30) Dutschke, Rudi 1967a, p. 5.

31) Dutschke, Rudi 1967b, pp. 55~82, 여기서는 pp. 72f.

32) Karl, Michaela 2003, p. 125.

33) Dutschke, Rudi 1967a, p. 5.

34) 같은 글, pp. 5f.

35) Karl, Michaela 2003, p. 125.

36) Staadt, Jochen, Tobias Voigt and Stefan Wolle 2009, p. 125.

37) "Dutschke: 'Wir haben nichts gegen die Person Springer'," *Axel-Springer-Auslands-dienst* 1968. 2. 22. Knabe, Hubertus 2001, pp. 360f에서 재인용.

38) "Portrait Rudi Dutschke," <WDR> 1968. 4. 19 방송.

39) 이 사건에 대한 자세한 설명은 Jung, Dae Sung(2016, pp. 209~18) 참조.

40) 부활절 봉기의 진행과정과 여파에 대한 상세한 설명과 분석은 같은 책(pp. 237~96) 참조. 물론 부활절 봉기의 핵심인 '슈프링어 봉쇄' 시도를 '직접행동'을 동반한 '폭력성'의 측면과는 다른 시각에서 '사물에 대한 폭력'의 의미를 바라보는 방식도 의미가 없지는 않고 필자도 수긍하는 면이 있다. 가령 68운동의 주요한 조직인 서베를린 공화주의 클럽(RC)의 수장인 클라우스 메슈카르트가 1968년 4월 22일 공영방송 ARD의 TV 프로그램 <파노라마>(Panorama)와의 인터뷰에서 '사물에 대한 폭력' 원칙을 설명한 것을 보자. 메슈카르트에 따르면 '사물에 대한 폭력'에는 원래 '상징적인 특성'만 있었다. 예를 들어 서독 대중의 '금치산화'와 '우민화'에 주요한 책임이 있는 슈프링어 콘체른의 '생산수단'은 공격할 수 있다. 비록 이를 통해 그 콘체른을 무력화할 수는 없지만 "그런 콘체른의 존재로 인해 서독에서 실질적 민주주의가 불가능하게 되는 것을 더 이상 지켜보고만 있지는 않을 것임을 보여줄 수"는 있다는 것이다. "Rätedemokratie: Ein Interview" (Meschkat, Klaus 2010, pp. 84~89, 여기서는 pp. 87f.) 문제는 이런 상징적인 성격을 인정한다손 치더라도, 경찰과의 폭력대결이 고조되고 사망자가 나오면서 비판여론이 힘을 얻고 운동진영 내부의 알력이 커지면서 운동이 쇠퇴의 길로 접어들었다는 점은 변하지 않는다는 것이다.

41) Stamm, Karl-Heinz 1988, pp. 37f.

42) Spiegel-Redaktion 1968, p. 28.

43) Schlicht, Uwe 1980, p. 73.

44) Kleßmann, Christoph 1988, pp. 270f.

45) Spiegel-Redaktion 1968, p. 38.

46) Wolff, Karl Dietrich and Frank Wolff 1968, pp. 33~36, 여기서는 p. 35.

47) Gilcher-Holtey, Ingrid 2006, p. 213.

48) 물론 두치케 암살기도 이후 부활절 기간 동안의 슈프링어 사 봉쇄행동을 제외하면 반슈프링어 캠페인은 앞서 보았듯·대체로 집회와 항의, 시위와 토론회, 삐라, 플래카드, 자동차 휘장, 우편엽서, 만화, 운동측의 신문과 잡지를 통한 계몽 캠페인으로 진행되었다. 또한 1967년 여름 이후의 이런 지속적인 활동과 문제제기 속에서 언론독점에 대한 사회비판적 관심과 주의환기에 성공하는 측면도 컸다. 그럼에도 불구하고 이 캠페인의 절정을 각인하는 '부활절 봉기'는 폭력적인 행동을 동반하는 '직접행동'이나 '사물에 대한 폭력'이 전면으로 나서면서 운동진영의 내분과 알력을 일으키고 운동 자체의 동원력이 떨어지며, 차후 운동이 여론의 지지를 잃고 쇠퇴하는 데 중요한 역할을 했음은 부정하기 어렵다.

49) Weitbrecht, Dorothee 2012, p. 175

50) Karl, Michaela 2003, p. 211.

51) Zöller, Elisabeth 2017, p. 190.

52) SDS Westberlin und INFI Redaktion eds. 1968, pp. 86f.

53) Gilcher-Holtey, Ingrid 2006, p. 215도 참조.

54) Dutschke Rudi 1967c, p. 32.

55) Dutschke, Rudi, Günter Gaus im Gespräch mit Rudi Dutschke, Sendreihe 1968, p. 14.

56) 같은 글, p. 15.

57) 같은 곳.

58) 그로부터 수십 년 뒤인 1990년대에 독일이 보스니아와 코소보 파병을 놓고 큰 논쟁이 벌어졌던 것과 같은 맥락이다. 90년대 학살이 벌어지는 분쟁지역의 해외파병에 68세대가 찬성하는 문제와 관련해서는 Gilcher-Holtey, Ingrid(2009, pp. 258~63) 참조.

59) 이 책의 제4부 참조.

60) Kraushaar, Wolfgang 2005, p. 46. 하지만 크라우스하르는 이듬해 자신이 편집한 책에 다시 실은 논문에서는 해당 제목을 "두치케는 독일 도시게릴라의 사상적 창시자였다"라고 약간 물러선다(Kraushaar, Wolfgang 2006, pp. 218~47, 여기서는 p. 245).

61) Teufel, Fritz 1980, p. 221에서 재인용.

62) Dutschke, Rudi and Hans-Jürgen Krahl 1980, pp. 89~95, 여기서는 p. 94.

63) Kraushaar, Wolfgang 2005, p. 22.

64) 같은 글, pp. 29f. Lönnendonker, Siegward, Bernd Rabehl and Jochen Staadt 2002, pp. 235ff에 전문이 들어 있다.

65) Kraushaar, Wolfgang 2005, p. 30.

66) 같은 곳. 원문은 Lönnendonker, Siegward, Bernd Rabehl and Jochen Staadt 2002, pp. 235~37 참조.

67) Kraushaar, Wolfgang 2005, S. 31.

68) Stiftung, Heinrich Böll 2008, pp. 39~42, 여기서는 p. 41. 하지만 메슈카르트는 "도시게릴라라는 용어가 과연 좋은 아이디어였는지는 오늘날까지도 여전히 논쟁거리"라고 고백했다.

69) Lönnendonker, Siegward, Bernd Rabehl and Jochen Staadt 2002, p. 237.

70) Debray, Regis and Fidel Castro 1968. 이 책에 포함된 드브레 논문의 독일어 제목은 "Der Castrismus: Der lange Marsch Lateinamerika"이다. Prien, Carsten 2015, pp. 28f도 참조.

71) Debray, Regis and Fidel Castro 1968, p. 132.

72) 같은 책, p. 111.

73) 같은 책, p. 140.

74) 같은 책, p. 132

75) Prien, Carsten 2015, p. 29. 카르스텐 프리엔은 두치케의 드브레 발췌를 이렇게 '서유럽 도시게릴라의 불가능성' 쪽으로만 파악한다(같은 책 참조). 하지만 1967년 조직보고서의 내용을 감안하면 이미 메모작성 당시에 두치케는 "서유럽에서 무장게릴라투쟁의 불가능성"을 인정하면서도 '도시게릴라'의 이름하에 대학을 거점으로 '선전 및 행동의 단위그룹'을 조직할 계획을 세웠다고 보는 것이 합리적인 추론일 듯하다.

76) Geiger, Helmut and Armin Roether eds. 1999, p. 182.

77) Dutschke, Gretchen ed. 2003, p. 36.

78) Prien, Carsten 2015, p. 30. 총 80명의 보행자들이 체포되었지만, SDS 가운데는 두치케를 포함해 2명만 붙잡혔다(Dutschke, Rudi 1968, p. 76).

79) Debray, Regis and Fidel Castro 1968, p. 20.

80) 같은 곳.

81) Kraushaar, Wolfgang 2005, p. 13.

82) Meinhof, Ulrike 1997, p.36.

83) Dutschke, Gretchen ed. 2003, p. 228.

84) Chaussy, Ulrich 1983, pp. 318f.

85) Stütten, Johannes, "Rudi Dutschke," and Rainer Rappmann eds. 1995, pp. 81~85, 여기서는 p. 81.

86) Habermas, Jürgen 1969, pp. 188~201 참조. 운동 당시 하버마스의 비판은 차후 독일사회의 '근본적인 자유화'라는 긍정적인 의미부여로 바뀐다(Habermas, Jürgen 1990, p. 26 참조).

87)　Hentschel, Rüdiger 2013, p. 79.

88)　Gilcher-Holtey, Ingrid 2006, pp. 218ff 참조.

89)　SDS Westberlin und INFI Redaktion eds. 1968, p. 86.

제2장

순교자 베노 오네조르크

추모조형물과 68운동의 공공역사

베를린 중심지에서 멀지 않은 곳에 비스마르크 스트라세(Bismarck-
straße)가 있다. 19세기 후반 독일통일을 일군 재상의 이름에 걸맞게
동쪽으로 베를린공대가 있는 에른스트 로이터 플라츠와 티어가르텐
을 지나 베를린 상징물 '브란덴부르거 토어'로 이어지는 대로다. 2016
년에 나온 『독일인의 운명을 결정한 장소: 역사를 만든 55곳』이라는
책에 베를린의 이 거리가 당당히 이름을 올렸다.¹ 어떤 '운명적인 역
사'가 여기서 만들어진 것일까?

비스마르크 거리 35번지 독일오페라(Deutsche Oper) 하우스 왼편
에 서 있는 약 4미터 높이의 청동부조가 그 역사를 증언하고 있다.
지하철역 입구에 자리잡은 무거운 색채의 이 조형물은 기실 눈에 그
리 잘 띄지 않는다. 육중한 오페라 하우스에 비해 실물크기의 인물
이 형상화된 형태라 어쩌면 다소 왜소해 보이기까지 한다(사진 1).

그러나 〈시위자의 죽음〉(Der Tod des Demonstranten)이라는 작품

사진 1_ 베를린 독일오페라
하우스 전경. 오른쪽 하단에
조그만 부조가 보인다. 사진은
별도 설명이 없으면 모두
필자의 촬영이다.

이름으로 들어가면 인상이 확 달라지며 사뭇 긴장감이 돈다. 내용을 들여다보자. 돌을 던지는 시위자와 항의피켓을 치켜든 사람이 다소 흐릿하고 조그맣게 양끝에서 보인다. 하지만 그 사이에는 무시무시한 광경이 부조 전체를 가득 메운다. 중무장한 경찰 두 명이 상체가 벌거벗겨진 시위자를 움켜쥐고 머리부터 바닥에 메다꽂고 있다. 헬멧 아래로 보이는 경찰의 인상은 잔인하고, 땅에 처박혀 뒷머리만 보이는 청년의 두 손은 도리 없이 뒤로 꺾여 있다. 청년은 흡사 몸처럼 삶도 뒤집어져 작품제목처럼 그렇게 죽음의 길로 가는 듯하다(사진 2, 3).

　　이 부조는 1971년에 오스트리아 조각가 알프레트 흐르들리츠카(Alfred Hrdlicka)[2]가 만들었다. 그는 1928년 2월 27일 오스트리아 빈 태생의 조각가로 전쟁과 파시즘, 제국주의 침략과 폭력에 반대하는 수많은 작품으로 유명한 진보적인 예술가다. 작품세계는 조각

사진 2_ 오네조르크 추모 부조　　　　　**사진 3_** 부조의 확대 면

을 지나 스케치와 회화 및 그래픽까지 넘나들었다. 작품성향은 〈전쟁과 파시즘에 대한 경고비〉(Mahnmal gegen Krieg und Faschismus)와 〈내 친구 바쿠닌〉(Mein Freund Bakunin), 〈마라의 죽음〉(Der Tod des Marat), 〈혁명가와 반동〉(Revolutionär und Reaktionär) 같은 작품명에서도 잘 드러난다. 노동자계급 친화적인 작가의 생각이 반영된 흥미로운 주장이 있다.

> 나는 오로지 근육으로부터 사고한다. 이는 힘깨나 쓰는 일과 무관하고, 건강한 육체에 건강한 정신 같은 헛소리와도 전혀 상관없는 말이다. 나는 이 말을 프롤레타리아적 지성으로 이해한다. 왜냐하면 다름 아닌 혁명적인 노동일꾼이라는 한 축과, 사용되지 않은 힘을 정치활동으로 전환한 무직자의 창의적인 추진력이 다른 한 축으로 작용해 지난 200년의 역사를 규정한 탓이다.[3]

그의 생각과 이력을 감안하면 '시위자'가 주인공인 작품은 자연스럽다. 하지만 부조의 내용은 직설적인 폭력의 장면을 고스란히 담고 있다. 이런 끔찍한 형상의 부조가 왜 만들어진 것일까. 부조의 받침대에 새겨진 설명을 보자.

1967년 6월 2일 대학생 베노 오네조르크가 크루메 스트라세(Krumme Straße) 66번지 건물의 뜰에서 이란국왕 샤에 맞선 시위가 벌어지는 동안 경찰에 사살되었다. 그의 죽음은, 특히 제3세계 나라에서 자행되는 착취와 억압에 맞선 저항을 자국의 급진적 민주화를 위한 투쟁과 결부시킨, 당시 태동하던 학생운동과 '의회외부저항운동'을 위한 시그널이었다. 1971년 알프레트 흐르들리츠카는 이런 인상을 받으며 〈시위자의 죽음〉이라는 부조를 만들었다. 1990년 12월. (사진 4)

그렇다면 부조에 그려진 '시위자'는 오네조르크이고 이 작품은 결국 "오네조르크에 바치는 오마주"[4]라는 말이다. 대학생 오네조르크는 과연 어떻게 죽은 것일까? 오페라 하우스 앞 비스마르크 거리에서 시작된 그 사건으로 돌아가기 전에 당시 서독상황을 간단히 살펴보자.

국가폭력과 오네조르크의 죽음

60년대 후반 서독은 서베를린을 중심으로 68운동이라는 거대한 세계사적 흐름의 일부에 속했다. 동독 위에 뜬 섬인 서베를린은 독일 68운동이 시작된 도시이자 '반란의 수도'였다.[5] 60년대 중반부터 특히 베를린자유대학을 중심으로 학생들은 서서히 반기를 들기 시작

사진 4_ 부조 받침대의 작품설명

했다.[6] 1966년 말 대연정이 탄생하며 의회의 정부 견제기능에 의문 부호가 찍히며 의회외부저항운동(APO)이 등장해 대학개혁의 목소리가 커지고, 앞서 살펴본 대로 '비상사태법' 및 '슈프링어 언론재벌' 반대 캠페인이 펼쳐졌다.[7] 미국이 수행하는 베트남전도 청년학생들의 '반란의 레이더'에 부당한 약소국 개입과 침략으로 잡혀 거센 분노를 자극하고 있었다.[8] 이렇게 국내외적인 문제를 아우르며 저항의 기운이 서서히 고조되고 있던 베를린에 1967년 6월 2일 이란국왕이 국빈으로 방문한 것이다.

서베를린은 국왕부처가 오스트리아와 서독의 다른 도시를 거치고 나서 다다른 유럽 방문지 가운데 하나였다. 앞서 본과 쾰른, 뮌헨에서도 국빈방문에 맞서 시위가 발생했다.[9] 이란국왕은 억압과 유혈 독재의 화신으로 비쳤기에 학생층의 반대 분위기는 상당히 격화되었다. 이날 사건은 오페라 하우스 이전에 이미 시청 앞에서부터 시작되었다. 오전 11시 30분 무렵 시위대와 구경꾼 3천 명가량이 시청 앞에서 국왕의 도착을 기다리고 있었다. 시위대는 "군사독재 타도" "정치범의 고문을 중단하라" 같은 글귀의 플래카드를 들고 있었다. 나중에 언론이 이른바 "샤에 환호하는 페르시아인"이라고 부른 수십 명이 시위대와 구경꾼 앞에 위치한 특별 차단지역에 자리잡았다. 곧이어 야유와 휘파람 속에 국왕부처를 태운 차가 진입하자 시위대는 한목소리로 "살인자! 살인자!"를 외쳤다.

하지만 이란국왕이 시청 안으로 사라지자마자 그 페르시아인 무리가 시위대를 공격하기 시작한다. 대부분 이란 비밀경찰 샤바크에 속하거나 고용된 이들은 플래카드 지지대로 사용하던 각목과 쇠파이프로 무장하고 몇 분간 샤 반대 시위대를 무차별적으로 공격한다. 한참 뒤에야 경찰이 개입하지만 항의하는 대학생들을 경찰봉으로 구타하기는 매한가지였다. 결국 학생 쪽 사람만 체포되고 샤에 환호하는 페르시아인들은 한 명도 잡혀가지 않았다. 오전 시청 앞 사건은 방송보도를 통해 학생들 사이에 삽시간에 번져나갔고, 그에 대한 분노에 힘입어 오네조르크가 포함된 대규모 시위대가, 샤가 모차르트의 〈마술피리〉 공연을 볼 예정인 독일오페라 하우스 앞에 집결한다.[10]

저녁 6시 무렵 오페라 하우스 앞으로 모여들기 시작한 시위자들은 "살인자는 서베를린에서 나가라" "감옥에 갇힌 대학생들을 석방하라" 같은 플래카드를 내걸고 "살인자"라는 구호를 외쳐댔다. 시청 앞 사건을 기억하는 시위대는 경찰을 향해 "게슈타포" "돼지들"이라고 소리쳤다. 8시 가까이 국왕부처를 태운 리무진이 등장하자 계란과 물감봉투 등이 허공을 가르고 다시금 비판적인 구호가 울려 퍼졌다. 하지만 이란국왕은 야유의 소나기에도 아랑곳없이 연방대통령 하인리히 뤼브케(Heinrich Lübke)와 함께 재빨리 오페라 하우스 안으로 사라졌다.

경찰이 폭력적인 소탕작전을 펼친 시점이 바로 이때였다. 저녁 8시 직후 경찰 투입조에 '공격명령'이 떨어진다.[11] 오페라 하우스 앞의 비스마르크 거리는 시위대를 향한 "오롯이 폭력적이고 무차별적인 공격의 생생한 장"으로 돌변한다.[12] 경찰은 진압봉을 무자비하게 휘둘러 "시위자와 구경꾼, 대학생과 시민 및 남녀를 가리지 않고 무작위로" 두들겨팼다.[13] 순식간에 100명 가까운 시위자와 구경꾼이 부상당한다.[14] 공격 직전에 경찰차 스피커에서는 시위대가 경찰 한 명을 칼로 살해했다는 방송이 흘러나왔다. 뒤에 오보로 판명된 이 스

피커 방송은 경찰의 야만적인 태도를 이해하는 데 '결정적 열쇠'로 이야기된다.[15]

저녁 8시 20분쯤, 비스마르크 거리에서 시위대와 구경꾼들이 거의 모조리 소탕되고 나자 시위대 다수가 쫓겨 도망쳐 간 크루메 스트라세에 경찰 물대포가 투입되었다. 거기서 경찰 체포조는 '여우'라고 명명한 이른바 '난동 주모자'를 잡으려고 했다. 이제 '여우사냥'이 시작되며 폭력적인 체포작전이 펼쳐진다.[16] 오네조르크도 경찰의 무자비한 진압을 피해 크루메 스트라세로 쫓겨 들어간다. 하지만 거기에는 더 가공할 만한 폭력이 기다리고 있었다. 크루메 스트라세 66번지의 주차장부지 입구에서 경찰이 시위자들을 에워싸고 곤봉으로 구타한다.

오네조르크도 이 상황에서 사복경찰 서너 명에게 집단으로 두들겨맞았다. 이 순간 총알 두 발이 발사되고 한 발은 오네조르크의 뒷머리를 그대로 맞힌다. 채 몇 미터도 되지 않은 곳에서 발사된 것이었다. 바로 근처에 있던 경찰이 곧바로 소리친다. "당신 미쳤군, 여기서 총을 쏘다니!" 총을 든 사람은 더듬거리며 말한다. "내가 쏘았어." 의식불명 상태로 모하비츠 병원으로 이송중이던 오네조르크는 머잖아 숨을 거둔다. 사인은 '두개골 함몰'이었다. 하지만 진짜 사망원인은 '후두부 총상'이라는 것이 이튿날 부검을 통해 확인된다. 총을 쏜 장본인은 경찰 칼 하인츠 쿠라스[17]로 밝혀졌다. 이날 처음으로 시위에 참가한 26세의 오네조르크는 5개월 전에 결혼했고 아내는 임신중이었다.[18]

이 '시위자의 죽음'은 서베를린을 중심으로 서서히 피어오르던 저항에 거센 분노의 불길을 당겼다. 특히 한 여학생이 쓰러진 오네조르크를 돌보는 사진이 불에 기름을 붓는 역할을 톡톡히 했다. 도움을 구하며 울부짖는 듯한 여학생의 얼굴은 당대 청년학생들의 심장에 불을 질렀다.[19] 이제 운동의 회오리는 베를린 담장을 넘어 서독 전역으로 들불처럼 번져갔다. 귄터 그라스가 "서독 최초의 정치적 암살"[20]이라고 칭한 이 죽음으로 68운동은 폭발과 확산의 거리로 질주했다. 이렇게 크루메 스트라세 66번지, 즉 비스마르크 거리에서 갈라지는 작은 길의 한 뜰에서 젊은 청춘의 꽃이 검붉게 지며 독일을 뒤흔든 역사가 시작되었던 것이다.

오페라 하우스 앞에서 총격 현장까지는 직선으로 200미터 남짓이다. 꿈에도 생각지 못한 사지(死地)로 가는 그 길을 오네조르크는 동료학생들과 함께 기마경찰을 앞세운 경찰부대의 위압적인 공격에 놀라 혼비백산하여 숨가쁘게 내달렸을 것이다. 하지만 그 현장 '크

사진 5_ 총격현장 앞에 있는 현판의 모습   **사진 6**_ 현판 오른쪽으로 사건현장인 차고가 보인다.

루메 스트라세 66번지'에는 사건 후 40년이 되도록 어떤 안내문이나 기념물도 존재했지 않았다. 그러다 2008년 12월 12일, 그 현장 앞에 독일어와 영어로 사건을 설명하는 현판이 들어섰다(사진 5, 6).

현판 개막식을 앞두고 당시 베를린 주정부 문화부차관인 안드레 슈미츠(André Schmitz)는 "자기 능력과 표현 및 행동으로는 공공의 기억 속에 각인될 기회가 없었던 한 대학생의 죽음을 추모하는 것"이라고 말했다.[21] 그렇게, 죽은 자는 말도 기회도 없었고 산 자는 오래도록 치열하지 못했거나 추모하지 못했다. 이렇게 물경 40년이 지나서야 죽은 자는 살해현장에서 추모의 기회를 얻었다. 그렇게 40년을 돌아온 추모현판은 이란국왕에 맞선 시위와 경찰의 과잉진압 과정에서 빚어진 당시 사건과 상황에 대해 이렇게 끝맺는다.

6월 2일은 학생운동의 전환점이 되었다. 경찰의 이런 행위와 황색저널의 비방보도와 지도적 정치인의 일방적인 입장과 총을 쏜 경찰의 무죄석방은 일부 학생층의 급진화 및 거세어진 폭력의 이유가 되었다.[22]

그렇다. 경찰이 시위학생을 사살할 수 있다는 사실은 국가와 공권력에 대한 신뢰를 거두어들이도록 학생들을 내몰아갔고, 일부 보수언론의 운동을 향한 무자비한 비방과 학생들에 대한 정치인들의 비난이 가해자의 무죄석방에 더해지면서 운동은 과격화의 길을 걸었던 측면이 분명히 있었다.

다시 오페라 하우스 앞 〈시위자의 죽음〉으로 돌아가 보자. 이 조형물의 내용은 기실 "오네조르크가 총에 맞았다"는 사실과 거리가 있다. 오히려 오네조르크의 사살로 이어지는 경찰의 폭력적 진압행위를 상징적으로 보여준다. 즉 한 예술가의 손을 빌려 그 죽음에 대한 당대 학생들의 분노가 매우 직설적인 화법의 폭력장면으로 재현되고 투영되었다고 볼 수 있다. 하지만 부조의 묘사는 결코 과장이 아니었다. 당시 사진을 보면 시위자의 숨통을 조르는 경찰폭력의 민낯이 적나라하게 드러나는 탓이다.[23]

사실 '오네조르크 부조'가 경찰에게 총격을 당하거나 총에 맞아 쓰러진 장면을 형상화하지 않은 점에서 오히려 중요한 지적을 하고 있는 셈이다. 이른바 '6월 2일 사건'의 핵심이 오네조르크의 죽음 자체에만 있지 않다는 것이다. 거꾸로 오네조르크의 죽음은 6월 2일 사건의 경과에서 어쩌면 당연한 흐름이나 귀결인지도 모른다는 것이다. 그리하여 사건의 핵심은 오네조르크의 죽음으로 이어진 과도하고 무자비한 '경찰폭력'이라는 것이다.

총기광인 쿠라스는 결코 위급상황에서 총을 발사하지 않았음이 세월이 지난 뒤 밝혀진다. 총격은 오히려 '처형'하듯 이루어졌다. 2012년 1월 연방검찰과 『슈피겔』 조사팀이 공동으로 폭로한 사실이다. 쿠라스는 그 주장과 달리 오네조르크를 지근거리에서 '사형집행'하듯 쏘았고 베를린 경찰 전체가 체계적으로 진실을 은폐했다는 것이다.[24] 하지만 그는 재판에서 두 번이나 '과실치사'로 석방되고 경찰직도 유지했다. 그 결과는 익히 알려진 대로다. 수많은 청년학생들은 분노로, 거리로, 바리케이드로 내달리고 내몰렸다. 한 발의 총성이 청년세대의 정치적 관점을 완전히 바꾸어놓았다.[25] 오네조르크를 겨냥한 그 총격은 동시에 수많은 청년학생들의 머리를 향해 날아갔던 것이다.

그리고 그 이후, 오네조르크 기억하기

오네조르크 추모는 이미 당대부터 시작되었다. 사건 며칠 후인 1967 년 6월 8일, 학생들이 오네조르크를 추모하기 위해 오페라 하우스 앞에 나무십자가를 세웠다. 물론 경찰이 곧장 치웠다. 6월 17일 밤에 는 루디 두치케를 필두로 한 독일사회주의학생연합(SDS) 소속 학생 들 몇몇이 1953년 동독 인민봉기[26]를 기념해 만든 베를린의 대로 '6 월 17일 거리'를 임시로 '6월 2일 거리'로 바꾸어 불렀다. 오네조르크 가 사망한 날부터 전국 각지에서 침묵시위와 추모식도 물론 꼬리를 물었다. 약 1만 명이 참가한 9일 고향 하노버의 오네조르크 장례식은 "의회외부저항운동(APO)의 탄생시점"으로 기록된다.[27] 그리고 죽은 지 23년이 되는 해에야 그 처참한 경찰폭력의 발원지인 오페라 하우 스 옆에 '오네조르크 부조'가 들어선다.

하지만 1990년 12월 15일 제막식이 열린 그 부조는 아무 논란 없 이 세워진 것이 아니었다. 우선 경찰의 반대가 심했다. 당시 베를린 경찰총장 게오르크 셰르츠(Georg Schertz)는 분개했다. 부조의 내용 이 "폭력경찰 이미지를 일반화하는" 탓에 "베를린의 경찰은 죄다 깊 은 상처를 입을 수밖에 없다"는 주장이었다. 베를린 샬로텐부르크 지구의 보수 기민당과 일부 주민들도 그 조형물의 설치에 거세게 반 대했다. 기민당 정치인 하인리히 룸머(Heinrich Lummer)가 조형물의 제막은 '파렴치한 행위'이고 '서독을 더럽히는' 일이라고 날을 세운 것과 비슷한 맥락이었다.[28] 하지만 대결과 공방전 속에 사민당과 녹 색당의 주도로 부조 설치는 결국 성취되었고,[29] 오페라 하우스 앞은 역사의 장소를 기억하고 추모하는 곳으로 탈바꿈한 것이다.

이듬해에는 '베노 오네조르크 극장'도 베를린에 건립되었다.

1992년부터는 희생자의 고향 하노버 이메 강(Ihme) 위에 '오네조르크 다리'가 놓인다. 5년 뒤 1997년 30주기에는 베를린공대에서 68운동의 전개와 영향을 회고하는 3일짜리 '오네조르크 회의'(Ohnesorg-Kongress)가 개최되어 기억과 추모의 자리가 마련되었다.[30] 2005년에는 작가 우베 팀(Uwe Timm)이 고등학교 친구인 오네조르크를 기리는 소설 『친구와 이방인』을 헌정하는가 하면,[31] 2007년 40주기에 맞춰 저널리스트 우베 조우쿠프(Uwe Soukup)는 각종 자료와 문서 및 증인을 동원해 오네조르크가 죽은, "모든 것을 바꾸어놓은 그날"을 생생히 그린 책을 펴낸다.[32]

같은 해 6월 2일 기념일에 열린 오네조르크 부조 헌화식에서 사민당의 샬로텐부르크 구청장 모니카 티멘(Monika Thiemen)이 "이란의 권위적인 정권에 맞선 시위대와 베를린 경찰이 벌인 격렬한 대결의 희생자인 대학생 베노 오네조르크를 기리자"고 한 말도 곱씹어볼 만하다. 오네조르크의 죽음은 "권위적으로 비친 국가와 화석화된 사회에 맞서 출범한 학생운동의 상징이자 시그널"이 되었고, 그 결과 독일에서 "심원한 사회개혁이 이루어진" 때문이다.[33] 이 헌사는 사건의 핵심인 경찰폭력에 별다른 강조점을 두지는 않지만 68운동을 통해 '철저한 사회개혁'이 가능했다는 관점을 대변한다. 또한 흥미롭게도 이 40주기 추모식에서 베를린 경찰이 처음으로 오네조르크 부조에 헌화했다. 그러자 68운동의 주요 인물에 속하는 틸만 피히터(Tilmann Fichter)는 이 제스처가 "경찰 민주화를 위한 전조"가 되기를 희망했다.[34]

하지만 오네조르크를 기리는 역사의 이면에서는 여전히 갈등과 대결도 이어졌다. 가령 40주기를 전후해 오네조르크 추모비가 있는

샬로텐부르크 구의회가 두 번이나 다수결로 독일오페라 하우스 지
하철역 북쪽 입구의 이름 없는 광장, 즉 비스마르크 거리와 크루메
거리가 만나는 모퉁이를 '베노 오네조르크 광장'으로 개칭할 것을
구청당국에 요구했지만 해당 부지가 독일오페라의 사유지라는 이유
로 기민당 및 독일오페라재단은 거부를 되뇌었다.[35] 이는 기념물을
통한 역사화의 현장도 여전히 일종의 정치적 입장에 따른 '대립과
논쟁의 격전지'임을 여실히 보여준다. 결국 오네조르크의 이름을 거
부한 그 광장은 독일오페라 총감독을 지낸 인물의 이름을 따서 2008
년 6월 14일부터 '괴츠 프리드리히 광장'(Götz-Friedrich-Platz)으로 명
명되었다.[36] 독일오페라 감독을 20년간 지낸 사람의 이름을 오페라
하우스 옆 광장에 입히는 일이야 이상할 리 만무하다. 하지만 그곳
이 독일 현대사의 분수령으로 작용한 격정의 역사를 간직한 장소라
면 그 희생자의 넋을 기리는 이름을 바치는 일이 더 낫지 않은지 기
민당과 독일오페라 쪽은 묻지 않았음이다.

　결국 68운동 자체가 그렇듯 오네조르크 추모라는 유산을 둘러
싼 대결도 여전한 지속형의 과정이다. 2009년 6월 2일 오네조르크 42
주기에는 오페라 하우스 옆 추모부조 앞에서 논란성 행사가 치러졌
다. '공산당과 동독 독재 희생자단체들'이 추모헌화를 계기로 부조에
하얀 천을 덮어씌우는 퍼포먼스를 결행한다. 이를 주도한 행위예술
가는 "오네조르크의 죽음을 자기 방식의 역사적 고찰과 해석을 위
해 이용하는 68세대의 오욕"을 상징적으로 보여주려 했다고 말한다.
즉 그 죽음을 "정치적으로 오용하려는 목적"에서 해방시키고 "새롭
고 진정한 추모를 가능케 하기 위해서"라고 역설한다.[37]

　이런 주장은 이른바 68세대가 오네조르크의 죽음을 정치적 목

적으로 이용한다는 말로, 68운동을 놓고 벌이는 해석투쟁의 전선이
걸쳐진 지점을 보여준다. 이들 단체는 68운동이 동독의 조종이나 영
향력의 결과라는 일각의 주장에 단단히 믿음의 고삐를 틀어쥐고 있
음이다. 그리하여 그 추모조형물 받침대에 새겨진 문구 "오네조르크
를 쏜 경찰" 앞에 "동독 슈타지의 끄나풀"이라는 말을 써넣어야 한
다는 주장으로 이어진다.[38]

　이렇게 추모조형물을 둘러싼 평가와 대립의 공방도 여전히 현재
진행형이다. 오네조르크가 경찰의 폭력 끝에 사지로 내몰린 20여 년
이 지나서 논란 속에 부조가 설치되고 40년이 지나 현장에 현판이
세워진 것은 어찌 보면 그나마 역사의 순리라고 할 만하나, 그렇게
힘겹게 그 사건이 추모비라는 공공의 형태로 재현된 과정 자체가 68
운동을 둘러싼 이른바 '공공역사'(public history, öffentliche Geschichte)
의 현주소이다. 임신한 아내를 두고 꽃다운 나이에 세상을 떠난 오
네조르크의 죽음을 더 큰 '공공역사의 광장'으로 이끌어야 한다고
주장하는 쪽과, 폭력의 역사로 덧칠된 그 사건의 부각을 난처해하
는 쪽이 존재하는 한 다시금 전선이 세워지고 공방전이 벌어질 공산
이 크다. 오네조르크의 죽음과 추모를 둘러싼 어떤 '공공역사적 대
결'이 벌어질지는 물론 열려 있지만, 그 자체가 새로운 공공역사 쓰
기의 소재이자 내용으로 기능할 것은 분명하다.

　그럼, 끝으로 대학생 베노 오네조르크의 죽음을 포착하고 형상
화한 기념물을 통해 68의 공공역사의 가능성을 진단해 보자. 68운
동의 폭발에 직접적인 도화선으로 작용한 사건을 다룬 조형물은 이
미 그 자체로서 문자의 힘을 넘어서는 강력한 공공역사의 기록이 되
었다. 이런 점에서 오네조르크 사건이 공공역사의 영역에서 서술되

고 재현되는 맥락을 살피는 작업은 68운동의 공공역사로 가는 시간 여행의 출발점으로서 의미가 있다.

공공역사는 다양한 역사적 사건이나 쟁점의 서술 및 재현이 역사가만의 일이 아니라는 생각과 결합된다. 그래서 "대학 같은 전문적인 학문 기관이나 단체 및 학술지 외부에서 이루어진 역사의 서술과 재현 활동을 아우르는 폭넓은 스펙트럼"으로 이해할 수 있다.[39] 사실 공공역사는 역사가들의 인식지평과 무관하게 이미 존재했고 지금도 다채로운 방식으로 작업이 진행되고 있다. 저널리스트와 작가와 증인, TV나 라디오 및 영화를 넘어 기념물과 박물관까지 역사의 재현이나 평가에 참여해 왔고 여전히 나름의 목소리와 관점으로 공공역사를 만들어가고 있는 중이다.[40] 따라서 공공역사는 역사책 밖에서 그려졌지만 대중을 상대로 매우 강한 역사적 흡입력을 자랑한다. '공공역사의 지도'가 무엇보다도 사람들의 삶이나 문화생활과 밀접한 공간이나 형태와 결합해 재현되어 왔고 지금도 늘 그러한 탓이다.

그런 점에서 68운동은 사실 공공역사 쓰기의 역동적 무대이자 여전히 진행중인 '활화산의 영역'이다. 이미 각종 전시회와 기념물이 68운동이라는 과거를 공공역사의 대상으로 불러내고 있음이다. 게다가 68운동은 공공역사 서술과 재현의 주요 주체인 매스미디어의 단골메뉴로 일찌감치 자리잡아 왔다. 언론과 방송은 당대에 벌써 증인이자 보고자의 위치에서 68운동을 동시대적으로 기록하고 이후에도 수없이 68운동의 공공역사적 서술과 재현의 주체를 자처했다. 특히 10년 단위의 기념해마다 68운동은 이른바 '논스톱 쇼'처럼 언론방송에서 홍수를 이루었다.[41] 68운동과 관련된 각종 전시회 역시

대도시를 넘어 중소도시에서도 기획되고 성황리에 개최되는 실정이다.[42]

이렇게 '68운동의 공공역사'는 글자 그대로의 의미에서 일찍이 공공성을 획득하고 강력한 역사서술로 자리잡고 있는 것이다. 이런 과정에 대학이나 전문 학술기관 안팎의 주체들이 다양한 형태로 결합하고 있으니 역사학자들도 68운동의 공공역사의 서술과 재현에 이미 참가하고 있는 현실이라고 할 만하다.

하지만 68운동에 대한 공공역사 서술이나 재현 자체를 대상으로 삼은 연구는 독일에서도 아직 일천하다. 물론 68운동 당대나 이후에 각종 언론이 보도하고 서술한 다채로운 기사와 특집은 그 자체가 역사적 자료로서 전문 연구자들에게 흔히 인용되고 이용되어 왔다. 그러나 68운동의 공공역사 서술이라고 할, 신문이나 잡지 혹은 방송이 그 운동을 기록하고 보도한 방식과 의미에 대한 전문적인 연구는 의외로 드문 실정이다.[43] 이런 상황은 당대에 대한 기록이자 증언인 언론이나 방송 영역을 넘어서면 더 심각해진다. 공공역사 쓰기의 또 다른 중요한 부문인 기념물이나 박물관 및 영화 등이 68운동과 관련해 시도해 온 역사 서술과 재현 자체에 대한 연구는 좀체 찾아보기 어렵다. 즉 역사가들이 기념물이나 박물관의 68운동 관련 전시나 기획 및 영화 작업 등에 다양한 형태로 참가하며 공공역사 쓰기에 관여해 온 데 반해, 그러한 역사쓰기 자체를 아직 제대로 연구 대상으로 삼지는 못하고 있다는 말이다.

그럼에도 68운동은 공공역사의 가능성이 무엇보다 풍부한 공간이다. 그 소재 자체가 대중적인 관심을 끌고 있음은 물론이려니와, 각종 전시회나 기념물로 형상화되는 68의 '공공적 형태' 자체가 공공역사의 대상이게 마련인 때문이다. 가령 2008년 68운동 40주년 기념의 해에 세워진 루디 두치케 스트라세(Ridi-Dutschke-Straße)는 그 거리이름이 만들어지는 전과정 자체가 중요한 공공역사의 현장이었다. 찬반이 오가고, 논쟁과 소송이 벌어지고, 결국 주민투표로 독일 68의 아이콘인 루디 두치케가 거리이름으로 정해진 것이다. 게다가 그 거리명은 생전에 두치케의 숙적이던 인물의 이름을 딴 악셀 슈프링어 스트라세(Axel-Springer-Straße)와 만나면서, 과거의 원수가 죽음 이후 거리이름으로써 조우하는 진풍경을 연출하기도 했다.

———

공공역사가 "과거에 대한 공공의 의식과 접근성의 확대에 그 의의가 있다"[44]고 할 때 인구이동이 빈번한 지하철역 입구에 선 오네조르크 부조는 공공역사 본연의 역할을 제대로 하고 있는 셈이다. 하지만 추모 부조는 제작 후 20년 가까운 세월을 돌아 1990년 말부터 그 역사의 현장에 자리잡았다. 보수진영의 반대 속에 논란이 있었지만 마침내 베를린은 그 조형물을 자신의 역사로 받아들였다. 현실이 초래한 과거의 비극을 다시금 반추해야 할 공공역사로 받아들이는 데 일정한 시간이 필요한지도 모른다. 원래의 역사 자체에 대한 공방이 치열할수록 공공역사 쓰기의 장도 열띤 논쟁과 찬반의 격론지로 변모하는 탓이다. 학계만큼이나, 아니 어쩌면 그보다 더 '열전'이 벌어지고 치열한 '해석투쟁'이 펼쳐지는 곳이 다름 아닌 68운동 공공역사의 장인 것이다.

'오네조르크 광장'을 위한 노력은 유의미한 '공공역사의 현장'으로 아직 탈바꿈하지 못했다. 독일오페라와 기민당은 결국 그 이름에 등을 돌리고 독일오페라 감독 출신의 인물에 광장을 바쳤다. 오네조르크는 여전히 밝은 광장에 나서지 못하고 광장 옆 길가에 웅크린 채 어두운 빛깔의 부조로 서 있다. 오네조르크의 이름을 광장으로 돌려보내는 일은 남은 자들의 숙제이거나, 공공역사의 새로운 도전을 요구하는 미래형의 이슈인지도 모른다.

　오네조르크 부조는 희생자 개인의 추모비를 넘어 경찰폭력을 신랄히 꾸짖는 준엄한 비판의 목소리이자 68운동에 대한 공공역사화의 가장 직접적이고 선명한 사례라고 볼 수 있다. 역사의 아이러니로 평화를 노래하는 독일오페라 옆에서 폭력의 역사를 재현하는 그 부조는 추모를 넘어, 공권력이 민주적 의사표현 방식인 시위에 맞서 질서회복의 이름으로 언제든 행할 수 있는 '참혹한 폭력'에 대한 경고로 자리매김 되고 있는 것이다.

　나아가 오네조르크 추모비는 21세기 지금 유럽의 일상을 광포하게 휘젓고 있는 폭력과 테러의 공포 속에서 '역사의 폭력'을 비판적으로 재현하고 서술함으로써 큰 울림을 준다. '역사의 기억'에서 배움을 건져내지 못할 시 작금의 조건을 감안하면 더 거대한 '폭력의 역사'가 그려질 가능성이 충분하다고 다시금 준엄하게 경고하고 있는 탓이다. '역사의 진실'로 다가서는 길도 '역사의 경고'를 귀담아 듣는 그곳에서 시작되지 않을까.

1) Beier, Brigitte, Beatrix Gehlhoff, and Ernst Christian Schütt 2016, pp. 192~95.

2) 국내에서는 독일식으로 발음한 '흐르들리카'라고 불리지만 체코식 이름이라 '흐르들리츠카'가 맞다고 한다. 그는 1970~80년대 베를린과 함부르크 등의 예술대학에서 조각전공 교수로 일한 뒤 1989년부터 빈대학에서 가르치다 2009년 12월 5일 사망했다.

3) Schütt, Hans-Dieter 2008.

4) Schubert, Dietrich 2007, p. 62.

5) Rott, Wilfred 2009, p. 229.

6) 베를린자유대학의 학생운동에 대해서는 윤용선(2015, 115~43쪽) 참조.

7) 비상사태법 반대 캠페인에 대한 상세한 내용은 Spernol, Boris(2008); Schneider, Michael(1986) 참조.

8) 앞서 보았듯 베트남전 반대의 물결은 1968년 2월 베를린공대 대강당에서 전세계 베트남전 반대의 목소리를 결집하기 위한 '국제베트남회의'가 개최되며 절정에 이른다. 냉전도시 베를린은 각국 베트남전 반대의 흐름이 일순간 하나의 거대한 물결로 모아진 국제적 상징도시가 된다.

9) Derix, Simone 2009, pp. 288~316, 여기서는 pp. 294ff 참조.

10) Lönnendonker, Siegward, Tilman Fichter, and Jochen Staadt eds. 1983, pp. 7f; Beier, Brigitte, Beatrix Gehlhoff, and Ernst Christian Schütt 2016, p. 193; Soukup, Uwe 2007, pp. 15, 24.

11) Lönnendonker, Siegward, Tilman Fichter, and Jochen Staadt eds. 1967, pp. 17f.

12) Rott, Wilfred 2009, p. 239.

13) "Knüppel frei," Der Spiegel 25/1967. 12. 6, pp. 41~46, 여기서는 p. 43.

14) Lönnendonker, Siegward, Tilman Fichter, and Jochen Staadt eds. 1967, p. 10.

15) Soukup, Uwe 2010, pp. 23~59, 여기서는 pp. 33f.

16) Hermann, Kai 1967, p. 11; Kraft, Sandra 2010, p. 229.

17) 쿠라스가 오네조르크를 총격할 당시 동독 비밀경찰 슈타지의 끄나풀로 활동한 사실이 2009년에 밝혀지면서 독일이 발칵 뒤집혔다. 보수진영은 서독을 뒤흔든 저항의 출발점인 오네조르크 사망이 동독 꼭두각시의 행위로 촉발되었으니 "68운동의 역사는 다시 써야 한다"고 목소리를 높였고, 반대진영에서는 쿠라스의 오네조르크 총격이 동독의 지령에 따른 것이라는 증거가 전혀 없을 뿐더러 총격은 '사격광' 쿠라스의 돌발적 단독행위였다고 대응했다. 구체적인 논의는 이 책 제4부 2장 참조.

18) Lönnendonker, Siegward, Tilman Fichter, and Jochen Staadt eds. 1983, p. 10; Kraft, Sandra 2010, pp. 229~32; Möller, Harald 2014, pp. 239ff.

19) 독일 68운동의 폭발을 상징하는 결정체로 기능한 이 사진은 별도의 지면에서 독자적으로 다룰 것이다.

20) Wolfrum, Edgar 2007, p. 262. 사회학자 니클라스 루만에 따르면, 이 총격이 "대학생들을 사회 밖으로 밀쳐냈다"(Luhmann, Niklas 1992, p. 148).

21) "Gedenktafel für Benno Ohnesorg enthüllt," *Der Tagesspiegel* 2008. 12. 12, http://www.tagesspiegel.de/berlin/studentenrevolte-gedenktafel-fuer-benno-ohnesorg-enthuellt/1395478.html

22) "Gedenktafeln für Benno Ohnesorg," Berlin.de, http://www.berlin.de/ba-charlottenburg-wilmersdorf/ueber-den-bezirk/geschichte/geden ktafeln/artikel.125700.php.

23) Dannenbaum, Uwe 2015, pp. 14f.

24) "Aus kurzer Distanz," *Der Spiegel* 4/2012. 1. 23, pp. 36~45, 여기서는 p. 42.

25) 구체적인 관련 내용은 이 책 제4부 2장 참조.

26) 1953년 동독봉기에 대해서는 Wolle, Stefan(2014, pp. 90~95); Ciesla, Burghard(2014, pp. 96, 97) 참조.

27) Hildebrand, Klaus 1984, p. 381.

28) Apin, Nina 2007.

29) 작품을 만든 흐르들리츠카는 보수를 따로 받지 않았고 부조 제작과 설치 비용 10만 마르크는 시정부와 샬로텐부르크 구청이 떠맡았다("15. Dezember 1990. Ein Relief vor der Deutschen Oper," *Der Tagesspiegel* 2010. 12. 14, http://www.tagesspiegel.de/berlin/berliner-chronik-15-dezember-1990-ein-relief-vor-der-deutschen-oper/3623068.html)

30) "Benno Ohnesorg," *Wikipedia*, https://de.wikipedia.org/wiki/Benno_Ohnesorg 참조.

31) Timm, Uwe 2005.

32) Soukup, Uwe 2007.

33) "Kranzniederlegung am 2. Juni für Benno Ohnesorg," Berlin.de, https://www.berlin.de/ba-charlottenburg-wilmersdorf/aktuelles/pressemitteilungen/2007/ pressemitteilung.193004.php.

34) "Polizeipräsident legt Kranz für Ohnesorg nieder," *Süddeutsche Zeitung* 2010. 5. 10, http://www.sueddeutsche.de/politik/spaetes-bedauern-in-berlin-polizeipraesident -legt-kranz-fuer-ohnesorg-nieder-1.427836.

35) "Krach um Ohnesorg," *taz* 2007. 6. 4, http://www.taz.de/1/archiv/?dig=2007/06/04/a0209.

36) "Götz-Friedrich-Platz," berlin.de, https://www.berlin.de/ba-charlottenburg-wilmersdorf/ueber-den-bezirk/freiflaechen/plaetze/artikel.156688.php.

37) "Scham der Generationen: Ohnesorg-Denkmal verhüllt," *Vereinigung 17. Juni
1953 e.V.*, https://17juni1953.wordpress.com/2010/09/08/scham-der-genera-
tionen-ohnesorg-denkmal-verhullt/ .

38) 같은 곳. 주 24도 참조. "68운동은 동독 공산당과 슈타지가 조종·조장한 것"이
라는 주장은 독일 주류 역사학계에서 통상 받아들여지지 않는다.

39) 공공역사 전반에 대해서는 독일사학회의 연재기획 '독일 공공역사 포럼' 제
안 논문인 이동기(2016, 119~42쪽) 참조. 공공역사를 다룬 해외의 최근 연구로
는 Cauvin, Thomas(2016); Sayer, Faye(2015); Kean, Hilda and Paul Martin eds.
(2013); Bösch, Frank and Constantin Goschler(2009) 참조.

40) Bösch, Frank and Constantin Goschler(2009, pp. 7~9)는 독일 현대사나 나치역
사와 관련해 유사한 설명을 하고 있다. 이동기 2016, 124쪽도 참조.

41) 언론방송에서의 68관련 보도와 편성물은 일일이 언급할 수 없을 정도로 방대
하다(Gilcher-Holtey, Ingrid 2003, pp. 58-73, 여기서는 p. 69 참조).

42) 68운동과 관련된 다양한 전시회가 40주년 기념해인 2008년을 전후해서 열렸
고 그 결과물이 책으로도 묶여 나왔다. 대표적으로 Schwab, Andreas, Beate
Schappach and Manuel Gogos eds. 2008; Grönert, Alexander ed. 2008; Kellein,
Thomas ed. 2009 등이다.

43) 비록 '공공역사'라는 개념을 중심에 두지는 않지만 예외적인 성취로는 68운
동과 결부해 엔첸스베르거와 잡지 『쿠어스부흐』(*Kursbuch*)의 역할을 다룬 연
구 및 60년대 TV보도와 68운동을 연결한 연구서가 있다(Marmulla, Henning
2011; Vogel, Meike 2010). 하지만 일간지는 고사하고 대표적인 주간지 『슈피겔』
이나 『차이트』와 68운동의 관계에 대한 전문적이고 본격적인 역사연구도 아직
없다. 이러한 '언론의 68운동 역사쓰기'는 공공역사의 주요한 분야로 차후 많
은 연구가 기대되고 필요할 것으로 보인다.

44) 이동기 2016, 135쪽.

제4부

68, 그 이후의 배경과 논쟁

뉴 라이트에서 68논쟁으로

"논쟁은 희망을 의미한다!"

오늘날 유럽을 뒤흔드는 난민위기는 포퓰리즘 극우정당의 발호와 연결된다. 나치 교훈 이후 극우세력이 거의 힘을 얻지 못한 독일도 뉴 라이트 성향의 정당 독일대안당(AfD)이 2017년 연방의회에 성공적으로 입성하며 정가에 소용돌이를 일으키고 있다. AfD 성공의 배후에는 '우파의 문화혁명'을 주창한 뉴 라이트가 존재한다. 독일 뉴 라이트의 과거와 현재를 살피는 일은 지금 독일을 비롯한 유럽을 휩쓰는 친극우정당의 정체와 의미를 파악하는 데 유효한 작업이다. 나아가 뉴 라이트가 천명한 우파쇄신 노력은 68논쟁의 배경을 이룬다. 뉴 라이트는 68 뉴 레프트에서 배우기를 마다하지 않되, 뉴 레프트 68과 68세대의 주요한 비판자이자 적대자였던 탓이다.

이런 뉴 라이트의 역사를 전경으로 68논쟁이 펼쳐진다. 이 논쟁의 쟁점 중 하나가 뉴 라이트와 불가피하게 결부되는 '나치와 68의 연결문제'이기도 하다. 뉴 라이트의 역사를 먼저 살피고 68의 비판과 반비판 논쟁으로 나아간다.

제1장

독일 뉴 라이트의 어제와 오늘

지금 유럽은 심각한 위기상황에 놓여 있다. 이 '문명'의 대륙을 떠받치고 있는 지축을 뒤흔드는 위기의 쌍두마차는 백주의 테러리즘과 난민의 물결이다. 유럽문화의 심장 파리가 피 흘리고 신음하자 유럽연합의 수도 브뤼셀도 선혈 낭자한 테러의 도시에 이름을 올렸다. 장구한 세월 서구문명의 확고한 거점이던 유럽대륙의 메트로폴리스들은 오늘날 테러의 위협이 상존하는 불안의 도시가 되었다. 그곳에서는 누구도 안전을 장담하지 못한다. '테러의 공포'라는 살아 움직이는 유령이 유럽을 배회하고 있다.

시리아 사태로 절정에 이른 '난민위기'도 유럽위기의 진원지다. 더 나은 땅으로 끝없이 밀려드는 난민의 쓰나미는 이 계몽의 대륙에서 인종주의라는 괴물의 대두가 임박했음을 알리는 신호탄이 되고 있다. 몇몇 국가에서 불어오던 극우정당의 회오리바람은 시리아내전의 파도를 타고 폭풍우로 급속히 확장되었다. 유럽의회에서 각국의 유사 극우정당이 네트워크를 결성해 '또 다른' 유럽연합의 꿈을 키우고, 유럽인들은 안전한 터전이 불안의 아수라장으로 돌변할지도 모른다는 두려움 속에 이 '피리 부는 사나이들'의 목소리에 귀기울이고 있다. '난민의 공포'라는 유령이 지금 유럽을 배회하고 있다.

시리아 난민사태로 불어닥친 유럽위기의 여파는 2016년 당시 독일 정가에도 태풍처럼 몰아쳤다. 그해 3월 지방선거의 뚜껑이 열리자 독일 사회와 정치권은 경악을 금치 못했다. 이른바 뉴 라이트

(Neue Rechte) 정당이라 할 독일대안당(AfD)이 3개 주 모두에서 선풍을 일으키며, 난민수용 정책이라는 함선을 진두지휘한 메르켈 총리와 집권 기민당에 치명타를 가한 것이다. AfD는 2017년 연방의회 선거를 겨냥한 여론조사에서도 이미 10%를 훌쩍 뛰어넘는 고공행진을 이어갔다. 난민위기가 독일에서 뉴 라이트 정당을 삽시간에 정치권의 핵으로 부상시켰다. 2013년에 "유로화 반대"를 외치며 창당한 AfD는 이제 "난민 반대"를 기치로 내걸고 2017년 기민당과 사민당의 뒤를 이어 결국 독일 내 일약 3당의 위치로 올라서고 말았다.

독일에서 난민문제는 이미 전사회적인 문제로 비화되었다. 2015년 독일이 받아들인 난민은 100만 명에 이르고 극우파의 난민수용소와 경찰 공격은 2016년 10월 기준으로 500건을 넘어섰다. 시리아내전의 장기화로 물밀듯이 밀려드는 난민행렬에 여론은 급격히 소용돌이치고 반(反)난민 정서도 고조되는 실정이었다. AfD의 돌풍은 이런 상황이 만들어낸 결과물인 측면이 강하다. 당의 공식 슬로건인 "난민 반대"가 난민의 홍수 속에 커져가는 시민의 불안과 두려움을 등에 업고 날개를 단 듯하다. 결국 작금의 독일사회의 격동과 정계 지각변동의 한복판에 뉴 라이트 정당이 자리하고 있음이다. 이런 점에서도 독일 뉴 라이트의 어제와 오늘을 짚어보는 일은 독일사회의 미래를 내다보는 측면에서뿐 아니라, 심각한 사회 양극화로 외국인 혐오를 앞세운 극우세력의 등장이 강 건너 불구경이 아닌 우리 사회에도 타산지석이 될 것이다.

유럽의 다른 나라와 마찬가지로 독일에서도 뉴 라이트는 다양한 스펙트럼을 드러내며 극우파와 혼재되어 있다. 2014년 타계한 독일 사학계의 거목 한스 울리히 벨러는 독일 뉴 라이트의 중점 전략으로, 통일된 독일이 유럽에서 헤게모니를 잡기 위한 노력 그리고 터부시된 독일 민족주의의 봉인을 풀기 위한 노력 두 가지를 꼽았다.[1] 벨러의 기준에 따르면 뉴 라이트의 스펙트럼은 상당히 넓다. 극우파부터 보수적인 진영의 일부까지 포괄하기 때문이다. 이런 점이 독일 뉴 라이트의 개념 규정을 어렵게 하는 대목이기도 하다.

연구자들의 설명도 제각각이다. 가령 아르민 팔 트라욱베어(Armin Pfahl-Traughber)는 민주적 헌정국가의 근본 원칙에 맞서는 민주주의의 적대자라는 이유로 뉴 라이트를 '극우주의의 한 유형'으로 정의한다.[2] 토마스 파이퍼(Thomas Pfeiffer) 역시 극우로 분류하지만, 극우주의 아방가르드이면서도 극우 테마와 사상을 보수진영과 중도 세력으로 전달하는 '교량 역할'을 강조한다.[3]

하지만 볼프강 게센하르터(Wolfgang Gessenharter)는 뉴 라이트를 "극우와 보수 사이의 연결점"이라고 기술하면서도 극우파(Rechtsextremismus)가 아닌 '급진'우파(Rechtsradikalismus)라고 규정한다. 근본적으로 헌정질서를 비판하지만 민주주의 질서의 전복에 매진한다는 사실을 입증할 수 없기 때문이라는 것이다.[4] 롤란트 에케르트(Roland Eckert)도 '급진우파'라는 말을 선호하며, 인권의 보편적인 가치를 분명히 의문시하지만 헌정질서에 대한 공격은 아니기 때문이라는 이유를 든다.[5] 그런가 하면 슈테벤 하임리히(Steven Heimlich)는 뉴 라이트가 결코 새로운 현상이 아니라 전통적인 극우의 특성과 연관 있다고 지적하며, "극우주의의 이데올로기적 변종"이라고 정의한다.[6]

이런 다양한 규정에도 불구하고 뉴 라이트로 묶을 만한 공통점은 있다. 우선, 뉴 라이트는 집단주의를 강조하고 보편적 인권을 부정하기에 다원주의를 거부하며 국가와 사회는 동질적이어야 한다고 주장한다. 이는 권위주의적인 법과 질서 및 국가의 옹호로 이어지고 현재와 같은 형태의 유럽연합과 다문화사회에 반대한다. 또한 담론을 지배하기 위해 문화적 헤게모니를 장악하려 하며, 더 많은 영향력을 노려 극우진영과 민주세력 사이의 경계 허물기에 몰두한다. 무엇보다 '민족적 사회질서'를 최우선으로 여기며 민족보존을 위해 가정의 가치를 높이 사고 여성을 전통적인 위치로 복귀시키자고 요구한다. 게다가 대중이 아니라 지식인과 엘리트를 중심에 놓고, 사회복지국가를 지양(止揚)하며 업적과 성과를 중시하는 사회를 지향한다. 요컨대 뉴 라이트는 자유주의와 개인주의에 반대해 개인의 가치를 집단의 일부로만 한정하고, 통상 반민주적이고 인종주의적인 성향을 띤다.[7]

　이러한 특징을 가진 뉴 라이트는 뉴 레프트(신좌파) 68운동의 대척점에서 자기정체성을 가다듬고, 나치 과거를 떠올리게 하는 올드 라이트(alte Rechte)와의 거리두기에서 출발한다. 하지만 독일 뉴 라이트가 올드 라이트와 동떨어진 존재는 아니다. 이에 먼저, 뉴 라이트의 사상적 배경이라 할 바이마르 시기 보수혁명론을 간략하게 검토한 다음 60년대 중·후반 올드 라이트 독일민족민주당(NPD)의 성공과 실패가 어떻게 뉴 라이트의 등장 배경으로 작용하는지 살펴본다. 그리고 뉴 라이트가 68운동의 영향을 받으며 탄생하는 지점에서 시작해 이후 세기 전환기까지 조직적 및 사상적으로 분화·전개되는 양상을 그려본다. 끝으로, 21세기 들어 뉴 라이트의 잠재력이 폭발하는 과정과 지금의 독일대안당(AfD)이 뉴 라이트와 어떤 관련이 있는지를 검토하고, 독일역사에서 유례없는 이 정당의 성공시대가 뜻하는 의미와 향배도 질문해 볼 것이다.

뉴 라이트의 사상적 배경

독일 뉴 라이트의 등장 배경에서 바이마르 '보수혁명론'[8]의 사상적 영향력을 간과하기란 어렵다. 비록 일 대 일 대응관계는 아니지만 보수혁명론의 전통이 뉴 라이트의 세계관에서 핵심적 역할을 하는 탓이다.[9]

보수혁명사상의 대변자로는 인권과 자유주의, 마르크스주의와 의회민주주의를 거부한 여러 인물이 거론된다. 즉 아르투르 묄러 판 덴 부르크(Arthur Möller van den Bruck)와 에른스트 윙어(Ernst Jünger), 에드가르 율리우스 융(Edgar Julius Jung), 에른스트 폰 잘로몬(Ernst von Salomon), 오스발트 슈펭글러(Oswald Spengler), 오트마르 슈판(Othmar Spann), 칼 슈미트(Carl Schmitt), 칼 오토 페텔(Karl Otto Paetel), 에른스트 니키슈(Ernst Niekisch), 게오르크 프리드리히(Georg Friedrich) 같은 인물이 꼽힌다.

이들의 입장이 통일적이지는 않아도 서구문명에 대한 독일의 '특수한 길'과 '권위적인 국가모델'을 지향하는 공통점이 있다. 바이마르 시기 대표적 극우 지식인으로 나중에 나치에게 죽임을 당하는 에드가르 융은 보수혁명의 핵심으로 모든 '진정한 질서'의 수립에 필수적인 '근본적 법칙과 가치'에 주목하고, 평등 대신 '영도자'와 '민족공동체 권리'를 중시했다.[10] 보수혁명론자는 대체로 활동적인 국가사회주의자가 아니었을 뿐더러 나치와 거리를 두거나 1933년 이후로 박해를 받기도 했던 반면, 나치국가를 긍정하고 지지한 측도 물론 있었다. 따라서 나치와 이들의 관계가 논란거리이긴 하지만, 민족과 엘리트 및 권위적 국가를 강조한 점에서 히틀러 국가사회주의의 등장에 사상적 자양분으로 작용한 역할은 부정하기 어렵다.

보수혁명론자는 크게 '민족혁명파'와 '청년보수파'로 나뉜다. 청년보수파 사상가로는 판 덴 부르크와 에드가르 융, 오스발트 슈펭글러, 오트마르 슈판, 칼 슈미트를 언급할 수 있고, 민족혁명파로는 에른스트 폰 잘로몬과 칼 오토 페텔, 에른스트 니키슈, 게오르크 프리드리히, 에른스트 윙어가 있다.[11]

이 두 경향은 차이점이 있는바 청년보수파에는 국가가, 민족혁명파는 민족이 중심이다. 또한 민족혁명파는 기존의 좌·우파라는 정치적 구분을 해소하기 위한 노력이나 사회혁명적 슬로건 및 철저한 자본주의 거부가 특징이다. 따라서 민족혁명파에서는 혁명적인 요소가 근본적으로 중요한 데 반해 청년보수파는 별로 그렇지 않았다. 이에 후자는 보수혁명 그룹 중 상대적으로 보수주의에 가까운 성향으로 지금의 뉴 라이트와 더 유사성이 많다고도 지적된다.[12]

이러한 차이에도 불구하고 전체 보수혁명론자를 연결하는 공통분모는 '민주주의 혐오'와 '엘리트주의 추종' 및 '민족공동체의 우상화'라고 할 만하고,[13] 이런 특징은 분명히 역사의 나치정권뿐만 아니라 오늘날의 뉴 라이트에도 면면히 이어지고 있다. 뉴 라이트 분파의 특징에서 드러나듯, 뉴 라이트의 사상적 내용은 보수혁명론에 뿌리가 닿아 있다. 게다가 뉴 라이트의 주요한 두 분파가 보수혁명론의 청년보수파 및 민족혁명파와 같은 명칭으로 불린 점도 우연으로 보기 어렵다.

뉴 라이트의 탄생과 분화

바이마르 시기 사상을 이어받은 뉴 라이트의 조직적인 태동은 전후(戰後) 극우진영의 집결지 역할을 한 독일민족민주당(NPD)의 성공과

실패라는 자장 안에서 이루어진다. 서독 출범과 더불어 이합집산을
거듭하던 극우 정당과 조직들은 1964년 NPD 결성으로 중대한 전환
점을 맞이한다. 비록 우파진영의 통일까지는 아니라 해도 극우 사회
주의제국당(SRP)의 금지 이후 사분오열된 많은 분파들의 울타리 역
할을 하는 '조직적 무게중심'이 비로소 등장한 셈이었다. NPD는 보
수를 표방했지만 나치 유산을 다분히 이어받은 극우정당이 분명했
다.[14] NPD의 등장은 뉴 라이트의 출발이자 올드 라이트 종언의 시작
을 알리는 일이었다. NPD 안팎에서 뉴 라이트 성향의 제분파가 활
동하기 시작했기 때문이다. 이후 당이 1969년 연방의회 진입에 실패
하자 간부들의 내부분열이 심각하게 일어나고 '뉴' 라이트를 자칭하
는 젊은 세력이 '올드' 라이트를 압박하며 새로운 행보와 구별 짓기
를 본격적으로 시도했다.[15]

60년대 후반 NPD의 성공과 실패의 경험이 뉴 라이트 탄생의 배
경조건이듯, 이론적 모색이자 조직적 형태로서 뉴 라이트는 이미 60
년대 중·후반에 형성되고 있었다. 또한 이 시기는 뉴 레프트의 68운
동도 활발하게 진행되는 때인바, 뉴 라이트는 뉴 레프트라는 새로운
좌파운동에서 중대한 영향을 받는다.

사실 뉴 라이트라는 개념은 60년대 후반 '청년우파'의 동의어로
처음 등장했다. 기원을 따지면 '뉴' 라이트는 '올드' 라이트와 거리두
기를 원한, NPD에서 분화한 지적인 청년우파가 스스로를 지칭한 것
이다.[16]

1964년에 창간된 잡지 『청년포럼』(Junges Forum)이 뉴 라이트의
탄생에 특히 중요한 역할을 한다. 나중에 뉴 라이트의 핵심 인물로
올라서는 로타르 펜츠(Lothar Penz)와 헤닝 아이히베르크(Henning

Eichberg)가 중심이 된 이 잡지는 뉴 라이트의 등장에서 중요한 '지적인 동력'으로 작용한다.[17] 창간호에서부터 『청년포럼』은 "뉴 라이트의 새로운 잡지의 첫번째 호"라는 부제를 선명히 새기고 출범선언을 한다. 즉 『청년포럼』은 "새로운 형태와 토대 위에서 사고하는 민족의식적인 세력을 모두" 품고 "새로운 것을 두려워하지 않는 젊은 세력에게 의식적으로" 다가감으로써, 우파진영의 "정신적 토대의 파멸적인 결핍"을 바로잡아 우파청년들의 새로운 자의식과 집단의식을 기반으로 한 '이론적 토대'를 세울 것이라고 천명한다. 뉴 라이트는 바이마르 보수혁명의 주요한 두 분파와 같은 이름인 청년보수파와 민족혁명파로 대별되는데 잡지 『청년포럼』은 후자의 기관지 역할을 한다. 청년보수파가 올드 라이트와의 관계를 놓지 않고서 범보수진영과의 연결을 추구했다면, 민족혁명파는 민족주의에 '혁명적인 질'을 더해 후진적이고 화석화된 올드 라이트와의 선긋기를 도발적인 톤으로 진행한 그룹이다.[18]

여하튼 1967년부터 『청년포럼』을 중심으로 뉴 라이트라는 용어가 뉴 레프트에 대한 반대이자 유비로서 본격 통용되기 시작한다. 60년대 말 절정에 이르며 독일사회를 강타하는 뉴 레프트 68운동은 뉴 라이트의 등장에도 결정적인 영향을 주는바, 또 다른 뉴 라이트 잡지 『유럽민족』(Nation Europa)은 1969년에 이렇게 선언한다.

우리는 뉴 레프트에게 배워야 한다. 사회를 혁명해야 한다는 것, 사회 내부의 어떤 전통도 신성하지 않다는 것, 국가는 결코 본디부터 선하지 않다는 것, 기성 체제는 우리의 적이기도 하다는 것을 배우자. 또한 소요가 제1의 시민적 의무라는 것, 행동만이 성

공을 낳는다는 것도 배우자.[19]

기실 60년대 말 뉴 레프트 68운동의 약진은 놀라운 것으로, 뉴 라이트가 보기에 뉴 레프트는 매우 적대적이되 매혹적으로 다가왔음이 분명하다. 뉴 레프트라는 좌파 저항운동에 대한 원칙적인 적대감은 거의 의문시되지 않았던 반면, 모든 점에서 선배들과 다르기를 원했던 청년우파에게 68운동의 성공과 매력은 자신의 정치적인 결핍을 각성하게 했다. 특히 프랑크푸르트학파의 '비판이론'을 무기로 장착한 뉴 레프트를 통해 비로소 뉴 라이트는 스스로의 정신적인 자산이 얼마나 부족한지 깨달았다.[20] 뉴 레프트가 더 일찍이 올드 레프트와 결별하며 60년대 후반의 반란하는 청년세대 속에서 이론 및 조직적 측면의 확고한 지반 구축이 가능했던 반면, 뉴 라이트는 설득력 있는 이데올로기가 무엇보다 부족했다.[21] 이렇게 68운동과 뉴 레프트는 아이러니하게, 적대진영인 뉴 라이트의 반성과 쇄신 의지를 촉발시켰다.

역사가 권터 바르치(Günter Bartsch)는 뉴 라이트와 뉴 레프트의 동시적인 출현을 이렇게 인상적으로 묘사했다.

뉴 레프트는 모두가 주목한 큰 소통으로 왔다. 하지만 뉴 레프트가 열어젖힌 그 문으로 또 하나가 들어왔다. 고양이 발걸음처럼 소리도 없이. 뉴 라이트였다. …물론 뉴 라이트는 뉴 레프트와 같이 움직였지만 거의 눈에 띄지 않았다. 누군가 인식했다손 쳐도, 흡사 뉴 레프트의 그림자가 스쳐가는 듯이 보였을 것이다. 뉴 라이트의 등장은… 이렇게 숨겨져 있었다. 하지만 착각이었다.[22]

바르치는 이 시기 뉴 라이트와 뉴 레프트의 공통점에 주목했다. 반란과 새로운 출발, 세대갈등은 좌우를 불문하고 이 시기 반란청년 전체의 기반이었다는 것이다. 그가 열거한 뉴 라이트와 뉴 레프트의 10가지 공통점 목록에는 기성 정치에 대한 거부와 대량소비사회 비판, 반자본주의적이고 반부르주아적인 사회주의 성향, 반권위주의적인 삶의 정서가 있는 청년공동체를 포함해 "글자 그대로 모든 것을 의문시하고 완전히 처음부터 시작하는 태도"가 중심에 있었다.[23]

뉴 라이트의 옹호자임을 숨기지 않는 제바스티안 마스(Sebastian Maaß)도 뉴 레프트 68운동과 '뉴 라이트의 탄생시점'이 겹친다고 밝힌다. 하지만 그는 뉴 라이트가 68 '좌파 문화혁명의 반대자'로서 '유토피아적 평등주의'라는 이데올로기를 거부하고, 인간평등 속에서가 아니라 "권위주의적이고 위계적인 구조 속에서 노력할 가치가 있는 목표를 찾는다"고 선언함으로써 뉴 라이트 사상의 본질을 스스로 폭로하고 만다.[24]

사실 뉴 라이트와 뉴 레프트라는 개념은 학문적인 명칭으로서가 아니라, 해당 그룹들이 자칭하고 나온 것이다. 즉 이전의 우파 및 좌파 사상과 선긋기를 하며 뉴 레프트는 특히 소비에트 공산주의와, 뉴 라이트는 나치 국가사회주와 거리를 두고자 했다. 물론 뉴 레프트와 뉴 라이트는 사상적으로 분명한 차이가 있다. 뉴 레프트가 근본적 토대로 인간평등을 높이 사는 반면, 뉴 라이트는 이른바 획일화를 경고하며 엘리트주의를 지향한다. 뉴 라이트가 민족주의적이고 인종주의적이라면 뉴 레프트는 국제주의적이다. 하지만 무엇보다 두드러진 차이점은 양측이 발휘한 영향력의 크기에 있었다. 뉴 레프트가 1960, 70년대에 대학에서 여론주도권을 획득한 데 반해 뉴 라

이트는 오래도록 별다른 반향도 성공도 얻지 못한다.[25]

여하튼 뉴 라이트의 조직적인 분화는 다양한 분파들이 이합집산을 거듭하는 복잡한 과정을 거친다. 그 조직적 기원은 1964년 말 베를린에서 "독일의 중립: 독일을 위한 통일과 자유"라는 슬로건을 걸고 결성된 청년 이니셔티브(IdJ: Initiative der Jugend)라는 그룹에서 찾을 수 있다. 앞서 말한 대로, 독일민족민주당(NPD) 창당과 지방의회 성공 및 연방의회 진입 실패까지인 1964년부터 1969년까지 청년우파들은 NPD 안팎에서 새로운 모색을 시도한다. NPD의 세력 약화와 68운동의 강력한 영향력 아래서 IdJ는 유사한 여러 청년우파 그룹과 함께 의회회부협력(APM: Außerparlamentarischen Mitarbeit)으로 통합하고 1970년에는 '베를린 민족혁명파 청년들의 행동공동체'(Aktionsgemeinschaft der Nationalrevolutionären Jugend Berlins)를 창설하게 된다.

IdJ는 정치이론 작업과 더불어 행동 지향적인 정치활동에 매진하고, 서독 전역을 아우르는 청년우파 공조활동의 의미와 역할을 부각시켰다. 그 결과 다양한 잡지 프로젝트에서의 협력을 거쳐 일군의 활동가와 저널리스트들이 최초로 전국적인 접촉을 가진다. 공통분모는 우파진영 내부 아버지 세대와의 갈등 및 스스로의 청년성에 대한 강조, 감정적으로만 정초된 민족주의 개념에 대한 거부 그리고 포괄적인 정치이론과 세계관 정립을 위한 노력이었다.[26]

1970년에는 NPD의 약화를 배경으로, "2차대전 이후 극우집단들의 최대 결집체"[27]라고 불리는 저항행동(AW: Aktion Widerstand)이 결성된다. 이듬해에는 독일민족연합(DVU: Deutsche Volksunion)과 민족사회주의자행동전선/민족활동가(ANS/NA: Aktionsfront Nationaler

Sozialisten/Nationale Aktivisten) 및 자유독일노동자당(FAP: Freiheitliche Deutsche Arbeiterpartei) 같은 뉴 라이트와 혼재된 극우 및 신파시스트 조직이 설립되었다. 1972년에는 바이에른주 NPD 의장이던 지그프리트 푈만(Siegfried Pöhlmann)이 '뉴 라이트 행동'(ANR: Aktion Neue Rechte)을 창설해 NPD에서 분리해 나온다.

새로 등장하는 갖가지 범 뉴 라이트 조직과 정당 및 단체는 다양한 형태로 혼재했지만, 기본적으로 전통주의적인 성향의 '민족보수파'와 혁신적인 '민족혁명파'로 나뉜다. 전자는 올드 라이트 및 국가사회주의와의 관계를 견지하며 부르주아·보수주의 진영과의 연결을 추구하고, 후자는 자유주의 좌파 무대에서 사회운동이나 생태운동에 영향을 미치려고 노력했다.[28]

1972년 창설해, '뉴 라이트의 원세포(原細胞)'[29]로 지칭되는 ANR은 민족혁명파의 핵심 이론가로 올라선 아이히베르크가 작성한 "유럽적 운동의 선언"이라는 창립성명서에서 '민족혁명적 운동의 해방민족주의'를 천명한다. 또한 '독일의 갱생과 새로운 통일'을 가능케 하기 위해 두 독일국가에서 '주둔군'을 몰아낼 것을 요구하며, 조직의 이데올로기를 마르크스주의에 반대하는 '유럽적 사회주의'이자 '반제국주의적인 해방민족주의'라고 정의한다. 아이히베르크는 프랑스 뉴 라이트와 긴밀한 공조를 추구하며 독일 민족혁명파의 이론적인 두뇌로 자리잡는다.[30] 하지만 ANR에서도 지그프리트 푈만을 중심으로 한 민족보수파와 아이히베르크가 이끄는 민족혁명파가 서로 대립하고 있었으며, 이는 결국 머잖아 조직적 분화로 이어질 것이었다.[31]

당시 뉴 라이트의 관점에서 볼 때는 현대 대중사회가 몰락하고 있었다. 그 주요 요인으로는 기독교와 자유주의, 유대주의와 마르크스주의가 지목되었다. 뉴 라이트에게 평등의 가르침은 서양의 문화적 유산을 전복하는 행위였다. 뉴 라이트 대변자들은 인종차별을 명시한 기존의 인종주의와 거리를 두고 '인종다원주의'(Ethnopluralismus)를 선전했다. 하지만 "민족은 인종적으로 동질적이어야 한다"는 믿음은 변함이 없었다. 인종의 뒤섞임은 도덕적 타락이며 종국에는 '인종파괴'로 이어진다고 보았다. 더불어 인간은 단일한 인종으로 구성된 자기 민족의 테두리에서만 문화적 창조력을 발휘할 수 있다고 주장한다. 따라서 고전적 인종주의자들과 마찬가지로 뉴 라이트는 이민을 거부하고, 증가하는 외국인을 내보내기를 원한다.[32]

1974년 초에 민족혁명건설조직(NRAO: Nationalrevolutionäre Aufbauorganisation)으로 개칭한 ANR은 몇 달도 지나지 않아 다시금 연대민족운동(SVB: Solidaristische Volksbewegung)과 '민족의 일/민족혁명건설조직'(SdV/NRAO: Sache des Volkes/Nationalrevolutionäre Aufbauorganisation)으로 쪼개진다. 이유는 정치적 지향점의 근본적 차이라기보다 다양한 수단과 방법을 모색하고 연대세력을 찾기 위함이었다.[33] 70년대 말까지 뉴 라이트 진영은 크게 세 가지 흐름으로 나누어진다.

첫째, 아이히베르크와 추종자들로 이루어진 SdV/NRAO에 집결한 민족혁명파가 있다. 지적인 아방가르드를 자처하는 이들은 자본주의와 공산주의를 넘어서는 '제3의 길'을 앞세우고 '민족적 정체성'을 위해 '열강이라는 외세의 침입'에 맞서 싸울 것을 주장했다. 또한 '좌·우파 패러다임의 극복'을 내세우는 한편, 민족이나 민족문제를 사고의 중심에 놓았다. 이들 민족혁명파는 좌파의 저항잠재력을 우파 쪽으로 돌려놓기 위해 생태운동이나 마오주의 그룹과의 접촉도 마다하지 않았고, 핵심 슬로건은 "민족적 사회주의"였다.[34]

둘째, 로타르 펜츠가 이끄는 가치보수파로, 국가사회주의나 마르크스주의가 연상되는 '민족적 사회주의' 개념에 반대하며 민족혁명파와 갈라섰다. SVB로 결집한 이들은 마르크스주의와 자유주의의 기술관료적·물질주의적인 이데올로기에 맞서는 '유기적 민족공동체' 사상을 내세운다. 하지만 기술관료적 보수주의에 맞선 민족적·민중적 대안으로 보수주의 진영에서 영향력을 획득하려던 목표는 실패하고 이내 민족혁명파와 다시 결합한다.[35]

끝으로, 사상적 리더인 아르민 몰러(Armin Mohler)와 잡지 『크리티콘』(Criticón) 및 지누스 출판사(Sinus-Verlag)를 중심으로 한 '보수혁명파'가 있다. 보수 성향의 기성 정당이나 대학생조직 등에 영향을 미치려 한 이들은 엘리트가 지도하는 '권위주의 국가'를 선전했다. '청년보수파'로도 불린 이들 분파에게 민중이란 국가가 형상화해야 하는 무형의 대중에 불과했다.[36]

하지만 독일 정치지형에서 70년대 뉴 라이트 그룹은 별다른 영향력을 발휘하지 못했다. 대표적인 분파인 민족혁명파 그룹은 연방 헌법수호청이 70년대 말에 더 이상 거의 존재하지 않는다고 밝힐 정도로 점점 쇠퇴해 가, 80년대에는 사실상 무의미한 존재로 전락했다.[37] 민족혁명파의 쇠퇴는 청년보수파의 부상과 맥을 같이한다. 하지만 민족혁명파와 나란히 바이마르 시기 보수혁명론자의 양대 축인 청년보수파 역시 명맥은 유지하지만 오래도록 침잠해 있었다. 아르민 몰러나 한스 디트리히 잔더(Hans-Dietrich Sander)처럼 이 조류의 사상을 내면화한 우파지식인들 스스로도 70년대에 청년보수파라는 말을 잘 쓰지 않았다.

　1981~86년에 발행된 잡지 『푀닉스』(Phoenix)에서 처음으로 몇몇 필자가 '청년보수'를 언급한다. 이 이론잡지에서는 괴팅엔 역사가 칼 하인츠 바이스만(Karlheinz Weißmann)의 글이 큰 역할을 한다. 뒤이어 1986년 등장한 주간지 『청년자유』(Junge Freiheit)를 중심으로 비로소 청년보수주의의 개념과 사상은 다시 살아난다. 거기서, 비판자들이 『청년자유』의 '우두머리 이데올로그'로 일컫는 편집장 디터 슈타인(Dieter Stein)과 롤란트 부비크(Roland Bubik)가 선장 역할을 한다. 청년보수파는 『청년자유』 외곽에서도 중요한 동맹자를 찾았다. 독일 유수의 출판사인 울슈타인 프로필뢰엔(Ullstein-Propyläen)의 고위 간부인 라이너 치텔만(Rainer Zitelmann)이다. 68세대에 맞서며 뉴 라이트의 새로운 세대를 상징하는 이른바 '89세대'의 많은 저작들이 치텔만의 주도 아래 울슈타인 프로필뢰엔에서 출판되었다. 치텔만과 바이스만을 중심으로 89세대라는 레테르 아래 일단의 민족보수주의자와 민족자유주의자를 포함한 뉴 라이트 세력이 모여들었다.[38]

　나치 과거와 연결되지 않는 새로운 89세대의 활약 속에서 독일 통일 이후 90년대는 뉴 라이트 개념이 다시금 정치적 토론의 주제로 부상하는 시기였다. '뉴 라이트의 젊은 세대'인 89세대의 목표는 '68세대의 사고'를 타파하는 것이었다. 또한 이민자 유입 중단을 외치고 미국화에 반대하며 독일 도시들의 높은 외국인 비율에도 맞섰다. 극우라는 막다른 골목으로 내몰리지 않으며 '민족'을 중심에 둔 우파의 정치적 개념을 부활하려는 점에서 이들 '새로운' 뉴 라이트 세대는 그들의 선배와 별반 다르지 않았다. 인종과 민족공동체 같은 단어를 민족정체성과 인종적 다원주의 같은 용어로 대체하고, 뉴 라이트의 최종 목표지만 공격받기 십상인 '민주주의 철폐' 같은 요구를 공개적으로 내세우지 않을 뿐 이데올로기적 내용은 선배세대의 전통을 고스란히 이어받았던 것이다.

뉴 라이트 이데올로기의 사령부 역할을 하는 주간지 『청년자유』는 90년대에 뉴 라이트와 극우를 넘어 보수진영의 필진을 확보하면서 영향력을 확장했다. 『청년자유』가 "지적으로 현대화된 극우주의" 혹은 "신보수주의와 극우주의의 연결점"이라는 비판을 받긴 했지만, 정당과 미디어에서 68의 권력 타파를 슬로건으로 내건 89세대의 결집과 더불어 '새로운 뉴 라이트'는 어느 정도 입지를 넓혀갔다.[39]

결국, 특히 90년대 이후 뉴 라이트의 목표는 독일의 '민족국가'를 역사에서 현실로 호명하고 '민족적 관점'을 정치영역에서 확산하는 것이었다. 통일 후 독일은 제3의 길이라는 '특수한 길'을 걸어야 하고, 유럽의 중심이라는 그 지정학적 위치 때문에 동서의 중개자 역할을 하는 강대국이 되어야 한다는 것이었다.[40] 그런 관점에서, 점점 가시화되고 있는 외국인과 이민자의 증가는 현실정치의 당면한 실천적 문제로 의당 저지되어야 하는 것이었다.

하지만 기존 연구에 따르면 뉴 라이트는 여전히 폭넓은 영향력을 행사하지 못했다. 80년대 말까지 본질상 분파적인 그룹에 한정되고, 이후 89세대 그룹이 세간에 회자되며 바이마르 시기에서 소환된 이른바 청년보수파와 극우파 사이의 가교 역할을 시도하지만 영향력은 여전히 제한적이었고, '민족문제'를 이슈화하려는 뉴 라이트의 기획도 기대한 파장을 낳지 못했던 것이다.[41] 이렇게 뉴 라이트는 20

세기 말까지 독일에서 별다른 반향을 얻지 못하고, 전체적으로 실패한 듯이 보였다.

뉴 라이트의 화려한 부활

익히 알려져 있다시피 통일 이후, 특히 구동독 지역에서 극우파의 준동이 심해진다. 기실 통일 이전에는 극우주의와 외국인 적대에 주목하는 학자들은 얼마 되지 않았다. 하지만 그후 구동독 지역의 낙후성을 배경으로 외국인 적대감을 조장하는 극우주의는 꾸준히 세를 불려왔고, 세기가 바뀌며 우려의 목소리와 함께 관련연구가 크게 늘었을 뿐더러 각종 언론에서도 일상적인 테마로 자리잡은 것이 현실이다.[42] 그러나 앞서 보았듯이 뉴 라이트로 들어가면 이야기가 좀 다르다. 2004년에 나온 두 권의 관련 연구서는 통일 후에도 뉴 라이트가 정치력을 입증하거나 별다른 반응을 일으키지 못했다고 진단한다.[43]

물론 우파 포퓰리즘 정당으로 분류되는 공화주의자(REP: Die Republikaner)가 60년대 독일민족민주당(NPD) 이후 최초로 1989년 서베를린 지방선거(7.5%) 및 유럽의회 선거(7.1%)에서 성공을 거둔 사례가 있다. 이 정당을 두고 클라우스 레게비는 당시 미미했던 NPD 및 독일민족연합(DVU) 같은 올드 라이트와 구별해 뉴 라이트로 지칭하지만, 슈퇴스의 경우 '극우파의 새로운 유형'이라고 평하는 등 전형적인 뉴 라이트 정당이라고 규정하기는 애매하다.[44] 한편 게센하르터는 NPD와 DVU, REP 같은 정당 모두 뉴 라이트 이데올로기를 정당 수준에서 체화한 것으로 보기도 하지만[45] 적잖은 관찰자가 이들 정당을 올드 라이트로 분류한다.[46]

REP는 1989년 이후 두 차례 바덴뷔르템베르크 지방의회 진출
(1992, 1996)을 제외하면 미미한 존재로 전락하고, DVU의 경우도 통
일 이후 2004년까지 몇 차례 지방의회에 입성한 뒤 같은 전철을 밟
는다. 사실 흥미로운 대목은 1969년 연방의회 진입 실패 후 20세기
말까지 거의 미미한 세력으로 지지부진하던 NPD가 2004년부터 2011
년까지 다시금 지방선거에서 네 차례나 진출하는 현상이 뉴 라이트
를 통한 쇄신과 관계있다는 점이다. 즉 이미 90년대 말부터 NPD의
청년조직인 '청년민족주의자'들이 이데올로기적 현대화를 요구했고,
지방의회 진입은 이들이 대변하는 뉴 라이트라는 '현대화된 지적인
극우파'가 승리한 것이라고 볼 수 있다. 또한 이런 노력을 통해 NPD
의 "뉴 라이트는 극우적인 주장과 인종주의적인 적개심을 현대화"
하려고 시도한다.[47] 물론 NPD를 뉴 라이트 정당으로 보아야 하는가
는 논란의 소지가 있지만, NPD의 '제2의 봄'이 뉴 라이트 사상의 영
향과 수용이라 할 '지적인 무장'을 통해 이루어졌음은 분명해 보이
는바, 뉴 라이트가 극우진영의 도약에 사상적 자양분으로 작용한다
는 사실은 주목할 만하다.

그럼에도 불구하고 뉴 라이트는 정치공간에서 주목을 끌거나
'문화적 헤게모니'를 획득하지 못해, 여론과 담론 지형에서 '오른쪽
으로의 방향전환'을 이루는 데 실패했다고 보는 것이 통설이다. 이
는 1996년 연방헌법수호청의 보고에서도 나타난다. "다양한 흐름의
'지적인 극우주의'의 대변자들은 그간 노력해 온 '문화적 헤게모니'
의 획득에 지금까지 성공하지 못했다."[48] 헌법수호청은 뉴 라이트를
'지적인 극우주의'로 파악한다. 그럼에도 뉴 라이트는 정당이 아니라
'문화투쟁 프로젝트'가 관건이기에 그 실제적인 힘이 아직 선거결과

에서 측정되지 않을 수도 있다는 지적은 경청할 만하다.[49]

하지만 10여 년이 지나며 상황은 급변한다. 뉴 라이트는 더 이상 찻잔 속의 태풍이 아니다. 혹은 어쩌면 뉴 라이트가 장기간 이어온 노력과 행보가 물밑에서 변화의 흐름을 이끌고 있었는지도 모른다. 2010년 독일을 논쟁의 소용돌이에 몰아넣은 틸로 자라친(Thilo Sarrazin)의 책 『독일이 사라지고 있다』의 크나큰 성공은 그 징후이자 증거일 수도 있다.[50] 이 책에서 저자는 이슬람계 이민자의 독일동화가 어려운 데는 유전적 요인도 있다는 인종주의적 발언을 서슴지 않으며 독일이 출산율 하락과 하층민 및 이슬람이민자 증가로 망해간다는 극우 포퓰리즘에 가까운 선동을 쏟아낸다. 이를 통해 "독일 민족이 멸종할지도 모른다"는 신나치와 극우파의 '호러 비전'이 폭넓은 기층까지 퍼져나갔고, 극우정당들은 실제로 각종 선거에서 "자라친이 옳다!"는 플래카드를 내걸었다.[51] 독일연방은행 이사를 지낸 사민당 정치인이 쓴 이 책은 출간 몇 주 만에 100만 부 이상 팔리며 전후 최대 규모의 베스트셀러를 기록하고 언론과 정·재계를 아우르며 광범위한 논쟁을 불러일으켰다.

역사가 폴커 바이스(Volker Weiß)는 자라친과 그 동지들이 "전통적인 우파 테제와 개념을 사회의 중심부에 안착시켰다"고 진단했다. 나아가 자라친 같은 저자들이 촉발한 "엘리트와 능력 및 상속을 둘러싼 담론"은 전통적인 극우정당들이 "결코 가닿지 못한 계층까지 이르렀다"며, 책의 돌풍이 증명하듯 이런 담론이 대중의 관심을 파고드는 주요 쟁점으로 떠올랐음을 확인했다. 그 결과 향후 독일사회는 이러한 "뉴 라이트에 대비해야 한다"고 주장하며 이제 더는 뉴 라이트가 변방의 목소리가 아닌 주류 담론의 일부로 자리잡았음을

분명히 했다.[52]

　폴커 바이스의 예언은 그대로 적중했다. 몇 년 지나지 않아 뉴 라이트 정당이 독일 정가에 태풍의 눈으로 떠오르며 돌풍을 일으킨 탓이다. 독일대안당(AfD)이 바로 그 주인공으로, 2013년에 "유로화 반대"를 핵심 공약으로 내걸고 등장한 신생정당이다.[53] 자라친의 다음 책이 "유럽은 유로화가 필요하지 않다"는 제목인 것을 보면, 유로화 반대라는 점에서 AfD와 자라친은 일종의 공통분모가 확연히 존재하는 셈이다.[54]

　사실 AfD 돌풍현상은 같은 해인 2013년에 나온 유럽 뉴 라이트를 다룬 책의 진단과 정면으로 배치된다. 이 책에 실린 한 논문의 제목은 "왜 독일에서는 (아직) 성공적인 우파 포퓰리즘 정당이 존재하지 않는가"이다.[55] 그 이유로는 카리스마적인 우파지도자가 부재하고 16개 연방주에서 정당조직 건설이 용이하지 않으며, 신나치가 공식적 담론에서 여전히 '정치문화의 부랑자'로 간주되는 등의 사실을 거론한다.[56] 하지만 논문의 결론에서 '유로화 위기'와 더불어 우파 포퓰리스트 세력이 결집할 가능성을 언급했고,[57] 알다시피 시리아내전이 불러일으킨 '난민위기'가 폭발적으로 겹쳐졌다. 결국 논문제목에 나오는 괄호 안의 '아직'은 필자들의 우려대로 곧 이은 AfD의 부상으로 부정적으로 실현되고 말았다. 2013년 창당 직후 처음 뛰어든 연방의회 선거에서 4.7%를 얻어 가능성을 보인 AfD는 파죽지세의 행보를 보인다.[58] 이후 치른 유럽의회 선거와 8차례의 지방의회 선거 모두에서 5% 제한장벽을 뛰어넘어 단숨에 정치영역을 구축한 것이다.[59]

　AfD는 2016년 2월에 난민문제를 놓고 파란을 일으켰다. 1월 말

당수 프라우케 페트리(Frauke Petry)가 불법으로 국경을 넘어오는 난민을 막기 위해 비상시에 총기사용도 마다하지 않아야 한다고 발언한 탓이었다. 독일 정가는 발칵 뒤집혔다. AfD의 부대표까지 유사한 발언으로 물의를 빚자, 유럽의회 교섭단체에서 제명 움직임까지 일어나며 당은 논란의 진원지로 여론의 십자포화를 맞았다.[60] 집권 기민당의 볼프강 쇼이블레(Wolfgang Schäuble) 재무장관은 AfD는 '독일의 수치'라고 몰아붙이며, '국민을 현혹하는 이 세력'의 정체를 폭로하고 경계해야 한다고 날을 세웠다.[61]

하지만 당 지도부의 이런 망언 수준의 발언이 근거 없는 자신감의 결과가 아님은 뒤이은 지방선거에서 여실히 드러난다. 각종 스캔들에도 불구하고 같은 해 3월 13일 동시에 치른 3개 주 선거에서 큰 승리를 거둔 것이다. 작센안할트주에서는 물경 24.3%를 얻어 기민당에 이어 일약 제2당으로 올라섰다. 그리고 2017년 연방의회 입성은 앞서 살펴본 대로다.

이렇게 독일 정가에 파란을 일으키고 있는 AfD가 과연 "뉴 라이트(정당)인가" 질문해 봄직하다. AfD는 학자들이 정의하는 뉴 레프트의 대척점으로 등장한 뉴 라이트 혹은 극우파의 지적인 부분으로서의 뉴 라이트와 일정한 차이를 보인다. 무엇보다 전자는 전형적인 정당조직이고 후자는 전통적인 조직의 관점에서 이해하기 어려운 '운동의 일환'으로 볼 수 있다. 즉 뉴 라이트를 "전통적인 조직이나 정당에 사상과 영향력을 행사하려는 일련의 저널과 문화 프로젝트, 개인 및 그룹"으로 파악하는 것이다.[62] 더불어 뉴 라이트의 '매개 역할'에 주목할 필요가 있는데, 뉴 라이트는 주류 보수주의와 극우 사상의 가교 역할을 톡톡히 하고 있다. 사실 기민당 의원을 중심으로 한 보수당의 정치가들이 『청년자유』에 기고하고 뉴 라이트 조직에서도 활동하고 있을 뿐더러 학계에도 적잖은 뉴 라이트 지지자가 있다. 따라서 보수진영에 포진한 상당 규모의 지식인과 정치가 그룹이 함께하는 뉴 라이트는 여론형성에서 중요한 증폭기 역할을 하며, 이제 무시해도 좋을 만한 소규모 분파를 넘어 주류 정치·문화적 사고와 담론 속에서도 존재하고 있다.[63] 게센하르터도 '지적인 뉴 라이트'를 "명백한 극우와 민주적 보수 사이의 이데올로기적·인적·조직적 연결점"이라고 기술한다.[64] 이런 점에서 뉴 라이트를 단지 '극우파의 일부'로만 파악하는 관점은 이런 매개 역할을 비롯해, 보수와 뉴 라이트의 일정한 혼재를 간과할 위험이 없지 않다.

여하튼 2015년 중순에 현 당수인 페트리가 AfD의 권력을 장악한 뒤 "난민 반대"와 "무슬림 반대"를 깃발에 내걸고, 인종주의 색채를 더해 가는 대목은 분명 주목해야 한다.[65] 또한 『슈피겔』이 지적하듯, 중도를 내건 이 정당의 우향우가 시리아 난민 문제와 더불어 급물살을 탔음도 부정하기 어려운 실정이다. 즉 유로화 반대로 출발한 AfD가 뉴 라이트나 우파 포퓰리즘으로 계속 접근하고, 당내 극단주의 진영의 스펙트럼이 점차 넓어진다는 것이다.[66]

AfD는 원래 '유로화 반대'를 앞세워 "우리는 중도에서 나온 새로운 운동이다"라고 주장하며 창당했다. 하지만 정치적 중도를 핵심 노선으로 천명했음에도 우파 포퓰리즘에 가까운 위상을 보인다는 의심을 사고 있고,[67] 최근 연구는 당이 극우파에 가까운 "인종주의적 이민 정책을 명백히" 내세우고 있다고 지적한다.[68] 또한 뉴 라이트와의 교류도 처음부터 분명했다. 가령 '독립적 보수 미디어'를 자칭하지만 뉴 라이트 진영의 기관지에 해당하는 『청년자유』는 "기민기사연합의 오른쪽에 있는 정당"으로서 AfD 프로젝트를 처음부터 지지했다.

『청년자유』는 기실 보수주의와 극우주의 경계에 있는 독일 '뉴 라이트의 확성기'[69]인바, 이제 AfD의 '비공식적인 확성기' 역할도 동시에 수행한다. 그래서 당의 내부논쟁을 위한 소통의 장을 열거나 당 지도자들이 대외적으로 입장을 밝히기 위한 무대를 제공하며 AfD의 진행경로에 영향을 미치려고 노력했다. 『청년자유』의 이런 특권적 역할이 가능한 이유는 오로지 이 잡지와 AfD 주변의 독자층이 서로 뒤섞여 있기 때문이었다.[70] 함부르크대학 경제학 교수이며 나중에 AfD의 공동 창립자이자 당수가 되는 베른트 루케(Bernd Lucke)가 창당을 1년 앞두고 『청년자유』와의 인터뷰에서 독일의 '유로화 구제 정책'에 반대할 시기가 왔다고 한 것을 보면, 역시 뉴 라이트 기관지라 할 『청년자유』와 AfD는 애초부터 긴밀한 관계였음을 알 수 있다.[71]

게다가 『청년자유』 편집부의 핵심 관심사가 주류 정당 스펙트럼의 오른쪽에 새로운 정치세력을 만드는 것이었기에, AfD는 오랫동안 요청하고 기다려온 희망을 실현할 총아였다. 출범과 함께 당이 『청년자유』의 전폭적인 지원을 받았던 이유다. 기존 정당 시스템을 돌파할 잠재력을 AfD에서 발견한 『청년자유』는 당을 '정치의 재민족주의화' 요구의 견인차로 만들려는 목표를 밀고 나간다. 따라서 『청년자유』가 AfD 추종자는 물론이고 다른 독자층의 인식 속에서도 당의 '비공식적인 기관지'로 받아들여진 것은 전혀 이상하지 않다.[72] 이런 정황은 AfD가 뉴 라이트 정당이라고 볼 수 있음을 뜻하거나 최소한 뉴 라이트와 긴밀히 연결되었다고 판단할 수밖에 없게 한다.

독일대안당(AfD)의 이데올로기는 '민족자유주의와 우파 포퓰리
즘 사이'에 있는 것으로 규정되기도 한다. 2013년 4월 14일 창당대회
에서 당 대변인 콘라트 아담(Konrad Adam)은 포퓰리즘적 입장과 관
련해 "포퓰리즘이라는 비난을 훈장으로 간주"할 수 있다고 역설한
다. 사실 당의 공식 입장은 극우주의와 선을 긋는 동시에 우파 포퓰
리즘으로 간주되는 것도 반대하지만, 당원 스펙트럼은 기민당과 자
민당 출신을 넘어 극우세력까지 포괄하는 것으로 평가된다. 기민당
의 오른쪽이라는 지형은 당원 다수의 생각이나 지도부의 판단과도
상응한다. 물론 오른쪽을 극우와 동일시해서는 안 되지만 "왼쪽으로
기울어진 정치지형에서 오른쪽에 서는 것은 올바르다"고 당 지도부
스스로도 주장한다.

하지만 2013년 연방의회 선거에서 휘날린 "외국의 부채를 절대
독일국민에게 전가하지 마라"는 당의 플래카드는 우파 포퓰리즘 정
당인 오스트리아자유당(FPÖ)의 슬로건 "우리 돈은 우리에게"와 유
사해 보인다. 결국 이런 슬로건과 더불어 AfD는 유럽연합 및 이민
에 반대하는 포퓰리즘과 엘리트주의적인 경제자유주의 사이를 오
간다.[73] AfD의 등장 이전에 독일에서 우파 포퓰리즘은 유럽 이웃나
라와 달리 결코 폭넓은 반향을 일으키지 못했지만,[74] 이제 뉴 라이트
혹은 우파 포퓰리즘이라는 이름에 걸맞은 정당이 연방 차원의 독일
정치지형에 안착하는 것은 시간문제가 되었다.

이상의 논의를 종합하면 AfD가 현재 독일에서 가장 강력한 뉴
라이트 세력임이 분명하다. 중도를 '주장'한 당이 오른쪽 스펙트럼으
로 부단히 확장되어 가는 현상도 틀림없어, '정치권의 뉴 라이트'로
불러도 전혀 손색이 없는 탓이다. 사실 앞으로 독일 정치권은 이 뉴

라이트 정당의 행보를 무시하기 어려운 상황이다. 물론 독일에서 아직 AfD를 독일민족민주당(NPD) 같은 전형적 극우정당으로 보지는 않는다. 하지만 난민문제가 더욱더 악화일로를 걸으며 당의 우향우 소용돌이가 더 탄력을 받을 경우, 독일 정치지형은 물론이려니와 독일사회 전체의 우경화도 방심할 수 없는 상황이 도래할지 모른다. 뉴 라이트 정당과 극우정당은 일정한 교집합을 이루는 인척관계로 볼 만한 정당인 탓이다. 그런 점에서 AfD의 정치적 성공과 실패의 향배는 유럽연합의 맹주 독일의 미래가 걸린 중차대한 사안이 되고 있다. 나아가 난민문제가 단순한 파열음을 넘어 유럽 전체를 좌지우지하는 핵심 화두로 떠오른 시점에서 전유럽에 미칠 파장도 엄청날 것이다.

그럼 AfD의 성공 이유는 무엇일까? 뉴 라이트의 대표적 인물인 칼하인츠 바이스만[75]의 진단에 따르면 공격목표를 가능한 한 최소화하는 지도부의 '현명한 전술'이나 '정상적인 정당'의 이미지를 일상적으로 강조한 점도 지적되지만, 무엇보다 "독일대안당 같은 정당을 위한 시간이 무르익었을 수도 있다"는 평가를 무시하기 어렵다. 바이스만은 당이 더 성공해 나간다면 단순히 하위 파트너 정당에 머물지 않고 실제로 "독일의 정당 시스템 자체를 재편할 가능성"까지 점치기도 한다.[76] 물론 이는 최악의 시나리오다. 게다가 바이스만은 뉴 라이트 대변자답게 "모든 인간제도 가운데 국가를 가장 우선시할 것"을 강조한다. 이는 바이마르 청년보수파와 맥이 닿는 것으로, 칼 슈미트의 전통 속에 있는 "권위주의적이고 국가제일주의적인 국가관"의 관철이 오늘날 뉴 라이트의 대표진영인 청년보수파의 목표이기도 한 것은 의심할 나위가 없다.[77]

　　그렇다면 현재의 뉴 라이트가 원하는 AfD의 성장은 결국 극우
전통과의 결부로 귀결되고, 독일사회를 인종주의적 공포로 뒤덮을
가능성도 농후하다. 여하튼 나치 패망 이후 독일은 처음으로 연방의
회 차원에서 우파 포퓰리즘 정당의 거대한 진격을 코앞의 현실로 목
도하고 있다. "난민 반대"와 "무슬림 반대"의 깃발이 더 광범한 지지
를 얻어 독일이 나치 '오욕의 과거'를 떠올리게 할 충격과 치욕을 용
인할지는 두고 볼 일이지만, 상황이 결코 녹록하거나 낙관적이지는
않아 보인다.

────────

사실 독일은 그간 유럽에서 우파 포퓰리즘 정당이 거의 성공을 거두
지 못한 청정지역에 가까웠다. 이웃 프랑스나 오스트리아, 스웨덴과
이탈리아 등 각국에서 유사 정당이 난무하고 선거에서 성공을 거두
는 동안에도 독일은 그런 기미가 거의 없었다. 하지만 2013년 유럽
뉴 라이트를 다룬 저서에서 지적되듯, '유로화 위기'를 계기로 뉴 라
이트 혹은 다양한 우파 포퓰리즘 세력이 결집하고 확장할 '끔찍한
가능성'은 이미 존재했다.[78] 결국 시리아내전이 폭발시킨 꼬리에 꼬리
를 문 난민행렬이 불러일으킨 위기의식을 이용해 '난민 반대'와 '무
슬림 반대'라는 쌍두마차로 내달린 AfD의 가파른 성공가도 속에서
그 '불길한 가능성'은 실현되고야 말았다.
　　뉴 라이트와 극우의 상호침투 가능성과 혼재성은 쉽사리 점철
수 있다. 독일 정가의 태풍의 눈으로 부상한 AfD가 이슬람 및 외국
인에 적대적인 사회운동 페기다(Pegida)[79]와 연대하고, 극우의 전형
적 레퍼토리인 인종주의적 색채를 더해 가는 모습에서도 이는 잘

드러난다. 다문화사회를 거부하는 독일 뉴 라이트의 이데올로기도 AfD의 난민 거부 지향점과 일맥상통하기에, 양측이 극우파와 갖는 접점을 찾기도 어렵지 않다.

우려할 만한 대목은 앞으로의 상황과 관련해서 더 분명하다. 즉 명실상부한 극우파 정당에 대한 지지를 꺼리는 독일의 잠재적 보수층이 합법활동을 내건 뉴 라이트 정당에 표를 던지기는 어렵지 않다는 것이 이미 연방의회 선거로 입증되었고, 나아가 이런 흐름이 결국에는 한편으로 극우파의 부상으로 나아가는 교두보로 기능하고 다른 한편으로 뉴 라이트 정당의 극우성향 확대로도 이어질 수 있다는 점 때문이다.

이런 상황을 감안하면, 그간 나치 과거라는 악몽으로 인해 극우파나 외국인 혐오증에 대한 면역기제가 그나마 잘 작동하던 독일마저 난민 반대의 목소리가 높아져 어쩌면 외국인 혐오와 인종주의적 증오로까지 치달을 가능성을 내다보는 것도 무리는 아니다. 나치 이후 독일사회가 공들여 온 '계몽된 독일'은 난민문제와 더불어 이제 시험대에 올랐다. 독일 뉴 라이트의 오랜 꿈인 '극우와 보수의 연결'이라는 기획은 이미 작동하고 있는 듯하다.

하지만 섣부른 기대도, 성급한 절망도 필요 없다. 60년대 후반 극우정당 반대 캠페인의 깃발 아래 모여든 열정처럼, 아프게 고향을 떠나온 난민들에게 성난 얼굴을 들이밀자는 '피리 부는 사나이들'의 민낯을 밝히는 운동이 되살아나리라는 희망은 아직 남았음으로. 판도라의 상자는 열렸지만, 희망은 아직 달아나지 않았으므로.

1)   Wehler, Hans-Ulrich 1995, pp. 309~19.

2)   Pfahl-Traughber, Armin 2006, pp. 46~49; 2010, pp. 45~59, 특히 pp. 50~55.

3)   Pfeiffer, Thomas 2004, pp. 51~70.

4)   Gessenharter, Wolfgang 2004, pp. 31~49, 여기서는 p. 33; 2010, pp. 27~43, 특히 pp. 27ff.

5)   Eckert, Roland 2010.

6)   Heimlich, Steven 2009, pp. 21f.

7)   Brauner-Orthen, Alice 2001, pp. 186~89; Gessenharter, Wolfgang 2010, pp. 35~37.

8)   바이마르 보수혁명에 대한 선구적인 국내 연구로는 전진성(2001a)이 있다. 같은 저자의 논문(2001b, 53~95쪽)도 참조.

9)   Maaß, Sebastian 2014, p. 27. 통상적으로 말하는 뉴 라이트의 새로운 요소로는, 정치적 역관계를 전복하기 위해 이탈리아 공산주의자 안토니오 그람시에 입각해 '문화적 헤게모니'의 획득을 경주한다는 점이 꼽힌다. 물론 그람시 사상의 마르크스주의적인 토대는 전혀 고려되지 않는다. Pfahl-Traughber, Armin 2004, pp. 73~94, 여기서는 pp. 75f. 뉴 라이트와 보수혁명의 관계에 대해서는 Pfahl-Traughber, Armin(1998) 참조. 부제에 나오듯 저자는 뉴 라이트를 "민주적 헌정국가에 맞서는 극우 지식인"으로 파악한다.

10) Kailitz, Steffen 2004, p. 84.

11) 보수혁명론자들의 각 분파와 성격에 대한 상세한 설명은 전진성(2001a, 66~75쪽) 참조.

12) Kailitz, Steffen 2004, p. 85.

13) 전진성 2001a, 75~81쪽 참조.

14) Sepp, Benedikt 2013, pp. 13, 14; Prasse, Jan-Ole 2010, pp. 25~34.

15) Gessenharter, Wolfgang 2000, pp. 197~211, 여기서는 pp. 200, 201. 60년대 후반 민족민주당(NPD)의 성공과 실패는 제1부 1장 참조. 민족민주당의 놀라운 선거 성공은 1966~67년의 불경기와 대연정 외에 68운동의 고조가 원인으로 꼽히기도 한다. 68운동을 '극좌'로 보고, 극우와 극좌가 상보적으로 성장했다는 주장에는 어폐가 있으나 두 진영이 같은 시기에 고양을 경험한 것은 부정하기 어려운 사실이다. 가령 1968년 4월, 68운동의 지도자 루디 두치케 암살기도와 뒤이은 부활절 봉기 후에 치른 바덴뷔르템베르크 지방선거에서 민족민주당이 최고의 선거결과를 낳은 대목에서도 일종의 시간적 일치성이 드러나는 때문이다. 이후 민족민주당은 20세기 말까지 거의 미미한 세력으로 머무른다. 더불어 다른 극우정당도 독일통일 이전까지 별다른 두각을 나타내지 못한다. 이는 60년대 후반의 '민족민주당 반대운동'이 극우세력의 저지에서 얼마나 중요한 역

할을 했는지를 방증할 뿐더러, 나아가 1969년 연방의회 진입 실패로 인해 민족민주당이 확실하게 우파진영의 연합체로서의 위치를 상실함으로써 뉴 라이트가 본격적으로 분화되는 계기로도 작용했음을 알 수 있다. Heimlich, Steven 2009, p. 29. 70년대 이후 민족민주당은 20세기 말까지 미미한 정치세력으로 남아 있었다. 물론 민족민주당은 2004년부터 2011년까지 다시금 지방선거에서 4번이나 5%를 넘으며 지방의회로 복귀하지만, 그 이후로는 현재까지 별다른 성과를 얻지 못한다.

16) Speit, Andreas 2008,pp. 40~66, 여기서는 p. 45.

17) Kailitz, Steffen 2004, p. 84.

18) Sepp, Benedikt 2013, p. 18.

19) Kailitz, Steffen 2004, p. 84.

20) Bartsch, Günter 1975, p. 128. 뉴 라이트 진영에는 마르쿠제 같은 사람이 없었다. 마르쿠제는 일차원적인 사회 및 인간에 대한 사고모델을 통해 산업국가의 지배구조에 대한 설득력 있는 해명을 반란 청년학생들에게 제공했던 인물이다(같은 곳).

21) 같은 책, pp. 128f.

22) 같은 책, p. 13.

23) 같은 책, pp. 126f.

24) Maaß, Sebastian 2014, p. 29.

25) Kailitz, Steffen 2004, pp. 92f 참조.

26) Greß, Franz, Hans-Gerd Jaschke and Klaus Schöneskäs 1990, p. 241; Bartsch, Günter 1975, p. 120; Sepp, Benedikt 2013, p. 19.

27) Brauner-Orthen, Alice 2001, p. 18.

28) Heimlich, Steven 2009, pp. 29f.

29) Brauner-Orthen, Alice 2001, p. 18.

30) Kailitz, Steffen 2004, pp. 85f.

31) Heimlich, Steven 2009, p. 30.

32) Kailitz, Steffen 2004, p. 86.

33) Feit, Margret 1987, p. 49.

34) Brauner-Orthen, Alice 2001, pp. 19f; Feit, Margret 1987, p. 70; Aftenberger, Ines 2007, pp. 53, 237.

35) Heimlich, Steven 2009, p. 31; Brauner-Orthen, Alice 2001, p. 20.

36) Brauner-Orthen, Alice 2001, pp. 20f.

37) Sepp, Benedikt 2013, p. 34.

38) Kailitz, Steffen 2004, pp. 86f.

39) Brauner-Orthen, Alice 2001, pp. 26~30.

40) 같은 책, p. 31.

41) 같은 책, pp. 31f; Kailitz, Steffen 2004, p. 87;

42) Schaffer, Florian 2013.

43) Kailitz, Steffen 2004, p. 87; Brauner-Orthen, Alice 2001, p. 191.

44) Leggewie, Claus 1989; Stöss, Richard 2007.

45) Gessenharter, Wolfgang 1994, pp. 168, 169.

46) Lenke, Kurt 1998, pp. 13~19, 여기서는 p. 13.

47) Speit, Andreas 2008, p. 45.

48) Brauner-Orthen, Alice 2001, p. 191.

49) 같은 책, p. 189.

50) Sarrazin, Thilo 2010. 90년대에도 68세대에 전면적으로 맞서는 '89세대'를 중심으로 뉴 라이트 진영의 저작은 발간되었다. 이들의 관심은 실제적인 정당정치적 활동보다는 정치담론에서의 영향력 행사 쪽에 집중되었다. 89세대의 지도적 이론가라 불리는 라이너 치텔만과 칼하인츠 바이스만의 공동 작업의 결과로, 서구적 민주주의의 가치관에 의문을 제기하며 분란을 일으켰던 책 *Westbindung: Chancen und Risiken für Deutschland*와 1994년에 나온 저작 *Die selbstbewusste Nation*이 있다. 후자는 뉴 라이트의 고전적인 테마인 종교와 신화, 고향과 정체성, 능력과 엘리트 등을 다루는데 "진지한 입장표명과 우울한 자기연민 및 민족주의적인 낭만성이 버무려진 인상적인 모음집"이다(Kailitz, Steffen 2004, p. 87). 이들 89세대의 발언과 저술을 통해 뉴 라이트는 80년대까지의 소규모 서클을 벗어나 90년대 이후 민족보수파와 극우파 사이의 가교 역할을 시도한다(같은 책; Brauner-Orthen, Alice 2001, pp. 24, 25).

51) Butterwegge, Christoph 2013, pp. 206~19, 여기서는 pp. 216f.

52) Weiß, Volker 2011, p. 131.

53) 2015년부터 이어진 독일대안당의 유럽의회와 지방선거 성공은 제1부 1장 참조.

54) Sarrazin, Thilo 2012.

55) Werner, Alban and Richard Gebhardt 2013, pp. 191~204.

56) 같은 글, pp. 193f.

57) 같은 글, p. 203.

58) 독일대안당의 2013년 연방의회 선거에 대해서는 Frank, Tobias(2015) 참조.

59) 독일대안당의 선거성공에 대해서는 제1부 1장 참조.

60) "AfD-Politikerin: Storch bezeichnet Äußerung über Schüsse auf Flüchtlinge als

Fehler," *Spiegel Online* 2016. 02. 10, http://www.spiegel.de/politik/deutschland/afd-beatrix-von-storch-nimmt-aeusserung-ueber-schuesse-auf-fluechtlinge-zurueck-a-1076757.html.

61) "Schäuble nennt AfD 'eine Schande für Deutschland'," *Online Focus* 2016. 02. 03, http://www.focus.de/politik/deutschland/nach-petry-aussagen-schaeuble-nennt-afd-eine-schande-fuer-deutschland_id_5259594.html.

62) Woods, Roger 2007, p. 15.

63) 같은 책, p. 18.

64) Gessenharter, Wolfgang 2004, p. 33.

65) Kaleta, Philip, Anna Reimann and Severin Weiland 2016.

66) Amann, Melanie, Matthias Bartsch, Jan Friedmann, Nils Minkmar, Michael Sauga and Steffen Winter 2016.

67) Hölker, Marie 2016.

68) Fedders, Jonas 2016, pp. 163~78, 여기서는 p. 175.

69) Häusler, Alexander and Rainer Roeser 2015, p. 125.

70) Kellershohn, Helmut 2016, SS. 181~200, 여기서는 S. 181.

71) Krautkrämer, Felix 2014, p. 9. 베른트 루케는 이후 독일대안당 내부의 권력투쟁에서 패하고 수뇌부에서 밀려나자 탈당해 2015년 카셀에서 새로운 정당 '진보와 궐기를 위한 연대'(Allianz für Fortschritt und Aufbruch)를 결성하고 연방의 장에 오른다.

72) Häusler, Alexander and Rainer Roeser 2015, pp. 125~27.

73) 같은 책, pp. 13~15.

74) 같은 책, p. 27.

75) 역사가 알렉산더 루오프(Alexander Ruoff)는 바이스만이 나치시기를 다양하게 "상대화시키는 발언"을 통해 "홀로코스트를 진부하게 만든다"고 비판한다 (Ruof, Alexander 2001, p. 88).

76) Kellershohn, Helmut 2016, p. 195.

77) 같은 글, pp. 195f.

78) Werner, Alban and Richard Gebhardt 2013, p. 203.

79) Geiges, Lars, Stine Marg and Franz Walter 2015 참조. 특히 독일대안당과 페기다의 관계는 같은 책(pp. 151~61) 참조.

제2장

68, 비판과 반(反)비판

서양현대사에서 이른바 68만큼이나 뜨거운 논쟁을 불러일으킨 대
상은 드물다. 그 '천의 얼굴'에 걸맞게 다양한 이름표가 붙었다. 68
은 '학생반란'이나 '청년반란' '세대반란'으로 불리기도 하고 '학생운
동'과 '사회운동' '생활방식의 개혁' '문화혁명'이라 일컬어지기도 했
다.[1] 또한 '무해한 반항'[2]이나 '집단적인 나르시시즘'[3]으로, 단순한 '카
니발'[4]과 '낭만적인 역행'[5]을 넘어 '반민주적인 사고의 새로운 형태'[6]
로 폄하거나 부정적으로 그려지기도 했다. 반대로 68은 '후기자본주
의 사회의 새로운 갈등의 선구'[7] 혹은 '자본주의 체제를 뒤흔든 세계
혁명'[8]같이 거시적으로도 명명되었다. 게다가 68은 "세계적으로 뻗
어나간 민주적 영향력"에 힘입어 동유럽권이 붕괴하는 '1989년의 초
석'을 놓았다고 장기적인 차원에서도 평가되었다.[9]

68이 대체 무엇인지, 무엇을 남겼는지를 놓고 지금까지도 논란이
분분하고 68은 여전히 현재진행형의 토론과 논쟁의 대상으로 되살
아나고 있다.[10]

하지만 68이 뿜어낸 이루 헤아리기 어려운 영향력은 다양한 방
식으로 인정되고 평가된다. 가령 1968년 6월에 철학자 한나 아렌트
는 세계적으로 고조되는 저항운동에 깊은 인상을 받아 스승 칼 야
스퍼스(Karl Jaspers)에게 썼다. "우리가 1848년에서 배웠듯 다음 세기
의 아이들은 1968년에서 배울 것으로 보입니다."[11]

68의 이름은 이렇게 유럽대륙을 뒤흔든 (18)48혁명의 위상과 아

우라에 능히 비견되었음이다. 그래서 '1968'이란 "정치·사회적 권력의 통상적인 진입로를 벗겨내면 자갈 아래에 해변이 있다고 수많은 사람들이 확신한 동시대사의 어떤 시기"[12]로 비쳤고, 68의 매력과 마력은 이른바 "삶과 문화, 정치와 사회 전역에서 작동한 숱한 '상상력의 보고'"[13]로 이해되기도 한다. 또한 68연구의 대표자에 속하는 길허홀타이 교수는 『68혁명, 세계를 뒤흔든 상상력』의 한국어판 서문에서, 서구의 신좌파 지식인이 고무한 "68운동은 기존 사회와 경제 및 지배 질서에 맞서 대항구상을 보유한 최후의 저항운동"[14]이라고 썼다. 역사가 노르베르트 프라이도 68이 풀어놓은 상상력과 그 전방위적인 여파를 이렇게 강조한다. "'68' 이후에는 이전과 같은 것이 거의 없었다. 또한 이런 의미에서 그 무엇이건 '68'을 비켜가지 못했다."[15]

　그럼에도 국내 서양사학계의 68연구는 여전히 일천하다.[16] 몇 권의 연구서와 번역서를 뺀다면 아직 제대로 시작되지 않았다.[17] 독일 68로 한정해도 사정은 마찬가지이나 간헐적으로 논문이 나오며 연구가 탄력을 받고 있다.[18] 그에 비해 1998년 국공립 문서고 개방을 전후해 닻을 올린 독일 역사학계의 68연구는 적잖은 성과를 쌓아왔다. 연구 주제와 영역에서도 꾸준히 범위를 넓혀 도시사 및 지역사로 뻗어가고[19] 여성운동과 대학개혁, 청년문화, 법조계와 정당 문제를 포착하는가 하면[20] 문학과 도서 시장, TV와 연극과 음악으로의 지평 확장을 넘어 대체복무와 의학 및 교회 관련 주제까지 손을 대고 있다.[21] 최근 들어 68연구는 당대의 막강한 시장지배력과 일방적 보도로 악명을 떨친 거대 언론재벌과의 대결을 비롯해[22] 역사학에서 새로이 주목받는 분야인 감정사 및 기억의 문제라는 측면에서도

이루어지고 있다.[23]

　사실 68의 해석을 둘러싼 대결과 논쟁은 학계와 정계를 넘나들며 독일에서 특히 격렬하게 진행되었다. 60년대 후반 라인강의 기적을 일구며 가파른 성장을 거듭하던 독일사회를 일거에 뒤흔든 68의 해석을 놓고 지금까지도 의견이 분분하다. 한편에서 68은 '민주적인 사회로의 돌파'였다.[24] 68세대이자 환경부장관을 지낸 녹색당의 위르겐 트리틴(Jürgen Trittin)은 68운동이 "질식당한 서독사회의 문화적 자유화와 정치적 민주화를 최초로 야기했다"고 강조한다.[25] 독일을 대표하는 지성 하버마스도 68운동이 서독사회의 '근본적 자유화'에 기여했다고 역설한다. 전후 서독에 잔존하던 권위적인 사회가 68운동으로 균열을 일으키고 '생활방식의 개인주의'와 '자율적인 여론'이 새로이 생성될 수 있었다는 것이다.[26] 이는 68운동이 "명목상의 민주주의를 실질적으로 민주화하기 위한 토대를 닦은 것"[27]이라는 라이너 빌링(Rainer Bieling)의 평가와 연결된다.

　하지만 다른 한편에서 68의 주체는 '완전한 파괴의지'로 충만한 '독일 전체주의의 후발주자'로 불신 받는다.[28] 연방 가족부장관을 역임한 기민당의 브루노 헤크(Bruno Heck)는 "68의 반란은 나치의 제3제국보다 더 많이 가치 있는 것을 파괴했다"[29]고 주장한다. 그래서 사회와 국가에서 발생한 권위의 퇴락에서부터 학생들의 능력 저하를 비롯해 교육규범의 상실 및 적군파 테러주의 등장까지 모든 문제가 오롯이 68운동의 책임으로 전가되기도 한다.[30]

　한마디로 68운동은 서독사의 유의미한 분수령이자 민주주의를 한 단계 성장시킨 서독의 '두번째 건국'으로 불리는가 하면,[31] 반대로 나치시기의 망령을 불러오고 기존 사회의 유의미한 가치를 파괴한 전체주의 운동으로 낙인찍히기도 하는 것이다.[32] 특히 후자의 해석은 68운동이 "동독공산당과 그 첩자들의 수중에 놀아난 것"으로 보는 관점[33]과도 일정한 접점이 있다. "68을 동독공산당과 그 첩자들이 좌지우지했다"는 주장은 그 운동의 의미와 타당성에 의문을 제기하는 68비판의 한 축을 이룬다. 하지만 동독이 68운동 자체를 조종하거나 만들어냈다는 주장[34]은 전혀 입증되지 않았다. 가령 페터 슈나이더(Peter Schneider)는 서독 활동가들이 슈타지(Stasi, 동독국가안보국)와 접촉한 적은 있었지만 슈타지의 도움이나 부추김이 필요하지 않았기에, 68운동이 "동독공산당과 슈타지에 조종되었다는 주장은 그로테스크하다"고 평가한다.[35] 여하튼 그간 독일 역사학계의 주류는 동독 조종설과 선을 긋고 거리를 두었다.

하지만 2009년, 1967년 6월 2일에 대학생을 사살한 서독경찰 쿠라스가 동독첩자였음이 밝혀지며 논쟁은 새로운 국면을 맞는다. 이제 81세 노인이 된 이 연금수령자의 진짜 정체가 폭로되자 독일사회는 발칵 뒤집히고, 수십 년 전 독일을 격동의 회오리 속으로 몰아넣은 그 사건이 다시금 현재의 부름을 받는다. 결국 쿠라스의 정체 폭로는 독일 68운동과 6월 2일 사건에 대한 새로운 논쟁에 불을 지핀다. 동독첩자가 그 출발총성을 울렸기에 "68운동의 역사는 다시 써야 한다"는 주장이 제기되고 동독 배후설이 다시금 점화된다. 독일 68운동에 대한 근본적인 문제제기였다.

운동 확산의 촉발제인 '6월 2일 사건'이 만약 동독 비밀경찰의 지령에 따른 것이고, 게다가 운동진영이 실제로 동독의 영향력 아래 있었다면 이야기는 달라질 수 있음이다. 즉 6월 2일 사건이 동독 쪽의 구체적인 '사전기획'으로 일어났고, 68운동이 당시 냉전의 전선도시 베를린장벽을 사이에 두고 첨예하게 대립하고 경쟁하던 동독의 조종을 받는 상태였다면, 특히 그 운동의 대의와 역사적 의의까지 흔들리고도 남음이 있는 탓이다. '68 다시 쓰기' 논쟁은 그렇게 시작되었다.

이와 더불어 68운동을 둘러싼 쟁점 가운데 오늘날까지 곳곳에서 치열한 공방의 대상이 되고 있는 주제가 '폭력문제'다. 점차 고조된 운동의 폭력성에 대한 비판과 경찰공권력으로 대변되는 국가폭력[36]에 대한 대항폭력으로서의 옹호를 기본으로, 아직도 풀리지 않은 수수께끼처럼 68운동의 단골주제로 남아 있기 때문이다. 폭력문제는 당대에서부터 68운동의 양날의 검이자 뜨거운 감자였다. 전쟁과 무력이 난무하는 당시 '폭력의 시대'를 목도한 68운동의 신좌파는 폭력을 무조건 거부하지 않고, 세상을 바꾸는 무기로 생각했다. 하지만 운동은 국가폭력을 통해 예기치 못한 폭발력을 얻은 한편, 국가공권력과의 대결과정에서 고조된 폭력성과 급진화로 여론의 지지와 결집력을 잃게 되었다.

따라서 운동의 확장력과 폭발력이 남달랐던 곳이나 상대적으로 동원력이 약했던 곳이나 모두 폭력문제는 반대자들의 좋은 비판지점이었고, 옹호자들에게는 적잖은 난점이자 딜레마로 작용했다. 68운동이 유럽이나 미국에서 대체로 폭력문제에 발목을 잡히며 해체의 길을 걸었던 탓이다. 가령 미국에서는 1968년 4월 마틴 루터 킹 목사의 암살과 흑인폭동, 8월 시카고 민주당 전당대회 기간 시위대에 맞선 경찰폭력과 대항폭력이 논란을 일으키며 동원력이 떨어졌다. 프랑스에서도 6월 이후 운동의 쇠퇴기에 공장주 감금이나 경찰과의 난투가 발생하며 운동은 차츰 분파화의 길을 걷는다.[37] 특히 독

일의 경우 폭력문제는 68운동의 결집력 하락에 결정적인 역할을 하
는 뇌관으로 기능했던 터라, 폭력문제를 둘러싼 논쟁의 지형을 검토
하는 일은 유의미하다.

이렇게 68의 핵심 쟁점인 '역사 다시 쓰기'와 '폭력문제'를 둘러
싼 비판과 반비판을 검토해서, 악마화를 걷어내면서도 신화화에 빠
지지 않는 '역사화'의 길을 모색할 필요가 있다. 분명, 많은 것이 당
대나 그 이후에 달라지만 68운동은 무조건적인 신화화를 앞세운
경배와 찬양의 대상일 수 없다. 특히 폭력문제와 관련해서라면 더더
욱 그렇다. 그렇다고 역사적 맥락을 놓치고 현재의 정치색을 입혀 과
거의 68을 마냥 비판하는 것도 역사왜곡이자 시대착오적 접근법에
다름 아니다.

그렇기에 논쟁의 주요한 대립지점을 관통해 68논쟁의 진위를 판
별하고 68의 위상을 질문하고 의미를 평가해 볼 것이다. 우선, 2009
년 서독경찰 쿠라스가 동독 슈타지의 첩자였음이 폭로되며 불붙는
비판과 반비판의 대결부터 살펴보자.

68역사 다시 쓰기 공방

쿠라스의 정체 폭로와 논쟁의 폭발

쿠라스는 1967년 6월 2일 냉전의 수도 베를린 오페라 하우스 앞에서
독재자 이란국왕의 국빈방문에 항의하는 시위를 진압하는 과정에
서 베를린자유대학 재학생 오네조르크를 쏘아 사망케 한 서독경찰
이다.[38] 이 총격은 역사에 '6월 2일 사건'으로 이름을 올리며 독일 68
운동의 기폭제가 되었고, 운동은 진원지인 베를린 담장을 훌쩍 뛰어
넘어 서독 전역으로 들불처럼 번져갔다.

본(Bonn)대학에서 열린 추모식에서 저명한 역사가 칼 디트리히 브라허(Karl Dietrich Bracher) 교수는 오네조르크의 죽음을 "생각이 다른 사람들에 대한 의식적인 테러"[39]라고 지칭했다. 또한 6월 2일은 '슬픔의 날'일 뿐 아니라 '분노의 날'이기도 했고 쿠라스의 오네조르크 사살은 시위결집과 '동원의 격발행위'[40]가 되었다. 그 죽음은 학생운동에 등불로 작용했고 서독의 모든 대학도시들에서 학생층의 연대물결을 일으켰다.[41] 오네조르크의 사망 이후 진행된 상황을 길혀홀타이 교수는 다음과 같이 묘사한다.

> '6월 2일 사건'은… 상황을 바꿔놓았다. 대학생을 죽음으로 몰고 간 경찰의 총격은… 학생들에게 공포, 경악, 분노를 야기했다. 이때까지 정치활동적인 학생그룹의 행보와 거리를 두고 있던 많은 이들이 그 죽음을 자기 일처럼 느끼며 정치적 활동에 참여하는 길로 나선다. 이를 통해 운동의 저변이 단지 베를린에서만 확대된 것이 아니었다. 저항의 불꽃은 서독 대학들로 순식간에 번져갔다.[42]

이렇게 6월 2일은 "그 어떤 날보다 더 독일의 역사를 바꿔놓게"[43] 되는 서독 "저항운동의 핵심적인 날"[44]로 역사에 들어간다. 더불어 오네조르크의 죽음은 독일 68운동의 결정적인 사건으로, 쿠라스라는 이름은 권위적이고 억압적인 서독사회의 상징으로 자리매김되었다.

그런데 그로부터 40여 년이 지난 2009년 5월에 쿠라스가 사건 당시 슈타지 첩자이자 동독공산당원이었음이 밝혀진다. 쿠라스는

이미 1955년부터 슈타지 끄나풀로 일했고 1964년에는 당원까지 된
사실이 새로 발굴된 슈타지 비밀문서에서 드러난 것이다.[45] 게다가
쿠라스는 돈 때문에 정보를 팔아넘긴 수준의 단순 첩자가 아니라,
당원이 되기 위해 수년간 공을 들이고 동독체제를 동경하고 신봉한
인물이었다.[46] 공산당원이 되기 위한 지원서에 "당을 위해 혼신의 힘
을 바치기를 원한다"[47]고 명시하기를 주저하지 않았음도 같은 맥락이
었다.

　쿠라스가 어떤 인물인지, 그 단초를 제공하는 일화가 있다. 2009
년에 자신의 정체가 탄로난 후 찾아온 『타게스슈피겔』(Tagesspiegel)
기자에게 쿠라스는 "재미삼아 베노 오네조르크를 쏘았다"고 발언한
다. 이는 물론 냉소적인 빈말일 수도 있지만 2007년, "실수로 쏜 것이
냐"는 기자의 질문에 대고 "실수? 나를 건드리는 자는 씨를 말릴 것
이다"라고 답한 데서도 알 수 있듯, 지극히 공격적인 성향을 가진 인
물이었던 것이다.[48]

　여하튼 서독경찰 쿠라스가 동독첩자였다는 사실은 적잖은 충격
과 파장을 일으켰다. 스스로 68운동의 대변자에 속했던 작가 슈나
이더는 우선 쿠라스가 사격에 미친 총기광이자 '불쌍하고 끔찍한 멍
청이'라고 본다. 동독은 "서독보다 나은 국가이자 반파시스트적인 국
가"라고 믿고 거기에 영혼을 바친 순진하고 '낭만적인 인물'이라고
여긴 때문이다. 하지만 쿠라스 정체의 폭로는 6월 2일 사건에 대한
상을 전복시키고도 남을 예기치 못한 성질의 것으로, "68운동 당시
에 그 정체가 알려졌다면 6월 2일 사건 이후 서독사는 다르게 흘렀
을 것"이라고 밝힌다.[49] 무엇보다 당대 운동진영이 서독뿐 아니라 동
독 정권도 신랄하게 비판하고 동독에 대한 환상에서 벗어났을 뿐더

러, 오네조르크 죽음의 책임을 운동측에 돌리던 보수언론의 일방적인 비난이나 베를린 시민의 여론도 다른 방향으로 흘렀으리라는 말이다.[50]

저명 시사주간지 『슈피겔』은 이 사건으로 독일 현대사의 수정이 시작되었고, 최악의 시나리오는 "슈타지가 서독을 소요에 빠뜨리기 위해 혹시 쿠라스에게 살인을 교사하지 않았을까"라는 의문이 드는 것이라고 썼다.[51] 결국 살인지시를 뒷받침할 문서자료는 아직 없지만 쿠라스의 정체 폭로로 68세대가 "그 반란의 토대를 떠받치는 중요한 초석 하나를 잃었다"고 보았다.[52] 유사 파시즘적 서독사회를 증거하고 아도르노가 말한 '권위주의적인 인간형'에 속하는 "파시스트적인 성향을 내재한 개인"으로 공언된 쿠라스가 서독이 아니라, 공히 권위주의적인 인간형을 필요로 하는 동독의 꼭두각시였음이 드러났으니, 『슈피겔』이 말하는 '반란의 토대', 곧 68의 서독사회에 대한 문제제기도 약해질 수밖에 없다는 말이다.[53] 여기서 『슈피겔』은 "그때 쿠라스가 동독과 슈타지 쪽 인물임을 바로 알았다면 어떤 일이 벌어졌을까"라고 묻는다.[54] 그랬다면 쿠라스가 유죄선고를 받을 공산이 높았고 운동진영이 드러낸 국가와 경찰에 대한 불신 및 분노의 수위도 달랐을 것이라고 답한다.[55]

『슈피겔』과 앞선 슈나이더의 논조는 유사한 면이 없지 않다. 쿠라스의 정체가 곧장 밝혀졌다면 국가공권력과 운동세력의 상호적대 및 물리적 대결의 고조나 운동의 급진화는 어느 정도 피할 여지가 있었을 것이라는 주장이다. 물론 역사에는 가정이 없으나, 이는 얼마간 귀기울일 대목이 없지 않은 말이다.

하지만 보수언론의 대변자로 운동 반대의 선봉이던 '악셀 슈프

링어 출판그룹' 쪽의 주장은 전혀 다른 색조를 띤다. 강경하고 단선
적인 논리를 앞세워, 슈타지 첩자가 촉발했다고 동독산으로 낙인찍
으며 '68운동 다시 쓰기'라는 깃발을 높이 치켜든다. 우선, 60년대 당
시 운동측과 크게 대립한 슈프링어 그룹의 현 회장 마티아스 되프너
(Mathias Döpfner)가『프랑크푸르트 알게마이네 존탁스차이퉁』(Frank-
furter Allgemeine Sonntagszeitung)과의 인터뷰에서 앞장서 목소리를 높
였다.

되프너는 68운동이 일정 부분 '서독사회 현대화의 동력'으로 작
용한 점을 인정하면서도 그간 "운동의 전체주의적인 특성과 동독
및 슈타지의 영향력 문제"가 너무 간과되었다고 주장한다. 이와 연
결해, 68운동이 비록 그 주역 일부가 적록연정에 들어가고 운동의
가치가 사회 메인스트림으로 진입했음에도 불구하고 전체주의의 안
티테제라고 할 '자유운동'(Freiheitsbewegung)의 측면에서는 실패했다
고 말한다.[56] 게다가 슈프링어 그룹의 수장은 쿠라스 정체 폭로의 의
미에 대해 아주 단호했다. "억압적이고 반동적이며 후기파시즘적인
서베를린 경찰국가의 대변자"로 일컬어진 쿠라스가 실제로 "동독공
산당의 추종자이자 슈타지 첩자임이 밝혀진" 마당에 동독의 총격지
령 유무는 그다지 중요치 않고, 이 폭로 사실만으로도 "68운동 세대
의 탄생신화는 무너졌다"[57]고 단정한다. 한 발 더 나아가 그는 68운
동이 슈프링어 사를 적의 형상으로 만들기 위해 의식적 및 무의식적
으로, 50년대부터 자사를 체계적으로 공격해 온 동독공산당의 앞잡
이 노릇을 수행했다고 주장한다.[58]

다음으로, 슈프링어 신문의 현대사와 문화사 담당 편집장이던
스벤 펠릭스 켈러호프(Sven Felix Kellerhof)가 그룹회장의 바통을 이

어받는다. 그는 서독사에서 중차대한 시기이자 시위와 저항으로 얼룩진 격동의 나날을 야기한 쿠라스의 총격사건이, 당시 서독은 경찰의 총에 학생이 사살될 수 있는 '파시즘 전야상태의 국가'라는 운동진영의 주장을 뒷받침하는 주요한 증거로 내세워졌다고 밝힌다. 따라서 오네조르크의 죽음이 없었다면 "'68'이라고 알려진 운동도 아마 존재하지 않았을" 뿐만 아니라, 그 사건 자체에서 이름을 빌려온 '6월 2일 운동'(Bewegung 2. Juni)이나 적군파 같은 좌파 테러주의 조직도 등장하지 않았을 거라고 주장한다.[59] 이번에는 역시 슈프링어사의 일간지 『벨트』(Die Welt)에서 일한 바 있는 아르민 푸러(Armin Fuhrer)가 거들고 나선다. 쿠라스의 정체 폭로가 전체 68운동의 "생명에 치명타를 가했다"는 것이다.[60]

한때 기민당에서 활동한 페터 호르바트(Peter Horvath)는 한 술 더 뜬다. 68반란의 추진력은 서독의 사회경제적 상황이 아니라, 서독의 상황을 자신들에게 유리하게 바꾸려 한 동독 공산주의자들에게서 나왔다고 강변한다.[61] 쿠라스의 총격은 당시 대두하는 학생 저항운동과 국가당국의 대결을 더 격화시키고 서베를린의 상황을 첨예하게 만들려는 목적에 잘 부합하는바, '학생순교자'의 탄생은 학생들의 행동을 더 과격하게 하고 연대효과를 창출해 운동의 외연이 확장될 여지가 분명한 때문이라는 것이다.[62] 결국 '일급첩자'[63]인 쿠라스는 "실수로 쏜 게 아니라"[64] 68운동의 배후이자 추진력인 '동독의 전략적 구상'에 따라 "68에 출발신호를 보냈다"[65]고 호르바트는 역설한다.

이들 주장은 간단히 말해, 쿠라스의 총격이 아니라면 68운동도 없었기에 쿠라스 정체의 폭로는 동독이 운동을 불붙이고 조종했다는 사실의 입증에 다름 아니므로 "68운동의 역사는 새로 써야 한 다"는 것이다.

하지만 대립각을 세우는 논거도 만만치 않다. 가령 68운동의 지 도자그룹에 속한 카데 볼프는 전혀 다르게 말한다. 즉 괴츠 알리나 볼프강 크라우스하르 같은 사람이 이미 수년 전부터 그 운동의 역 사를 다시 쓰려고 하며 동독 조종설을 주장해 왔지만 설득력을 얻 지 못한 사실을 지적한다. 이제 쿠라스의 정체가 밝혀졌다고 해서 68운동이 '단 한 명'의 슈타지 첩자에 의해 일어날 수 있었다고 보는 것은 터무니없는 생각이라는 말이다.[66] 또 볼프는 동독의 영향력을 과대평가하며 운동주체들이 동독 친화적이었다는 주장도 사실을 호도하는 일일 뿐더러, 거꾸로 선봉에 서서 운동을 비방하던 슈프링 어 신문들뿐 아니라 "동독 공산주의자들 역시 68운동을 경멸했다" 고 강조한다. 나아가 밝혀진 쿠라스의 실체를 고려할 때 오히려, 시 위학생을 죽인 쿠라스와 경찰의 과잉진압을 지지하고 그 죽음을 운 동측의 과격시위 탓으로 돌린 당시 신문과 언론인이 이제라도 부끄 러워해야 한다고 말한다.[67]

볼프는 슈나이더의 주장, 특히 "운동주체들이 동독이 서독보다 더 나은 정치적 대안이라는 환상을 심어주었다"는 말도 반박했다. 당시 활동가들에게 동독은 별다른 관심의 대상이 되지 못했고, 무엇 보다 운동의 핵심 조직인 서베를린 독일사회주의학생연합(SDS)의 경 우 동독에 매우 비판적이었다는 것이다. 우선 루디 두치케나 베른트 라벨 같은 조직의 중심 인물들이 동독 출신이라 그곳 실정을 잘 알 았던 탓이다. 물론 조직 내부에도 친공산주의 분파가 없지 않았지만 미력했다고 한다.[68]

독일 68운동 전체의 아이콘으로 부상한 두치케가 동독에 강한 거부감을 보인 사실은 다른 슈타지 첩자의 보고에서도 잘 입증된다. 1967년 1월 슈타지 끄나풀 디트리히 슈타리츠(Dietrich Staritz)가 보고한 내용을 보면 "두치케는 철저한 동독 반대자"이고 1966년 12월 10일 공산당 서기장 발터 울브리히트(Walter Ulbricht)의 사진을 불태운 베트남전 반대시위에서도 두치케가 "엿같은 동독 사회주의"라고 발언했다고 한다.[69]

한편 역사가 벨러 교수의 판단은 좀더 차분하면서도 '역사 다시 쓰기'를 반박하는 주장에 설득력을 더해 준다. 우선, 동독이 무슨 일이든 할 태세가 되어 있었기에 슈타지의 청부암살 자체가 전혀 불가능한 시나리오는 아니지만, 경찰관 쿠라스의 슈타지 협력이 역사가에게는 전혀 '드라마틱한 사건'이 아니라는 것이다.[70] 오히려 쿠라스 사건은 무엇보다, 문서고 자료에서 "동독청부 테제를 위한 어떤 단서도"[71] 발견되지 않았음에도 불구하고 "사건 전체를 부풀리려는" 미디어의 산물이라고 본다. 그리고 오네조르크의 죽음이 분위기를 달군 점은 분명하지만, 68운동은 훨씬 전에 닻을 올렸기에 운동이 그 사건에서 나왔다는 주장은 확실히 과도한 해석이라고 못박는다.[72]

사실 비밀문서 자료가 보여주는 쿠라스 총격 이후 벌어진 슈타지 내부의 상황이나 대응과정을 보면 쿠라스에게 총격명령을 내리지 않은 정황이 포착된다. 물론 공산주의 깃발을 내건 소련과 동독 정권이 오히려 반공주의 진영보다 더 많은 좌파와 공산주의자를 죽인 점을 감안하면 살해명령이 불가능한 일도 아니고 앞에서 벨러 교수가 지적한 대로이다.[73] 하지만 무엇보다 동독과 슈타지가 쿠라스를 그렇게 이용하기에는 쉽지 않은 약점이 있었다. 쿠라스는 이미 소비에트 지배하의 동베를린에서 2차대전시 사용된 총기를 숨긴 죄로 10년을 복역했다. 이런 습성은 서베를린 경찰로 재직할 때도 변함이 없어 최고의 취미가 다름 아닌 사격이었다.[74] 통제 불능의 이런 사격광, 즉 사격이 인생에서 가장 중요한 것으로까지 보이는 인물에게 그런 중요한 지시를 내리기란 슈타지 쪽에서도 쉽사리 택하기 어려운 결정이었을 것이다. 왜냐하면 최대한 신중하고 은밀하게 처리해야 할 중차대한 임무가 사격에서 최고의 흥분을 느끼는 광적인 인물의 수중에 떨어진다면 안전한 성공과 조직의 비밀을 보장하기 어려울 게 분명한 탓이다.

그러나 무엇보다 중요한 증거자료는 사건 직후 슈타지가 "쿠라스의 이적행위와 이중스파이 가능성을 자체 검토했다"는 사실이다. 쿠라스가 비밀리에 이적행위를 하지 않았는지 엄밀히 규명하기 위함이었다. 결론은 그가 '신뢰할 만한' 인물이고, "그럴 가능성은 없다"는 쪽으로 가닥이 잡혔다.[75] 여기서 가능한 상식선의 추론은 슈타지가 혹여 총격지시를 내렸으면 쿠라스의 충성에 대해 의구심을 가지고 이런 조사를 할 이유가 없다는 점이다. 곧 이러한 자체조사는 슈타지에게 그 총격사건이 금시초문이었음을 뜻하고, 따라서 사전지시가 없었음에 대한 주요한 방증이라고 볼 수 있다. 또한 슈타지 내부에서 오네조르크 사망 사건을 놓고 '매우 유감스러운 불행'[76]으로 평가했다는 것도 "지시나 명령이 없었다"의 반증에 가까운 대목으로 읽는다. 결코 외부에 드러나지 않음을 전제로 작성된 이들 비밀문서 내용은 슈타지가 쿠라스의 총격사건 후 얼마나 당황했으며, 재빨리 사태를 평가하고 수습하게 위해 어떻게 동분서주했는지를 분명히 보여준다.

더불어 앞서 살펴본 쿠라스의 개인적인 이력과 성향을 감안해도 '동독의 지시 없이' 총을 쏘았을 가능성에 무게가 실린다. 익히 알려진 쿠라스의 지독히 권위주의적인 성향은 반권위주의 68운동에 대한 극심한 반감으로 이어질 수밖에 없었고, 통제할 수 없는 사격 충동과 결합된 이런 반감은 슈타지의 명령 없이도 총을 발사했을 가능성을 높이는 탓이다.

6월 2일 사건의 재발견과 본질

2012년 1월, 연방검찰과 『슈피겔』 조사팀이 또 다른 사실 하나를 추가로 밝혀내며 '오네조르크의 죽음'과 관련해 사건의 본질에 한 발더 다가설 가능성이 열린다. 즉 정당방위 주장과는 달리, 당시 쿠라스가 오네조르크를 바로 뒤에서 '사형집행'하듯 쏘았고 "베를린 경찰 전체가 체계적으로 진실을 은폐했음"이 드러난 것이다.[77]

이 두번째 폭로는 쿠라스가 슈타지 첩자였다는 사실보다 더 유의해 보인다. 왜냐하면 당시 경찰과 기성 체제는 "쿠라스가 경찰이기에 무조건 보호하려고 했다"는 혐의를 벗기 어렵기 때문이다. 그래서 각종 자료와 증거를 철저히 은폐하고 재판에도 협조하지 않았다고 볼 수 있다. 그렇다면 6월 2일 사건의 관건은 단지 "경찰이 시위학생을 죽였다"는 차원을 넘어 "죽음으로 이어진 경찰폭력에도 불구하고 정치권과 경찰이 이를 정당화하고 지지했다"는 점과 더 연관된다고 판단할 수 있음이다. 따라서 오네조르크의 죽음과 관련한 문제에서 쿠라스가 슈타지 끄나풀이건 아니건 경찰 한 명의 문제가 아니라 "서베를린 경찰 일반의 시위자들에 대한 폭력과 정당화 및 진실 숨기기"가 핵심 지점이라는 것이다.

볼프 역시 쿠라스가 슈타지였다는 사실과 상관없이, 더 중요한 사건은 오네조르크의 사망 이후에 발생한다고 본다. 실제로 과실치사로 기소되어 줄곧 정당방위를 주장하던 쿠라스는 1967년 11월 증거부족으로 석방되고 뒤이은 항소심 결과도 마찬가지였다.[78] 쿠라스는 재판 내내 경찰의 조직적인 지원을 받았고 경찰노조는 쿠라스의 변호비용으로 6만 마르크를 쾌척한다. 2009년 5월 슈타지 첩자라는 정체폭로 후 시작된 검찰수사는 2년 뒤인 2011년 11월 소송재개의 법적 근거 부족을 이유로 성과 없이 종료되었다.[79] 슈타지의 살해지시를 입증할 근거가 없을 뿐더러 고의살해라고 볼 만한 상황증거 역시 소송을 재개하기에는 충분치 않다고 법정은 판단했다.[80] 이렇게 쿠라스가 '법정에서 거듭 석방된' 일이야말로 '진짜 스캔들'이라는 말이다.

결국 과도한 폭력을 앞세운 "경찰이 시위 도중에 사람을 쏘아 죽이는 일이 발생할 수 있다는 사실"과 더불어 그 이후에 "가해자에게 죄를 묻지 않았음"이 문제였고, 이런 일련의 과정이 당시 전개되고 있던 운동을 증폭시키는 '횃불'로 작용했다는 것이다.[81] 쿠라스의 석방이 운동에 강한 폭발력을 더한 것은 틀림없어 보인다. "쿠라스의 석방보다 학생층을 더 한층 과격하게 만든 사건은 없었다"는 주장도 같은 맥락이다.[82]

유사한 맥락에서 역사가 잔드라 크라프트(Sandra Kraft)는 설령 쿠라스의 진짜 정체가 당시에 이미 밝혀졌다 해도 "학생들의 주장이 가지는 정당성" 문제에 별반 영향을 끼치지 못했으리라고 본다. 학생들의 분노는 한 명의 행위자로서 경찰 쿠라스를 향한 게 아니라 이른바 '파시스트적으로 비친 체제'를 겨냥한 때문이다.[83] 이 체제의 대변자에 속하는 당시 베를린 내무장관 같은 사람은 시위대를 향한 경찰폭력을 노골적으로 승인하고 "누가 죽어도 상관없다"며 놀랍고 충격적인 발언을 쏟아냈다.[84] 따라서 서베를린 경찰총장과 시장이 무비판적이고 무조건적으로 동료경찰인 총격자('살인자') 편에 섰기에 "슈타지가 도발했건 아니건 상관없이" 그런 국가측의 대응이 6월 2일 직후 폭발적인 분노와 소요를 불러일으켰다는 말이다.[85] 68에 대한 '새로운 해석 시도' 역시 서베를린 당국의 이런 태도를 정당화하기는 어려워 보인다. 이런 점에서도 '68역사 다시 쓰기'를 주장하는 테제는 설득력이 떨어진다.

그러므로 쿠라스 석방이 운동의 폭발에 미친 영향에 대한 지적도 중요하다. 우선 경찰이나 법정이 쿠라스의 편이었음을 부정하긴 힘들다. 그렇다면 슈타지 끄나풀이라면 당연히 죗값을 치렀을 일이 자기편이었기에 무죄가 된 것이다. 주류 보수언론의 입장도 경찰폭력과 쿠라스 지지에서 벗어나지 않았음은 물론이다. 따라서 옳고 그름조차 흑백의 진영논리에 좌우되었고, 이는 학생과 운동주체의 눈에 체제 자체의 부당함에 대한 적나라한 증거로 비칠 밖에 도리가 없었다. 이런 일련의 과정을 통해 마침내 운동은 유례없는 폭발력을 부여받은 것이다.

또한 연방군이 없어 군사훈련을 받은 서베를린 경찰이 비공산주의자를 채용하기 위해 나치경력자를 받아들였다는 점도, 그간 수면에 잘 드러나지 않은 베를린 역사의 이면으로서 당시 상황이나 분위기와 관련해 무시하기 어려운 부분이다.[86] 실제로 슈타지 끄나풀이건 나치 성향이건, 반권위주의 운동에 대한 적대감으로 가득 찬 쿠라스 같은 인물이 서베를린 경찰에 다수 포진해 있었다. 사실 이런 상황은 6월 2일 사건의 발생과 당시 서베를린 경찰의 과도한 폭력성을 설명해 줄 실마리가 된다.

베를린과 다르지만 유사점을 생각해 볼 만한 사례도 있다. 1968년 4월 운동지도자 두치케 암살을 기도하는 바흐만이 60년대 초반부터 니더작센 신나치와 접촉해 사격을 배우고 암살시도 직전 권총과 실탄을 조달받았음을 현지 경찰이 알았지만 공개하지 않은 사실이 슈타지 및 경찰의 새로운 자료를 통해 밝혀진 일과 관련된다. 왜냐하면 당시 경찰이나 검찰이 바흐만의 신나치 배경을 인지했지만 니더작센 경찰의 신나치와의 결부 사실을 덮기 위해 재판에서 그 사실을 의도적으로 묵과하거나 은폐했다는 의문이 제기될 법하기 때문이다.[87]

종합하면, 단순히 쿠라스가 슈타지 첩자로 오네조르크를 죽였기 때문에 68운동은 동독이 조종 혹은 조장한 것이고 그래서 68의 역사를 다시 써야 한다는 주장은 결과론적이고 논거가 옹색해 보인다. 독일에서는 이미 60년대 중반 이후 운동의 깃발이 올랐고, 누차 언급되듯 당시의 운동 주류는 동독과 현실사회주의에 매우 비판적이었다. 베를린장벽을 넘어온 숱한 밀정이 운동진영 안팎을 어슬렁거렸지만 이들이 운동의 흐름을 결정하거나 이끌었다는 주장은 과한 억측이거나 침소봉대에 가깝다.

사실 본격적인 학문적 대상으로 선택받은 후부터 68연구는 무조건적인 추앙이나 혐오와는 일정한 거리를 두고 진행되었다. 특히 동독과 결부되는 악마화는 역사학 영역에서 의심의 눈초리를 받는 변방의 목소리로 수그러드는 듯했다. 그런데 68운동에 다이너마이트를 선사한 쿠라스가 장벽 너머 저 전체주의 체제의 하수인임이 밝혀진 2009년 5월, 철 지난 노래나 나직이 흘러나오던 소형 라디오가 거대한 증폭기로 돌변해 불을 뿜었던 것이다.

결국 68역사 다시 쓰기 주장은 정치성향과 진영논리가 객관적 증거와 논리적 정합성보다 앞서나간 결과로 보인다. 물론 68만이 아니라 모든 역사는 다시 씌어지게 마련이다. 다만 그 전제와 방향과 의도를 떠받치는 타당성과 설득력이 관건이다. 그런 점에서 68운동이 동독작품이라는 가정과 예단에서 시작하고 끝맺는 역사 다시 쓰기의 깃발은 역사학의 아름다운 공백인 가능성 영역을 호도하는 정치적 메아리로 들린다.

기실 그간의 연구성과를 바탕으로 독일 역사학계에서 동독 조종설은 여전히 진지한 논의의 대상이 아니지만, 동독이 68운동에 과연 '얼마나/어떤' 영향을 끼쳤는가에 대한 질문과 연구는 여전히 의미가 없지 않아 보인다. 거기서 동독정권의 손아귀에 놀아난 68운동이라는 주홍글씨를 두려워할 필요도 없지 않나 싶다. 왜냐하면 객관적이고 진지한 연구가 더 두터워져야만, 진영논리와 정치적 의도를 앞세운 그런 서슬 퍼런 목소리도 결국은 엷어질 것이기 때문이다.

그 이후에야 68연구가 동독의 영향력이라는 정치색 강한 도식적 프레임을 넘어 권위주의적인 동독정권이 반권위주의적인 68운동을 어떻게 자극하고 영향을 주고받았는지가 논의되고, 나아가 서독의 68운동이 동독사회에 장·단기적으로 어떤 영향을 미쳤는지, 더 멀리는 1989년 동독의 혁명에 어떤 장기적인 흔적을 남겼는지의 문제 또한 제대로 논의될 수 있기 때문이다. 그리하여 '68과 동독'이라는 연구주제는 역사적 가능성의 이름으로 열려 있음이다.

68과 폭력문제

68에서 폭력의 역할

운동의 아이콘 루디 두치케가 베를린 백주대로에서 극우청년의 총에 맞으며 폭발하는 1968년 4월 '부활절 봉기'는 독일 68운동의 정점이자, 저항의 역동성이 꺾이는 출발점이기도 했다. 무수한 증언과 사진이 보여주듯 경찰폭력이야말로 시위대가 과격해진 핵심 진원지로 꼽힐 수 있지만, 부활절을 수놓은 바리케이드와 가두투쟁을 동반한 공권력과의 대결 와중에 발생한 2명의 사망자와 급속한 여론이반 속에서 운동이 쇠퇴의 길로 들어선 탓이다. 게다가 운동의 기운이 가라앉으며 등장한 적군파 테러공세로 점철된 1977년 '독일의 가을'로 절정에 이른 공포 속에서, 68운동은 역사가 되자마자 폭력과 테러주의의 산파라는 낙인과 대결하지 않을 수 없었다. 이렇게 폭력문제는 좌파 테러주의와의 연결점으로 지목되며 다시금 기억투쟁 및 해석투쟁의 와중에서도 운동의 아킬레스건이 된다.

하지만 1988년 20주년 전후 68에 대한 평가는 대체로 긍정적이었다. 이는 1990년 폰 바이체커 대통령이 68운동은 "민주적 사회참여의 심화"에 기여했다고 밝힌 데서도 드러난다.[88] 30주년인 1998년도 상황은 유사했다. 사민당과 녹색당의 적록연정 등장과 함께 68운동은 68세대가 '제도를 관통하는 대장정'을 성취했다는 팡파르를 배경으로, 일부 잘못도 있지만 전체적으로 "독일사회의 근본적인 자유화와 민주화에 기여했다"고 높이 평가된다. 게다가 같은 해에 적군파가 해산을 공식 선언하며 좌파 테러주의 악몽과의 결별을 상징하는 기점이 되기도 했다. 68운동의 이미지에 겹쳐진 부담스런 전투성이 결국 70년대 테러주의와 함께 폐기될 수 있었던 것이다.[89]

그러나 68을 둘러싼 폭력의 갑옷은 완전히 벗겨지지 않았다. 전투성과 과격화의 상징인 폭력문제가 새로운 공방을 불러왔던 것이다. 2001년, 68세대가 주도한 적록연정의 외무장관 요슈카 피셔의 70년대 초반 '가두투사' 시절 폭력을 둘러싼 논란 속에서 적군파 이야기가 불거졌다. 68의 폭력성을 두고 비판과 반비판의 설전이 오가면서 "적군파 테러는 68운동이 급진화한 결과"라는 주장이 다시 불붙었다.[90]

"68이 적군파를 낳았다"는 이 논리는 더 신랄히 말하면 "적군파가 68운동의 불가피한 결과"라는 것으로, 여타 비판을 뛰어넘는 메가톤급 폭탄에 해당하는 주장이다. 68의 폭력성에 대한 강조와 비판을 확장해 70년대 서독사회를 뒤흔든 적군파 테러주의와 직접 결부시킴으로써, 그 운동에 대한 가장 치명적인 공격이 될 수도 있기 때문이다. 물론 적군파와 68운동의 그런 관계설정을 비판하는 입장도 만만치 않다. 적군파가 하늘에서 떨어진 것은 아니지만, 68운동과의 단선적인 연결이나 단일인과론은 옳지 않다는 견해다.

폭력문제는 68의 다른 쟁점인 '나치후예론'에서도 적잖은 위력을 발휘하는바, 68이 나치 청년운동과 비견되고 68세대는 나치 33세대와 닮았다고 비판받는다. 이는 68운동이 "나치 독재보다 더 많은 가치를 파괴했다"는 주장으로 곧장 증폭된다.[91] 나아가 68운동이라는 악마적인 판도라의 상자가 열리며 각종 해악이 독일 내에 만연했다는 해묵은 주장도 목소리를 낸다. 68운동 비판자를 자처하는 칼 하인츠 바이스만이 올해 나온 책에서 "폭력은 처음부터 68운동과 함께 작동했다"고 주장하는 대목도 유사한 맥락이다.[92] 이렇게 68을 '퇴락의 역사'의 출발점으로 재정립하려는 시도는 어떤 식으로건 폭력문제와 결부되어 있다.

사실 68운동의 주체이자 "원자탄의 그늘에서 자라난"[93] 신좌파
는 사상 최초로 '폭력의 세기'를 보고 들은 세대이다. 또한 폭력의
고조 속에서 폭력문제와 대결했으나, 운동 당시 폭력의 확산 속에서
결국 좌초하기도 한 세대이다. 가령 한나 아렌트는 나라마다 다양한
양상을 보인 학생운동이 '새로운 폭력예찬'을 한 점은 부인하기 어렵
지만,[94] 학생들의 행동 속에는 "일상적 시간의 단일 흐름에 파열구를
내는 '신성한 폭력'이라는 특징"이 들어 있다고 생각했다.[95] 신좌파
학생들이 "행동으로 세상을 바꿀 가능성에 대한 믿음"을 고수했기
때문이라는 것이다.[96]

독일의 경우도 '사물에 대한 폭력'은 부정되지 않았음이 분명하
다. 게다가 제3세계에서 '사람에 대한 폭력'이 일상이고, 베트남전에
서 수많은 사람들이 치명적인 폭력의 대상으로 전락하고 있는 상황
과 학생운동의 '폭력에 대한 감수성'은 분명 관계가 있었다. 즉 폭력
의 세기에 폭력을 빼고 '비폭력의 미덕'을 주장하는 것은 현실에 눈
감는 것과 다름없었다. 미국 활동가 톰 헤이든(Tom Hayden)이 당시
비폭력을 옹호하는 아렌트에게 "말이나 이론이 아니라 실천으로 베
트남전과 미국 인종주의에 맞서 어떤 일을 할 수 있다는 실질적인
증거를 내놓지 못하는 한"[97] 폭력에 직접 노출된 사람들의 대항폭력
을 비난해서는 안 된다고 반박한 것도 같은 의미다. 예를 들어 미국
흑인게토의 폭동이 부당하다고 보기 어려운 이유가 비폭력수단으로
는 변화를 기대하기 힘든 실제 상황과 결부된다는 주장이었다.[98] 이
는 목숨을 위협하는 폭력이 난무하는 곳에서 대항폭력의 타당성을
옹호하는 입장에 다름 아니다.

독일의 메슈카트도 제3세계에서의 폭력과 그에 맞선 신좌파 전략의 배경을 이렇게 지적한다.

사실 폭력문제에서 폭력, 진짜 적나라한 폭력은 식민주의 전쟁과 관련한 '반혁명적 폭력'이었다. 인도차이나반도와 알제리, 콩고, 포르투갈의 식민지 등에서 신식민주의 정권의 성립과 유지를 위해 자행된 숱한 폭력은 결국 미국이 60년대 중반 이후 베트남에서 수행한 것으로 계보가 이어졌고, 미국의 세계정책에 동반된 과잉폭력은 억압받는 자들이 행하는 대항폭력의 정당성을 확보해 주는 듯했다.[99]

억압에 맞서 제3세계 곳곳에서 무기를 들고 봉기한 이들은 신좌파에 연대를 호소했다. 이런 연대는 서독의 경우 미국의 베트남정책을 지지하는 정부에 맞선 항의와 저항도 포함했다. 미국학생들이 저항의 의미로 징집영장을 불태우듯 서독의 신좌파 학생들은 제국주의 미국의 전쟁수행 능력을 약화시키는 것이 관건이었기에, 임박한 베트남전 입대를 피하려는 미국 탈영병에 대한 지원을 조직했다. 이런 저항은 비폭력적이었지만 또한 불법적일 수밖에 없었다. 여하튼 '반혁명의 세계적인 폭력'이 신좌파의 숙고의 출발점이었다는 말이다. 그런 폭력에 맞선 저항은 유사한 형태의 폭력 수행이 아니라, 제1세계에서 주민들의 의식을 일깨우고 주류 여론의 일방적인 보도에 맞서며 자기 정부와 제국주의 세력의 공모를 폭로하는 작업을 감행하는 일이었다. 제3세계에 대한 간섭과 폭력적 침략을 정당화하는 냉전적 사고에 맞서고 '대항여론'을 창출하려는 신좌파는 새로운 방

법을 생각해야 했다.[100]

통상적인 시위방법 외에 새로운 행동전략이 필요했다. 합법성의 테두리를 넘나들며 '규칙위반'을 감행하는 연좌시위(sit-in)와 농성 토론(teach-in), 진입시위(go-in)나 건물점거 및 산책시위(Spaziergangs-demonstration)[101] 같은 직접행동이었다. 예를 들면 1966년 12월 19일 서베를린 도심가에서 벌어진 '산책시위'가 유명하다. 독일사회주의 학생연합(SDS) 대학생들은 자선모금자로 위장해 보행자들 속에 섞여들어 서베를린 도심에서의 데모 금지 및 미국의 베트남전에 항의했다. 허가받지 않은 그 시위의 참가자를 체포하기 위해 사복경찰이 투입된다. 시위자들은 행인 사이에 섞였다가 다시 모여 슬로건을 외치고 또다시 숨곤 했다. 총 80명에 이르는, 체포된 사람들의 절대 다수는 크리스마스 직전 가족과 함께 쇼핑하던 평범한 시민들이었다. 이 산책시위는 새로운 형태의 선동 가능성을 보여줬다고 평가된다.

비폭력의 의미를 강조한 한나 아렌트도 신좌파 학생들의 폭력, 즉 방화나 무장투쟁이 아닌 직접행동에 입각한 폭력을 어느 정도 인정한다. 왜냐하면 "사실상 폭력은 그 예언자들이 말하는 것과 대조적으로, 혁명보다는 개혁을 위한 무기"라고 보았기 때문이다.[102] 그래서 학생들의 폭력이 없었다면 기존의 구시대적인 프랑스 교육체계가 달라질 리 없었고, 검거를 동반한 소요가 없었다면 미국 컬럼비아대학의 개혁이 힘들었을 것이라고 보았다. 또한 서독에서 "도발적 행동이 없다면, 의견을 달리하는 소수파의 존재는 인식조차 되지 못한다"는 두치케의 주장에도 아렌트는 동의한다.[103] 신좌파 학생들의 직접행동 전략과 결부되는 "연좌시위와 건물점거는 방화나 무장 반란과는 다른" 실천이었던 것이다.[104] 하지만 현실에서 폭력은 아렌트가 생각한 대로 개혁의 산파에만 머물지 않았다. 운동 진행과정에서 예기치 못한 양상도 나타난 때문이다.

다른 곳처럼 독일 68운동도 시위과정에서 폭력성의 고조와 급진화를 경험한다. 이런 폭력의 확대가 운동 말기에 여론의 지지를 등에 업지 못한 지점에서 비로소 발생한 것은 아니었다. 대학생 오네조르크가 경찰의 총에 맞아 사망하는 1967년 '6월 2일 사건' 후 운동 자체가 폭발력을 배가해 나가는 과정에서 이미 폭력성은 높아진다. 이는 운동 자체가 국제주의를 표방하고 제3세계 해방운동의 지원과 연대를 공언하면서 더 심화한다. 제3세계는 그 자체로 전쟁과 폭력이 난무하는 '현실의 전장'이었던 터라, 이들과의 연대와 지지는 서구 제1세계에서도 '폭력 레토릭'의 강화를 가져왔고, 그것은 다시금 현실에서 폭력 자체가 확산되는 데 일정한 역할을 하지 않을 수 없었다.[105]

가령 수백 명이 사망한 브뤼셀 백화점 화재에 빗대어 "베를린 백화점은 언제 불타느냐"고 물은 코뮌1의 풍자 레토릭은, 미래의 적군파 성원을 만나 결국 1968년 4월 프랑크푸르트 백화점 방화로 실현되고 만다.[106] 물론 코뮌1의 풍자와 백화점 방화는 소비사회 비판과 베트남전 참상에 대한 환기를 목표로 내걸었지만, 사람이 없는 업무시간 이후의 그 방화는 나중에 70년대 적군파의 돌격 속에서 살인을 마다하지 않는 '폭력과 총구의 선전'으로 치닫고 만다.

물론 운동 고양기의 폭력 레토릭이 단지 운동측의 문제만은 아니었다. 보수 미디어의 '언어폭력'은 그 자체로 강력한 '상징폭력'이었다. 특히 앞서 살펴본 대로 슈프링어 그룹의 신문들은 극단적이고 날선 보도로 일관했다. 대학생이 총에 맞아 죽은 날의 시위는 '유혈폭동'이자 '테러'로 그려지고, 경찰총격은 '정당방위'였다.[107] 사실 경찰이 대학생을 사살한 6월 2일 사건은, 학생시위를 놓고 두 달 전 정치권 일각에서 쏟아낸 폭력적인 발언이 실현된 측면이 컸다. 가령 베를린 시정부 고문인 한스 요하힘 프릴(Hans-Joachim Prill)은 이렇게 위협했다. 시위대가 "오기만 하면 경찰이 곤봉으로 머리를 후려치면 된다. 우리 경찰에게 좋은 훈련이 될 것이다."[108] 그러자 베를린 내무장관인 쿠르트 노이바우어(Kurt Neubauer)도 거리낌 없이 덧붙였다. "누가 죽어도 상관없는 일이다."[109]

여하튼 독일의 경우 운동의 폭발점 자체가 국가폭력인 경찰의 시위대 사살과 연결되고, 이 사건이 운동주체나 활동가 및 나아가 일반학생들에게 던진 충격과 분노 없이는 운동의 가파른 확산을 생각하기 어렵다. 그런 대목에서 "6월 2일 사건과 더불어 서독의 학생 반란은 결국 대중운동이 되었다"[110]고 평가받는다. 독일 68운동은 국가폭력이 야기한 그 '결정적 사건'[111](부르디외)에서 비상한 추동력을 얻고, 반란의 거점이자 진원지인 베를린 담장을 뛰어넘어 서독 전역으로 번져가는 대중운동으로 올라선 것이다. 프랑스 68의 결정적 사건인 5월 11일 '바리케이드의 밤'과 유사한 역할이었다. 파리학생들의 바리케이드 시위에 경찰이 시가전을 떠올리게 하는 폭력진압으로 대응해, 노학연대와 총파업으로 이어지며 '5월의 대폭발'로 비상했기 때문이다.[112]

1967년 6월 이후, 서독의 상황은 이듬해 4월의 두치케 암살기도와 부활절 봉기로 숨가쁘게 연결되는 불가피한 과정처럼 치달았다. 그 속에서 폭력의 레토릭은 쉬지 않고 쏟아져 나왔다. 운동진영은 1968년 2월 서베를린 '국제베트남회의'에서 "베트남혁명의 승리를 위해"라는 구호 아래 제3세계 해방운동을 지지하고 미국의 베트남전 수행을 돕는 "나토 타도 캠페인"을 호소했다.[113] 국제베트남회의를 조직하고 주도한 68운동의 핵심 조직인 독일사회주의학생연합(SDS)이 보기에 베트남 민중의 투쟁은 "서구나라들에서 혁명적인 운동을 진전시키는 계기"이기도 했다.[114]

SDS를 포함한 "전세계의 혁명적 청년운동의 과제"는 서독 '제국주의'를 비롯한 "다양한 형태의 제국주의"를 "모든 곳에서, 모든 수단으로 공격하는 것"이었다.[115] 국제베트남회의에 맞서 베를린 시정부와 슈프링어 그룹이 주도한 관제집회의 과격한 언어는 주로 운동의 아이콘 두치케를 향했다. "두치케는 서베를린에서 나가라" "두치케, 공적 1호" "아돌프[히틀러]도 그 정도는 아니었다"라는 플래카드의 분노는 두치케를 닮은 한 청년이 린치를 당할 뻔한 사태로까지 이어졌다.[116]

그리고 같은 해 4월 11일, 미국에서 킹 목사가 암살당한 1주일 후에 베를린 하늘을 가른, 진짜 두치케를 향한 총성은 서독 전역을 바리케이드와 가두투쟁으로 물들였다. 물론 경찰의 무자비한 폭력에 대한 수많은 기록과 증언들이 쏟아졌지만,[117] 결국 운동은 사망사건 책임론과 과격화 및 급진화의 비난 속에서 여론의 지지를 잃는 한편 운동 내 분열의 덫을 벗어나지 못하고 내리막길을 걷는다. 5월, 비상사태법 반대로 다시금 거대한 결집력을 보이지만 일시적이었고, 쇠퇴를 피하지 못했다.

그러나 폭력문제 자체는, 이미 지적했듯 운동측만의 문제가 아니었다. 보수 미디어와 정치권 역시 '폭력의 언어'를 연이어 발포했고, 공권력은 그 언어를 실행이라도 하듯 시위대를 향해 질서유지의 이름으로 폭력을 휘둘렀다. 그런 대목에서 보면 운동의 경과 속에서 '폭력의 고조'는 어쩌면 불가피한 일이었고, 흡사 처음부터 그렇게 프로그래밍이라도 된 듯이 비치기까지 했다. 그렇지만 여전히 한 가지 문제가 남는다. 68운동의 이른바 '나치후예론'과 '적군파 선구론' 등이 얼마나 타당한지, 나아가 '테러주의와의 연관성'과 '68운동의 폭력(성)'이 운동의 상(像) 자체로 각인될 수 있느냐이다.

폭력문제의 쟁점들

폭력과 관련한 68비판의 중요한 지점 중 하나는 '나치후예론'이다. 괴츠 알리는 히틀러의 저서 『나의 투쟁』(Mein Kampf)에 빗댄 『우리의 투쟁』(Unser Kampf)에서 68운동을 나치 청년운동에 비견한다. 우선, 알리가 보기에 68세대는 독일의 민주화나 자유화와는 아무 관련이 없고 68운동의 결과로 개혁정책이 나온 것도 아니다. 왜냐하면 당대 "활동가들은 전혀 혁신세력이 아니고" 그 스스로 "해결책이라기보다 문젯거리"에 불과했기 때문이다.[118] 68세대는 '프라하의 봄'의 좌절에 관심이 없었고[119] 나치 과거의 청산에도 무관심했다. 오히려 독일 68세대는 '비참한 방식으로' 나치 '33세대'를 닮았고[120] 폭력문제와 관련해서도 '전체주의의 독일적 후발주자'임이 입증된다는 것이다.[121] 왜냐하면 68운동은 "여러 점에서 1926년부터 1933년까지의 극우 학생운동의 유산과 연결"되는 탓이다.[122]

　　알리는 결론적으로 68세대가 스스로 생각하는 것보다 자기 부모세대, 즉 33세대와 더 닮았다고 한다. 그 증거로 유토피아주의와 혁명 찬양, 반미주의, '폭력성' 등을 거론하는데, 이는 68운동에 배어 있는 '유토피아주의'와 '혁명'의 추구, 베트남전을 강행하는 제국주의 정책을 비판한 '반미' 그리고 경찰공권력과의 대결에서 불거진 '폭력' 등을 겨냥하는 말이었다.

알리의 책은 68운동의 근간에 대한 열띤 논쟁을 불러일으켰다. 비판자들이 목소리를 높였다. 루돌프 발터(Rudolf Walther)는 알리의 분석방식을 지적하며, "일정한 외형적 유사성을 놓고 양측을 동일시한다"고 비판했다. 알리가 '적색과 나치 갈색의 동일시'가 목표는 아니라고 강조하지만, 나치 청년운동과 68의 학생운동은 둘 다 '행동주의에 의한 운동'이고 '기회의 균등'과 '공동거주'를 추구했다며 '호-호-호치민 세대'와 '하일-히틀러 세대'의 투쟁을 표피적이고 일면적인 유사성에 근거해 설명한다는 것이다.[123]

마찬가지로 크라우스하르는 "68운동이 히틀러의 아이들이냐"고 반문한다.[124] 그는 알리가 주저 없이 68운동의 아이콘 "두치케와 히틀러를, 두치케와 괴벨스를 밀접하게 결부"시킨다고 비판한다. 즉 "나치의 선전장관이 SDS의 대변자인 두치케와 유사하게" 대학생 청중들에게 "혁명적인 의식그룹의 형성"을 호소했다는 알리의 주장을 두고 한 말이다. 또한 "두 운동의 전체주의적인 징후"는 비교해 볼 만함에도 불구하고, 양자의 '결정적인 차이점'을 하나(나치)는 "국가권력을 쟁취했고 또 하나는 얻지 못했다"고 보는 것은 가당치 않다고 반박했다.[125]

역사가 프라이는 알리의 68세대와 33세대 비교에 대해 "역사적으로 완전히 과장된 설명"이며 "역사적 인식이 아니라 오로지 도발일 뿐"이라고 일갈했다.[126] 결국 나치후예론도 폭력성을 비롯한 몇 가지 외면적 유사성을 본질로 일반화해, 1968년을 1933년과 연결하고 비판하는 과도한 비약으로 보인다.

68운동의 폭력문제 비판은 '68운동이 적군파의 선구'이자 심지어 '불가피한 결과'라는 주장으로 정점에 이른다. 이 진영은 양자의 인과성이나 연속성을 강조한다. 일찍이 1978년 "테러가 종착점"이라는 책제목으로 68운동을 테러와 직결시킨 헤르만 뤼베(Hermann Lübbe)[127]에서 시작해, 70년대 테러주의가 68운동이 "패배한 재에서 솟아나온 분노한 피닉스"라고 강변한 게르하르트 펠스(Gerhard Fels)[128]가 이 계보에 속한다.

68운동 자체에서 나중 적군파 테러주의를 찾아내는 게르트 랑구트(Gerd Langguth)의 경우 운동의 핵심 인물 두치케의 '폭력철학'에 그 책임을 묻는다.[129] 게르트 쾨넨(Gerd Koenen)도 『붉은 10년』이라는 책에서 양측의 직접연결성을 주장한다.[130] 특히 쾨넨은 독일 68운동이 본격적으로 불붙는 1967년과 적군파 테러의 정점 '독일의 가을'을 일컫는 1977년을 '동일한 붉은 10년'으로 묶으며, 제목에서부터 68운동과 적군파의 연속성을 강조하고 있다.[131] 한때 68운동의 주목받는 SDS 활동가였다가 극우파로 돌아선 라벨은 "좌파 폭력은 적군파로의 첩경"이라는 적나라한 책제목을 통해 적군파가 68운동의 급진성에서 나왔다고 단언한다.[132]

하지만 앞선 제3부 1장에서 보았듯 최근 이런 주장을 강하게 밀고 나와 특히 대중의 주목을 받는 이는 크라우스하르다. 그는 두치케를 매개로 68운동과 적군파를 연결 지으며, 서독에서 무장투쟁 전략의 탄생을 68운동의 주류 속에서 찾는다. 2005년에 나와 논쟁을 일으킨 책제목 "Rudi Dutschke Andreas Baader und die RAF"에서부터 68운동의 대변자 두치케와 적군파의 수장 안드레아스 바더(Andreas Baader) 사이에 쉼표를 의도적으로 뺌으로써 무장투쟁 컨셉

이 68운동의 중심에서 출현했다고 강조한다.[133]

크라우스하르는 1966~67년에 도시게릴라 창설을 목표로 설정한 두치케의 노선이 이후 적군파 도시게릴라의 동일한 원칙으로 이어진다고 주장한다. 독일에서 도시게릴라의 결성을 최초로 공개적으로 호소한 두치케가 다름 아닌 '독일 도시게릴라의 창설자'라는 것이다.[134] 2017년 책에서도 크라우스하르는 유사한 논지를 되풀이할 뿐 아니라 확대재생산하여, 적군파가 68운동의 중심인 두치케와 SDS의 반권위주의 진영에서 나왔다고 주장한다.[135] 나아가 폭력성이 절정에 이른 1968년 4월 부활절 봉기 "당시의 지평선에 벌써 무장투쟁이 존재했다"고 역설한다.[136] 즉 68운동의 절정기에 이미, 이후 테러주의 그룹들이 추종한 노선을 감지할 수 있다는 주장이다.[137] 이런 노선이 물론 다양한 세력과 조직이 모인 68운동 전체를 대변하지는 않지만, 다시 말해 70년대 "적군파가 실천한 것의 뿌리"가 68운동의 '가장 영향력 있는 흐름'에서 나왔다는 말이다.[138] 이들은 모두 68운동과 적군파 테러주의의 직접적 연결을 주장하는 단일인과론에 해당한다.

하지만 반박주장도 만만치 않다. 대체로 68운동과 적군파의 연관성 자체를 부정하지는 않으면서도, 그 본질이 원인결과의 문제가 아니라며 차별화 지점에 방점을 찍는 쪽이다. 서독연방 내무부의 위탁을 받아 수행한 대규모 연구도 그에 포함된다.[139] 80년대 전반에 연속해서 나온 이들 연구는 "68운동이 적군파를 낳았다"는 주장과는 거리를 두는데, 정부지원으로 수행된 연구라는 점에서 시사점이 적지 않다.

또 적군파의 출현과 관련해, 68운동 당시 시위에 대한 경찰의 강경대응으로 유발되는 폭력고조 메커니즘을 강조하는 도나텔라 델라 포르타(Donatella della Porta)[140]와 적군파 등장의 복합적 요소에 담긴 중요성을 지적하는 클라우스 바인하우어(Klaus Weinhauer)의 연구도 운동과 적군파의 단일인과론과 선을 긋는다. 특히 바인하우어는 적군파 등장과 관련해, 68운동의 과정에서 수행한 국가와 경찰의 역할이나 운동과 국가의 충돌, 운동의 붕괴 속에서 형성되는 하위문화 및 의식의 변화, 지하에서 활동하는 테러리스트의 사회적 고립 등과 같은 요소들의 복합적 작용을 강조한다.[141]

한편 마르틴 클림케(Martin Klimke)는 적군파의 탄생에서 제3세계 해방운동을 비롯한 국제적인 영향을 중시한다. 즉 적군파가 미국의 급진 흑인운동조직 블랙 팬서(Black Panther)와 프란츠 파농, 체 게바라와 라틴아메리카 게릴라운동에서 받은 영향에 방점을 찍는바, 적군파 탄생에는 68운동과의 관련성 및 연속성보다 국제적인 과격파 조직들이 더 영향을 미쳤다고 본다.[142] 가령 서독을 미 제국주의가 주도하는 "국제적인 착취 시스템의 일부로 간주한" 적군파 같은 테러주의자들에게 블랙 팬서는 전투성을 담보하고 미국이라는 "제국주의의 중심에 있었기 때문에" 이상적인 모델이 되기 쉬웠다는 것이다.[143] 이는 적군파의 탄생에서 국내적인 68운동의 사상이나 전략적 측면보다, 국제적인 조직과 이론의 영향이 더 컸음을 시사하는 대목이다. 따라서 적군파가 비록 인적인 면에서 68운동과 연결성이 없지 않지만, 오히려 국제적 영향과 관계 속에서 형성된 측면이 더 컸다고 볼 수 있다.

길혀홀타이는 68운동과 적군파의 전략 및 인식론의 차이와 단절을 강조한다. 그리고 68운동의 주류가 적군파의 선구라는 크라우

스하르의 앞선 주장은 "68운동의 진정한 핵심이 폭력"이라는 선언
을 뜻한다고 비판한다. 길혀홀타이 교수는 68과 폭력문제를 신좌파
의 '직접행동'이라는 전략의 차원에서 살피며, 68의 폭력사용은 국
가권력의 전복이 아니라 사회적 인식틀의 변화를 위한 것이었다고
강조한다. 이를 통해 68운동에서 드러난 적군파 전략과의 차이점과
인식적 거리를 명백히 함으로써 단일인과론과 연속성의 비판을 위
한 이론적 통찰을 제공한다.[144]

　　길혀홀타이는 "68운동이 없었다면 적군파도 없었을 것인가"라
는 질문에 "아마 그럴 것이다"고 대답한다.[145] 의외의 답변 같지만 사
실 결과론적인 말이다. 68운동이 시기상 앞선 역사이고 그게 없었다
면 적군파도 존재하지 않았을 것이다. 왜냐하면 68이 없었으면 오네
조르크나 두치케가 총에 맞는 사건도 없었을 터이고 적군파 1세대인
바더와 구드룬 엔슬린(Gudrun Ensslin)이 백화점에 불을 지르거나 적
군파가 조직되지도 않았을 것이기 때문이다. 여하튼 정작 중요한 말
은 뒤에 이어진다.

　　물론 인적인 연속성이 존재하지만, 1968년과 적군파 테러 사이
　　에는 단절도 있었다. 목표로 삼은 '다른' 사회질서의 핵심 요소
　　를 이미 현재 속에서 실험적으로 시험한다는 신좌파의 핵심 사
　　상은, 테러와 살인을 통해 '다른' 사회를 이루려고 노력한 적군
　　파의 근본 사상과 배치된다. 그 밖에 적군파는 [68운동과 달리]
　　권위적이고 위계적으로 구성되었다.[146]

여기서 '68운동과 적군파'의 관계에 대한 핵심적인 지적과 논거

가 드러난다. 반권위주의 운동인 68과 권위적이고 위계적인 구조를 가진 적군파의 거리는 차치하고라도, 인명살해를 마다하지 않는 '다른' 사회의 추구는, 현재 속에서 '다른' 미래의 알맹이를 찾는 68운동의 '다른' 사회로의 길과 천양지차이기 때문이다.

사실 68운동과 적군파의 관계를 다룬 글은 원래부터 차고 넘쳤다. 다만 그 관계의 특징과 본질이 무엇이고 어떤 대목에서 연관성이 있느냐가 관건이었다. 물론 바더나 엔슬린, 마인호프 같은 적군파 1세대 주역은 68 당대에 시위에 참여했으니 인적인 연관성 자체를 부인하기는 쉽지 않다. 하지만 대체로 1970년 미래 적군파의 리더인 바더를 탈출시키면서 사람이 죽게 되는 사건이 적군파 탄생의 신호탄이라고 본다. 그래서 1968년 5월의 거대한 시위를 끝으로 독일 68운동이 쇠퇴와 분파화의 길을 걷기에 적군파 탄생 자체가 운동과 시기적으로 겹친다고 보기는 어렵다.

이는 70년대 "적군파의 뿌리가 68운동의 주류에서 나왔다"는 크라우스하르의 주장과 배치된다. 즉 SDS 반권위주의 진영의 주도적 인물 몇몇이 이후 좌파 테러주의로 간 사실을 그 테러주의와 68운동 주류의 접점으로 판단할 수 없다는 것이다. 68운동 자체의 본질이나 성격과 관련해서도 마찬가지다. 68운동은 수많은 조직과 단체가 뒤섞여 추동한 거대한 사회운동의 용광로였기에, 운동분파의 몇몇 주도 인물이 지하로 들어가며 만든 인적 고리를 좌파 테러주의와의 유의미한 접점으로 설명하기에는 논리와 타당성이 크게 떨어지기 때문이다.

크라우스하르의 주장 가운데, 68운동의 절정기인 부활절 봉기 상황이 과연 무장투쟁 노선과 연결될 수 있는가의 문제가 남는다.

경찰과의 폭력대결로 점철되고 2명의 희생자를 낳은 부활절 사건이 운동 안팎에서 '폭력문제'에 불을 붙이고 숱한 비판을 받았음은 부정하기 어렵지만, 이를 적군파의 무장투쟁 노선과 연결 짓는 시도는 과도한 비약이자 과장이다. 예측하지 못한 폭력대결의 폭발 상황과 무기를 손에 쥔 무장투쟁 노선의 간격은, 격렬한 대결이 사망자를 동반한 폭력을 낳은 것과, 의도적인 인적 테러와 폭탄을 통한 사회 변화의 전략이 낳은 폭력의 차이만큼 크기 때문이다. 곧 '비판의 무기'와 '무기의 비판'의 차이인 것이다.

68운동은 '비판의 무기'를 포기하지 않았다. 때로는 바리케이드 위의 물리적 투쟁과 결합해 예기치 못한 폭력대결로 치닫기도 했지만, 그 운동의 비판은 여전히 상상력 넘치는 역사의 기억으로 남아 있다. 적군파의 '무기를 든 비판'은 파괴적이었지만 무기력한 비판으로 끝났다. 역사에 깊은 상처를 남긴 적군파의 그 무모한 투쟁은 오늘날 어떤 상상력의 원천으로도 기억되지 못한다. 마르크스는 "비판의 무기는 무기의 비판을 대신할 수 없다"고 썼다. 진정한 '무기의 비판'은 '비판의 무기'가 대중을 얻으며 물질적인 힘을 발휘하는 방식으로 이루어져 왔음은 주지의 사실이다. 68의 역사가 여실히 보여주는 그대로다.

68은 "더 나은 사회를 위한 투쟁"[147]을 기치로 숱한 청년학생들을 비롯해서 때로는 노동자와 함께 열정과 열광의 깃발을 들고 거리로 사회로, 아니 사회 전영역으로 번져나간 빛나는 시절이 그려낸 희망의 지도였다. 하지만 68의 어두운 면도 있었다. 주로 폭력과 관련된

것이고 죽음과 관련된 것이었다. 그 죽음은 약물을 통해서도 자살을 통해서도 경찰의 총을 통해서도 왔지만, 테러주의를 통해서도 왔다.[148]

폭력과 테러주의는 결국 68의 아킬레스건이자, 지금도 끝나지 않는 논쟁의 최전선이다. 테러주의는 68의 기억과 역사에서 내내 관건이 되었고, 비판과 반비판 논쟁이 벌어진 '폭력문제'의 핵심 지전이기도 했다. 그런 면에서 폭력문제는 68의 판도라의 상자에 다름 아니었다. 그 상자가 열리면, 모든 근심과 걱정이 쏟아져 나오고 논쟁이 불꽃을 튀었다. 그래서 논쟁의 장은 늘 열려 있었다.

"동독이 68을 조종했다"는 데서 시작해 '68 다시 쓰기' 공방으로 이어지는 열띤 대결의 검토 결과, 우선 동독 끄나풀이던 쿠라스가 지시를 받고 오네조르크를 쏘았다는 증거는 한 자락도 나오지 않았다. 하지만 가능성을 열어놓는 것이 역사학의 일이기에, 슈타지 내부문서와 쿠라스의 이력 및 행적을 통해 살펴보았지만 결국 지시가 없었을 공산이 더 높아 보인다. 즉 군인에 준하는 서베를린 경찰 신분과 사격 취미를 제대로 연결해 낸 총기광 쿠라스가 권위적인 체제인 조국 동독의 대척점에 위치한 반권위주의 68운동을 향한 반감으로 스스로 방아쇠를 당겼을 가능성이 훨씬 컸다. 게다가 운동의 폭발과 운동진영의 분노에 제대로 불길을 당긴 핵심 요소는 한 대학생의 죽음 그 이상으로, 다름 아닌 쿠라스에게 주어진 면죄부였다. 그의 무죄석방은 그 죽음을 낳은 광포한 경찰폭력에 대한 정치권과 경찰의 승인 및 정당화와 함께, 그 죽음의 진실을 둘러싼 경찰의 체계적인 은폐와 공모가 복합적으로 더해진 상징적인 결과물이었던 것이다.

비판과 반비판의 전체적인 대차대조표는 어떤가. '비판'진영은 68이 폭력적인 운동이자 일당독재 전체주의 아래서 폭력의 시스템으로 작동한 '동독에 조종당한 운동'이었기에 "68의 역사는 다시 써야 한다"고 목청을 높였다. 게다가 그 폭력성과 행동주의는 나치와 똑 닮았기에 68은 '나치의 후예'에 다름 아니고, 70년대 테러주의의 상징인 '적군파의 산파'였다는 주장까지 터져나왔다. '반비판'진영에서는 68이 폭력의 고조로 고통을 겪고 결국은 그 와중에 쇠퇴와 해산의 길을 밟았음을 인정한다. 하지만 슈타지 프락치가 난무하는 상황에서도 동독의 조종과는 다른 차원의 독자적 역동성을 갖춘 운동이었으며, 그 질풍노도성에도 불구하고 나치의 전체주의 운동과는 결과 격을 달리하는 것이라고 반박했다. 더불어 일부 인적인 연관성과 폭력적 레토릭에도 불구하고 적군파를 비롯한 좌파 테러주의와는 구분되어야 한다고 역설하며, 68이 70년대 테러주의의 선구이자 산파였다는 주장을 기각한다.

그렇다면 어떤 진단이 더 타당할까. 68의 악마화는 분명 과도한 이데올로기적·정치적 판단을 앞세운 듯하다. 이는 '68 다시 쓰기 공방'에서도 잘 드러났다. 하지만 동독 조종설에 입각한 68역사 다시 쓰기와 나치후예론 및 적군파의 선구라는, '폭력의 십자가'를 매개로 68에 지워진 주장과 비판은 비록 과도하고 비논리적이지만 운동 자체의 폭력성에 대한 기억처럼 쉬 그리고 완전히 사라지기는 쉽지 않다. 운동은 물론 때론 폭력적이기도 했고, 폭력이 난무하는 세상에서 폭력의 레토릭을 앞세워, 내부적으로 국가폭력과 외부적으로 제3세계에 대한 제국주의의 침략적 폭력에 반기를 들었다.

사실 국가폭력과 권위주의, 식민주의와 제국주의, 베트남전과

제3세계 해방운동, 냉전과 국제적 영향이 제각각 뒤섞여 어우러진 복잡한 지형에 대한 복합적 사고 없이는 68운동과 그 폭력의 등장 및 의미를 제대로 이해하기 어렵다. 즉 폭력을 앞세운 세계적인 억압과 불평등에 대한 저항, 그를 지탱하는 폭력적인 국가와 제도에 대한 저항과 거부 속에서 '폭력의 탄생'은 어쩌면 불가피한 일이었는지 모른다. 그래서 68의 폭력문제를 둘러싼 논쟁은 언제든 다시 벌어질 것이다.

문제는 폭력적이라는 비난을 넘어서는 논쟁의 새로운 지형을 구축하는 일이다. 68의 역사적 의미를 찾는 도정에서 폭력문제를 비롯한 다양한 영역의 논쟁은 필수적인 때문이다.

1) Gilcher-Holtey, Ingrid 2003, pp. 58~73; Frei, Norbert 2008, pp. 209f 참조.

2) Dahrendorf, Ralf 1984.

3) Fest, Joachim C. 1981.

4) Aron, Raymond 1968; Gilcher-Holtey, Ingrid 2003, p. 60 참조.

5) Löwenthal, Richard 1970.

6) Sontheimer, Kurt 1976.

7) Touraine, Alain 1968; Gilcher-Holtey, Ingrid 2003, p. 61 참조.

8) 사회과학자이자 사회사가인 이매뉴얼 월러스틴의 주장으로 68은 1848년 혁명
    과 비견되는 '세계혁명'이었다(Wallerstein, Immanuel 1999; 2004).

9) von Lucke, Albrecht 2008, p. 81. 1968년이 동유럽권 붕괴의 출발점인 1989년
    의 시작이라는 이야기는 부다페스트 시장을 역임한 당대 헝가리 활동가의 인
    터뷰에서도 주장된다(Gildea, Robert, James Mark, Anette Warring eds. 2013, p.
    336 참조).

10) Gilcher-Holtey, Ingrid 2003, pp. 58~73; Wolfrum, Edgar 2001, pp. 28~36; Weber,
    Wolfgang 1998, pp. 207~28.

11) Köhler, Lotte and Hans Saner eds. 1985, pp. 715f. 68을 1848년 혁명과 어깨를 겨
    루는 거대한 '세계혁명'으로 보는 관점의 대표자는 월러스틴이다. "단지 두 번
    의 세계혁명이 있었다. 한번은 1848년에 일어났다. 다른 한번은 1968년에 일어
    났다. 둘 다 실패했다. 둘 다 세상을 바꾸어놓았다."(Arrighi, Giovanni, Terence
    K. Hopkins and Immanuel Wallerstein 1989, p. 97.)

12) Horn, Gerd-Rainer 2008, p. 4.

13) 정대성 2016b, 205~33쪽 중 특히 206쪽.

14) 길혀홀타이 잉그리트 2009, 7쪽.

15) Frei, Norbert 2008, p. 228.

16) 68운동에 주목한 한국 서양사학계의 선구적 논문으로는 송충기(2007, 48~67
    쪽) 참조. 68운동의 국내수용 문제를 다룬 글로는 정현백(2008, 111~35쪽) 참
    조.

17) 저서로는 이성재(2009); 오제명·이정희·김지혜·김경석·김길웅·안영현·이은미·
    전경화(2006) 참조. 번역서로는 길혀홀타이, 잉그리트(2006); 카치아피카스, 조
    지(1999); 프레이저, 로널드(2002); 알리, 타리크(2008) 등 참조.

18) 독일 68운동에 대한 논문으로는 이진모(2008, 271~97쪽)와 송충기(2011, 331~54
    쪽; 2008, 51~75쪽); 이동기(2009, 65~110쪽) 참조.

19) Hildebrandt, Dietrich 1991; Holl, Kurt and Claudia Glunz eds. 1998; Both-
    ien, Horst-Pierre 2007; Berlit, Anna Christina 2007; Kozicki, Norbert 2008;

Dohms, Peter and Johann Paul 2008; Stankiewitz, Karl 2008; Müller, Michael Ludwig 2008; Nagel, Katja 2009.

20) Schulz, Kristina 2002; Rohstock, Anne 2010; Siegfried, Detlef 2006a; Dostal, Caroline 2006; Seiffert, Jeanette 2009; Kraft, Sandra 2010; Schmidt, Daniel 2010, SS. 85~107; Philipps, Robert 2012.

21) Marmulla, Henning 2011; Füssel, Stephan ed. 2007; Vogel, Meike 2010; Kraus, Dorothea 2007; Jacobshagen, Arnold and Markus Leniger eds. 2007; Kutschke, Beate ed. 2008; Gäsche, Daniel 2008; Staib, Klaus 2009; Bernhard, Patrick 2005; Forsbach, Ralf 2011; Hey, Bernd and Volkmar Wittmütz 2008.

22) Jung, Dae Sung 2016. 필자의 박사학위 논문을 수정·보완한 책으로, 자사의 각종 신문과 잡지를 동원해 운동을 원색적으로 비난한 보수 언론재벌 '악셀 슈프링어 출판그룹'에 맞서는 68운동 진영의 이른바 '반슈프링어 캠페인'을 독일 사학계에서도 처음으로 체계적·분석적으로 재구성하고 평가한다.

23) Pilzweger, Stefanie 2015; Verlinden, Karla 2015; Behre, Silja 2016.

24) Frese, Matthias and Julia Paulus 2005, pp. 1~23, 여기서는 p. 1.

25) Trittin, Jürgen 2013, p. 12.

26) Habermas, Jürgen 1990, p. 26.

27) Bieling, Rainer 1988, p. 48.

28) *Geschichte der Bundesrepublik Deutschland* 5 Bd., Karl Dietrich Bracher, Theodor Eschenburg, Joachim C. Fest and Eberhard Jäckel eds. Bd 4, *Klaus Hildebrand, Von Erhard zur Großen Koalition 1963~1969*(Stuttgart, 1984), p. 366; Aly, Götz 2008, p. 8.

29) Kersting, Franz-Werner 2005, pp. 715~40, 여기서는 p. 717.

30) 길혀홀타이, 잉그리트 2009, 257쪽.

31) Dworok, Gerrit and Christoph Weißmann eds. 2013, p. 12 참조.

32) 대표적인 책이 히틀러가 쓴 *Mein Kampf*(『나의 투쟁』)의 패러디인 Aly의 *Unser Kampf. 1968* (『우리의 투쟁. 1968』)이다.

33) 68운동에 대한 동독의 지배적인 영향력을 주장하는 글은 이미 더러 존재했다. 대표적인 것으로는 Knabe, Hubertus(1999; 2001a; 2001b) 등이 있는데, 마지막 책은 조선일보사에서 인상적인 제목을 달고 번역되어 나오기도 했다(크나베, 후베르투스 2004).

34) 68이 동독의 지배적인 영향을 받았다는 대표적인 주장은 다음을 참조. Seitenbecher, Manuel 2008, p. 57; Melchert, Florian 2003, p. 415; Kraushaar, Wolfgang 1998b; Staadt, Jochen, Tobias Voigt and Stefan Wolle 2009, p. 125; Knabe, Hubertus 1999; 2001a; 2001b. 특히 크나베는 "68운동에 대한 연구를 68세대가 주도하고 있기에 68운동의 신화가 계속 영향을 준다"고 비판했다(크나베, 후베

르투스 2004, 202쪽). 하지만 이는 옳은 말이 아니거나 이미 낡았다. 1998년부터 본격적으로 시작된 역사학계의 68운동 연구는 68 이후 세대가 중심인 탓이다. 현재 68운동 연구를 주도하는 역사가는 대체로 68운동에 몸담지 않은 이후 세대다. 길혀홀타이(Ingrid Gilcher-Holtey, 1952년생), 프라이(Norbert Frei, 1955년생), 지크프리트(Detlef Siegfried, 1958년생) 등이 그렇다. 그런 반면 알리(Götz Aly, 1947년생)나 크라우스하르(Wolfgang Kraushaar, 1948년생) 같은 68세대는 68의 적대자로 돌아섰다.

35) Schneider, Peter 2008, pp. 230f.

36) 독일과 프랑스에서 국가폭력이 운동에 어떤 작용을 했는지에 대해서는 정대성 (2015, 108~11쪽) 참조.

37) Gilcher-Holtey, Ingrid 2008, pp. 154~74 참조.

38) 6월 2일의 시위와 경찰진압 및 오네조르크의 죽음으로 이어지는 과정에 대해서는 Jung, Dae Sung(2016, pp. 106~12)과 이 책의 제3부 2장 참조.

39) Nevermann, Kurt ed. 1967, p. 43.

40) Gäsche, Daniel 2008, pp. 106, 110.

41) Wolfrum, Edgar 2006, p. 15; Voßberg, Henning 1979, pp. 102f.

42) 길혀홀타이, 잉그리트 2006, 111쪽.

43) Brenner, Michael 2010, p. 130.

44) Vogel, Meike 2010, p. 171.

45) Müller-Enbergs, Helmut and Cornelia Jabs 2009, pp. 395~400; Kurbjuweit, Dirk, Sven Röbel, Michael Sontheimer and Peter Wensierski 2009, pp. 42~51 참조.

46) Schneider, Peter 2009, p. 52.

47) Kurbjuweit, Dirk, Sven Röbel, Michael Sontheimer and Peter Wensierski 2009, p. 48.

48) 같은 글, p. 51 참조.

49) Schneider, Peter 2009, p. 53.

50) 같은 글 참조.

51) Kurbjuweit, Dirk, Sven Röbel, Michael Sontheimer and Peter Wensierski 2009, p. 44.

52) 같은 글, p. 45.

53) 같은 글, p. 44.

54) 같은 글, p. 45.

55) 같은 글, p. 51.

56) "Springer ist Unrecht widerfahren," *WELT ONLINE* 2009. 6. 7, http://www.

faz.net/s/Rub475F682E3FC24868A8A5276D4FB916D7/Doc~EF16BFBE40C-
7940E19F55F965E2E57FCB~ATpl~Ecommon~Scontent.html 참조. 물론 슈프링
어 그룹의 총수는 '자유운동'의 의미가 무엇인지 구체적으로 밝히지는 않는다.
"68운동이 전체주의적이었으니 당연히 자유롭지 못하다"는 주장에 가까운데,
반권위주의 운동이 어떤 면에서 전체주의적인 특성을 보이는지에 대한 설명도
하지 않는다.

57) 같은 글.

58) 같은 글. 68운동 당시 과도한 운동비방으로 '반슈프링어 캠페인'의 등장을 야
기한 슈프링어 그룹은 이 캠페인이 동독공산당 서기장 발터 울브리히트(Wal-
ter Ulbricht)가 출발신호를 울린 동독산이라고 줄기차게 주장해 왔다. 당대부
터 슈프링어 그룹은 운동진영과 대립각을 세우며, 68운동과 특히 그 반슈프링
어 캠페인이 동독과 슈타지의 작품이라고 강변해 왔던 것이다. 하지만 앞서 제
2부 1장에서 보았듯, 필자의 연구결과는 사뭇 다른 곳을 가리킨다. 즉 68운동
의 슈프링어 반대 캠페인은 동독공산당과 슈타지의 영향력 아래 있지 않았을
뿐더러, 68운동의 주축을 이룬 여러 조직과 진영이 그 캠페인 속에서 공조활
동을 벌여온 '운동의 십자로' 같은 핵심 역할을 했음이 드러났다.

59) Kellerhoff, Sven Felix 2010, p. 12.

60) Fuhrer, Armin 2009, p. 7.

61) Horvath, Peter 2010, p. 16.

62) 같은 책, p. 75.

63) 같은 책, p. 48.

64) 같은 책, p. 55.

65) 같은 책, p. 75.

66) "Hier konkret," *konkret* 2009. 7, p. 3.

67) 같은 글.

68) 같은 글.

69) Fichter, Tilman P. and Siegward Lönnendonker 2011, p. 23. 이런 반동독적인
태도와 관련해 두치케는 실제로 슈타지의 치명적인 공격을 받을지 모른다는
두려움을 누차 내비쳤다고 한다(Schneider, Peter 2009, p. 53 참조). 1968년 8월
소련이 진두지휘하고 동독이 포함된 바르샤바 조약국 군대가 체코 프라하를
침공했을 때 두치케 주변 동지들이 가장 먼저 항의대오를 꾸렸다(Meschkat,
Klaus 2010, p. 96).

70) "Der Fall Kurras ist vor allem ein Produkt der Medien," Interview mit
Hans-Ulrich Wehler, *Stuttgarter Zeitung Online* 2009. 7. 2, http://content.
stuttgarter-zeitung.de/stz/page/2041614_0_9959_--quot-der-fall-kurras-ist-
vor-allem-ein-produkt-der-medien-quot-.html.

71) Fuhrer, Armin 2009, p. 132.

72) "Der Fall Kurras ist vor allem ein Produkt der Medien."

73) Möller, Harald 2014, pp. 117f. 가령 소련이나 동독 모두 독립적 공산주의자나 트로츠키주의자, 티토주의자 및 마오주의자를 '가장 위험한 정적'으로 간주했던 탓이다(같은 책, p. 117).

74) 같은 책, p. 118.

75) 같은 책, p. 121.

76) Müller-Enbergs, Helmut and Cornelia Jabs 2009, p. 389.

77) "Aus kurzer Distanz," Der Spiegel Nr .4, 2012. 1. 23, pp. 36~45, 여기서는 p. 42. 쿠라스와 개인적인 친분이 있는 『베를리너 차이퉁』(Berliner Zeitung)의 슈프링어 사 저널리스트도 이 일에 관련되었다. 총격사건 후 가택수색이 임박해지자 쿠라스는 그 기자에게 남은 실탄의 처분을 부탁했던 것이다. Winkler, Willi 2012.

78) "Urteil im Zwielicht," Der Spiegel Nr. 49, 1967. 11. 27, p. 74.

79) "Verfahren gegen Kurras eingestellt: Fall Ohnesorg zu den Akten gelegt," Frankfurter Rundschau 2011. 11. 2, http://www.fr-online.de/politik/verfahren-gegen-kurras-eingestellt-fall-ohnesorg-zu-den-akten-gelegt,1472596,11092786.html.

80) Hofacker, Ernst 2016, p. 217.

81) "Hier konkret," p. 3.

82) Tschernitschek, Marc 2013, p. 13. 독일 현대사의 격동과 갈등의 순간을 자신의 이름으로 각인하며 40여 년 간격으로(1967, 2009) 세간의 이목과 여론의 주목을 받은 서독경찰이자 동독첩자였던 쿠라스는 2014년 12월 숱한 의혹과 진실을 향한 질문을 뒤로하고 파란만장한 생을 마감했다.

83) Kraft, Sandra 2010, p. 234.

84) Dutschke, Gretchen 1998, p. 118.

85) Kraft, Sandra 2010, p. 234, 주 268.

86) Fichter, Tilman P. and Siegward Lönnendonker 2011, pp. 27ff 참조.

87) 같은 책, p. 29.

88) Bude, Heinz 1997, p. 21.

89) Kastner, Jens and David Mayer eds. 2008, p. 8 참조.

90) Dworok, Gerrit and Christoph Weissmann eds. 2013, pp. 12f.

91) 연방 가족부장관 출신의 기민당 브루노 헤크(Bruno Heck)의 주장이다(Kersting, Franz-Werner 2005, pp. 715~40, 여기서는 p. 717).

92) Weißmann, Karlheinz 2018, p. 16.

93) Arendt, Hannah 1970, p. 38.

94) 같은 책, p. 45.

95) Gilcher-Holtey, Ingrid 2009, p. 79.

96) 같은 책, pp. 79f.

97) 같은 책, p. 81.

98) 같은 곳.

99) Meschkat, Klaus 2008a, pp. 194~202, 여기서는 p. 197.

100) 같은 글, pp. 197f.

101) Rabehl, Bernd 1998b, pp. 69~74, 여기서는 p. 71; Fahlenbrach, Kathrin 2002, p. 191; Prien, Carsten 2015, p. 30 참조.

102) Arendt, Hannah 1970, p. 121.

103) 같은 책, pp. 121~23.

104) Gilcher-Holtey, Ingrid 2009, p. 84.

105) Terhoeven, Petra 2017, pp. 12f 참조.

106) Sedlmaier, Alexander 2018, pp. 73f; Juchler, Ingo 2017, pp. 31f; Hanshew, Karrin 2012, p. 102 참조.

107) *Bild-Zeitung* 1967. 6. 3, p. 1; *Berliner Zeitung* 1967. 6. 3, p. 3; *Berliner Morgenpost* 1967. 6. 4, p. 3.

108) Dutschke, Gretchen 1998, p. 118.

109) 같은 곳.

110) Terhoeven, Petra 2017, p. 22.

111) 부르디외의 '결정적 사건' 개념을 통해 독일과 프랑스 68운동의 폭발을 비교한 논문으로 정대성(2018b, 373~406쪽) 참조.

112) 같은 글, 10쪽 이하 참조.

113) Renz, Andreas 1992, p. 99.

114) Schmidtke, Michael 2003, p. 271.

115) Miermeister, Jürgen and Jochen Staadt eds. 1980, p. 115.

116) Mündemann, Tobias 1988, p. 112.

117) Grossmann, Heinz and Oskar Negt, eds. 1968 참조.

118) Aly, Götz 2008, p. 209.

119) 이런 주장은 사실을 왜곡하는 것이다. 소련과 바르샤바군의 프라하 침공과 진압은 서독에서 다양한 항의와 시위를 촉발했다. 특히 좌파 대학생들은 소련군의 침략에 강력히 항의했고, 독일 68운동의 핵심 조직인 SDS의 반권위주의 다

수파는 탈스탈린주의화를 요구했다. 물론 동독에서도 항의와 시위가 일어났다. Siegfried, Detlef 2018, pp. 170f; Kraushaar, Wolfgang 1998a, pp. 225ff 참조.

120) Aly, Götz 2008, p. 7.

121) 같은 책, p. 8.

122) 같은 책, p. 10.

123) https://www.freitag.de/autoren/der-freitag/flucht-aus-der-empirie

124) Kraushaar, Wolfgang 2009.

125) 같은 글

126) https://www.freitag.de/autoren/der-freitag/der-sundenstolz-auf-die-eigene-ges-chichte. 알브레히트 폰 루케(Albrecht von Lucke)도 1933년과 1968년을 직접 연결하는 것은 '터무니없는 일'이라고 반박한다(von Lucke, Albrecht 2008, p. 61).

127) Lübbe, Hermann 1978. 뤼베는 68의 시위자들이 '테러'를 했으며, 그 근거지가 '슬럼화한 대학공동체'라고 비난한다.

128) Fels, Gerhard 1998.

129) Langguth, Gerd 2001. 랑구트는 1971년부터 30년간 여러 책에서 유사한 주장을 반복해 왔다.

130) Koenen, Gerd 2002.

131) 이는 68운동의 붉은색과 적군파의 붉은색이 같다는 주장이다.

132) Rabehl, Bernd 2007. 그리고 다음 논문들도 68운동이 70년대 적군파와 좌파 테러주의의 뿌리라고 주장한다. Gehring, Sebastian 2011, pp. 233~50; Pekelder, Jacco 2012, pp. 203~22.

133) Kraushaar, Wolfgang, Jan Philipp Reemtsma and Karin Wieland 2005.

134) Kraushaar, Wolfgang 2005, pp. 13~50 참조. 두치케의 사상을 적군파 도시게릴라와 직접 연결하는 주장과 그 비판은 이 책의 제3부 1장 참조.

135) Kraushaar, Wolfgang 2017a, pp. 33~51, 여기서는 p. 39.

136) 같은 책, p. 45.

137) 같은 책, p. 50.

138) 같은 책, p. 49.

139) Fetscher, Iring and Günter Rohrmoser 1981; Jäger, Herbert, Gerhard Schmidtchen and Lieselotte Süllwold 1981; von Baeyer-Katte, Wanda, Dieter Claessens, Hubert Feger and Friedhelm Neidhardt 1982; Matz, Ulrich and Gerhard Schmidtchen 1983; Steinert, Heinz 1984.

140) della Porta, Donatella 1995.

141) Weinhauer, Klaus 2004, pp. 219~42.

142) Klimke, Martin 2010, pp. 126~33 참조.

143) 같은 책, p. 131.

144) Gilcher-Holtey, Ingrid 2006, pp. 198~220; 2008, pp. 57~66.

145) "'1968 gegen die 68er verteidigten'. Prof. Dr. Ingrid Gilcher-Holtey von der Uni
      Bielefeld gilt als wichtigste Forscherin zu der Bewegung," *Westfallen-Blatt* Nr.
      29, 2018. 2. 3/4, p. 7.

146) 같은 글.

147) Siegfried, Detlef 2018, p. 249.

148) 같은 책, p. 251.

다른 세상은 가능하다,
상상력에 권력을!

68은 일상의 억압과 세계의 불의에 대한 침묵보다 분노와 저항이, 변화 가능성에 대한 의심보다 기대와 희망이 앞서간 시대의 격변이었다. 그래서 68은 정의와 평등, 자기결정의 이름으로 불의와 억압, 권위와 위계에 도전한 세계적 반란이었다. 이를 통해 68은 다른 삶, 더 나은 삶을 위한 새로운 지평선을 열어젖혔다. 68은 더 나은 세상과 피억압자의 해방과 자유, 모든 이의 사회참여와 더 많은 민주주의, 탈권위와 정치의 투명성을 요구했다. 60년대에 서구사회가 더 유연하고 일상문화가 더 개방적으로 되었다면 68의 궐기 때문일 것이다.

그런 맥락에서 움베르토 에코(Umberto Eco)는 68이 "적어도 유럽에서는 우리가 서로간에 행동하고 관계 맺는 모든 방식들을 심대하게 바꿔놓았다. 사장과 노동자, 교사와 학생, 심지어는 부모와 자녀의 관계조차도 개방되었다. 이들 관계는 더 이상 예전 같을 수 없을 것"이라고 갈파했다. 나아가 새로운 여성운동과 소수자운동, 생태운동, 평화운동 같은 신사회운동은 68이라는 거목의 아름드리에서 뻗어나온 가지로, 좋건 싫건 68의 거대한 폭발에서 자양분을 얻었다.

68의 주체인 신좌파의 이행 및 변혁 전략은 정치를 국가와 그 제도에서 분리해 거리와 광장을 포함하는, 누구나 접근 가능한 공간이자 일상의 장으로 이전하는 것이었다. 또한 '정치적인 것'은 세계에 대한 공고해진 인식틀에 의문을 제기하고 새로운 인식방법이 등장하도록 하는 전복적인 담론 속에서 빛을 발한다. 이는 68이 '말의 혁명'이기도 했음을 뜻한다.

운동 와중에 솟아난 상상력 넘치는 슬로건을 들고 '말의 전쟁'을 선포한 시대의 아이들은 투표함에 결박당한 기존 정치와 거리시위가 내포하지 못했던, 우리의 삶과 일상의 영역 속으로 들어가 '새로운 정치'를 시도했다. 정치가 결국 수동적이고 도식적인 행위가 아니라, 자신을 둘러싼 삶의 모든 영역에서 민주적인 소통과 참여를 향한 열정과 열망의 발화이자 실천임을 선언하고 실현하고자 했던 것이다.

프랑스 철학자 알랭 바디우(Alain Badiou)는 68의 의미를 묻는 일을 현실사회주의 몰락 이후 우리 시대의 상황에서 '해방의 테제'를 재구성하는 작업과 연결한다. 물론 바디우가 지향하는 정치·사상적 방향과 기획에 동조하거나 동참할 필요는 없다. 하지만 나날이 깊어가는 억압과 차별과 무한경쟁, 양극화와 이윤 및 자본 지상주의 흐름에 맞서는 '해방의 테제'는 결코 소멸하지 않을 것이고, 이는 68의 사상과 정신 속에서 피어난 '해방의 기획'이 꿈꾸며 그려나간 투쟁의 궤적과 근본적으로 다르지 않을 것이다.

68이란 수많은 사람들이 "정치·사회적 권력으로 향하는 통상적인 진입로를 벗겨내면 자갈 아래 해변이 있다고 확신한 시기"로 일컬어진다. 이 말은 프랑스 68의 유명한 슬로건인 "보도블록 아래는 해변이 있다"는 말로 이어진다. 보도블록이 다름 아닌 "정치·사회적 권력의 통상적인 진입로"를 의미하고, 그 밑의 모래가 바로 '해변'이라는 것이다. 이는 "상상력에 권력을!"이라는 68의 가장 유명한 슬로건이 구체화되고 생동한 설명으로도 볼 수 있다. 여기서 물론 보도블록이 이른바 해변이라는 '자유'를 누르고 있는 상징인 동시에 체제를 향해 던지는 '투석의 무기고'라는 이중적인 의미도 중요하다. 하지만 그 보도블록 아래의 모래를 푸른 자유와 생명의 상징인 해변으로 연결하는 발상은 다름 아닌 '상상력의 해방'에 걸맞은 일이다. '권력의 진입로'인 보도블록을 벗겨내면 바로 거기, '자유로의 입구'인 해변이 있다고 생각하자는 외침이다. 즉 '권력과 권위와 억압'은 '자유의 해변'과 등을 맞대고 바로 그 너머에 있는 셈이므로 '새로운 세상'을 상상하는 일은 어렵지 않다는 말과도 상통하는 것이다.

  우리는 이런 '68의 상상력'이 월가 점령시위 같은 다양한 사회운동에서 '다른 세상'을 외치고 '더 나은 세상'을 갈구하는 목소리로 맥을 이어가며 여전히 영향력을 내뿜고 있음을 지금도 생생히 목도하고 있다. 그래서 68의 아우라는 정치, 경제, 사회뿐 아니라 삶의 전 영역을 관통하는 '상상력의 보고'로 읽힐 수 있고, 다시금 현실의 준거로 소환될 수 있는 것이다.

　이는 다른 세상의 가능성에 대한 희망과 기대가 거리의 함성과 확신으로 번져간 빛나는 순간을 의미하는 것으로, 오늘날 우리의 정치상황에도 일정한 유비가 가능한 지점이다. 주지하듯 '국정농단'이라는 이름의 헌정사상 유례없는 독단과 독선을 아우른 '권력과 정치의 사유화'가 결국 '평화 촛불혁명'이라는 광장과 거리의 함성을 앞세운 '의회 외부적인 정치'를 통해 비판되고 심판받았다. 그 과정 자체가 바로 다른 세상을 상상하는 희망이 거리의 함성으로 피어나는 시간이었음이다. 한반도를 '촛불의 횃불'로 종횡무진 수놓은 눈부신 '시민적 궐기'가 없었다면 탄핵의 깃발은 고사하고 살아 있는 권력에 대한 과감한 비판의 목소리도 높이기 어려웠을 것임을 부정하기 어렵다.

　실제로 촛불은 1968년 미국의 민권운동에서 처음 시위수단으로 사용되었다. 어둠을 밝히는 수단이던 촛불이 저항을 발하고 정의를 밝히는 상징으로 주먹과 나란히 솟아오른 것이다. 68의 핵심이 지구촌 곳곳을 수놓은 '의회 외부'에서의 저항과 분노였고, 실제 독일 68의 핵심 조직은 스스로 의회외부저항운동(APO)이라 칭했다. 그러한 68의 궐기와 비판정신은 오늘날의 우리에게도 면면히 이어지고 있다. 우리 촛불혁명의 바람과 정신은 그래서 50년 전 68에서부터 길게

불어온 것인지도 모른다.

　물론 68을 둘러싼 논쟁은 진행중이다. 68의 기억과 역사화를 둘러싼 논쟁은 결국, 더 나은 세상과 더 나은 삶을 위한 꿈을 지우지 않는 열정과 궐기의 정당성을 둘러싼, 끝나지 않은 '투쟁의 역사'에 다름 아니다. 논쟁은 계속될 것이다. 부르디외의 말처럼 "논쟁이 존재하는 한 역사도 존재하고, 그것은 희망을 의미하기" 때문이다. 그래서 더 나은 세상 속에서 인간해방의 길을 노래한 68을 둘러싼 논쟁은 '희망의 이름'이다. 해방의 강이 오래 흐르듯, 희망을 놓지 않는 논쟁은 계속되어야 한다.

　그 속에서 68이 혁명인지 운동인지 청년반란인지, 아니면 더 거대한 세계혁명인지를 묻고 대답하는 논란과 논쟁은 다시금 계속될 것이다. 하지만 이런 논란에 앞서, 과연 '혁명'이, 그것도 20세기 후반 서유럽에서 프랑스혁명이나 러시아혁명 같은 '고전적인 혁명'이 가능했던가를 되물어야 한다. 나아가 작금의 21세기 사회에서 과연 우리가 숱하게 목도한 역사 속의 '혁명'이 가능한가도 물어야 한다. 그렇다면 사회와 개인의 해방을 위한 '변혁'의 가능성을 정치와 경제, 사회와 문화 및 일상의 삶을 둘러싼 전영역에서 제기하고 추구한 68은 역사 속 고전적인 혁명의 종언의 결과이면서, '새로운 혁명'의 시작인지도 모른다. 서구에 한정할 경우, 68은 고전적인 의미에서의 혁명은 아니지만 '혁명'이었다고 볼 수 있다. 게다가 그 여파가 지속되고, 장기적으로 강력한 힘을 발휘하는 점에서도 '혁명'이라 칭할 수 있을 법하다. 68은 혁명이다.

아니, 혁명이란 개념을 정치적 전복이나 체제의 전환과 긴밀히 연결하려는 발상법에서 한 발 물러서면, 68은 '진정한' 혁명이었다. 일상을 포함하는 사회 모든 영역의 위계와 권위에 도전해 새로운 삶의 편재를 꿈꾼 혁명이되, 결코 끝나지 않은 '혁명의 혁명'이었다. 68은 비록 완성되지 못했지만, 모순과 불의 및 불평등에 맞서는 궐기 속에서 삶의 조건과 지형을 뒤흔들어 새로운 사회의 지평으로 한 걸음 훌쩍 나아간 격변이었다. 그것은 지금도 여전히 지속해야 하는 '끝나지 않은 혁명'이다. 역사의 상상력이 빚은 '미래형의 역사'다. 그래서 삶의 조건이 우리를 뒤흔들어 일으킬 때, 역사의 이름으로 다시금 외칠 것이다.

"다른 세상은 가능하다! 상상력에 권력을!"

참고문헌

길혀홀타이, 잉그리트 (2006), 『68운동: 독일·서유럽·미국』, 정대성 옮김, 들녘.

_____ (2009), 『68혁명, 세계를 뒤흔든 상상력』, 정대성 옮김, 창비.

랭, 마이클, 홀리 조지 워런 (2010), 『우드스탁 센세이션: 젊음, 자유, 음악, 평화 그리고 역사』, 장호연 옮김, 뮤진트리. (Michael Lang, Holly George-Warren, *The Road to Woodstock*, New York, 2009.)

마윅, 아서 (2004), 「68혁명」, 『혁명의 역사』, 권세훈 옮김, 시아출판사.

밀러, 제임스 (2010), 『민주주의는 거리에 있다』, 김만권 옮김, 개마고원. (James Miller, *Democracy Is in the Streets: From Port Huron to the Siege of Chicago*, Cambridge, 1994.)

바네겜, 라울 (2003), 「젊은 세대의 생을 위한 논문」(1968), 이브 프레미옹, 『역사의 격정: 자율적 반란의 역사』, 김종원·남기원 옮김, 미토.

생-장-폴랭, 크리스티안 (2015), 『히피와 반문화: 60년대, 잃어버린 유토피아의 추억』, 성기완 옮김, 문학과지성사. (Christiane Saint Jean Paulin, *La Contre Culture*, Paris, 1997.)

송충기 (2007), 「68운동과 그 역사화」, 『역사비평』 78/봄, 역사비평사.

_____ (2008), 「68운동과 녹색당의 형성: "제도권을 향한 대장정"」, 『독일연구: 역사·사회·문화』 16/12월.

_____ (2011), 「독일 68운동기 '코뮌'의 일상과 성혁명 그리고 몸의 정치」, 『사림』 40/10월.

송충기·류한수 외 (2009), 『세계화 시대의 서양 현대사』, 아카넷.

안병직 (2007), 「한국 문화사 어떻게 서술할 것인가?: 구미 학계의 문화사 연구 경향에 비추어」, 안병직·이영석·이영림 엮음, 『서양사』, 책세상.

알리, 타리크 (2008), 『1960년대 자서전: 열정의 시대 희망을 쏘다』, 안효상 옮김, 책과함께.

오제명·이정희·김지혜·김경석·김길웅·안영현·이은미·전경화 (2006), 『68, 세계를 바꾼 문화혁명: 프랑스·독일을 중심으로』, 길.

윤용선 (2015), 「국가권력과 대학: 냉전시대의 베를린자유대 학생운동」, 『역사와 문화』 29/6월.

이동기 (2009), 「서독 68운동과 독일정책: 민족좌파로서의 신좌파?」, 『독일연구: 역사·사회·문화』 17/7월.

_____ (2016), 「공공역사: 개념, 역사, 전망」, 『독일연구』 31호/2월.

이성재 (2009), 『68운동』, 책세상.

이진모 (2008), 「독일 역사정치 속의 68운동과 과거극복」, 『역사와 담론』 50/9월.

일리, 제프 (2008), 『The Left, 1848~2000: 미완의 기획, 유럽좌파의 역사』, 유강은 옮김, 뿌리와 이파리.

전진성 (2001a), 『보수혁명: 독일 지식인들의 허무주의적 이상』, 책세상.

_____ (2001b), 「바이마르 시기 '보수혁명' 담론에 나타나는 반근대주의」, 『독일연구: 역사·사회·문화』 vol. 1/6월.

정대성 (2014a), 「독일 68운동의 전주곡 '슈피겔 사건': 언론자유의 문제와 동원연습」, 『대구사학』 117/11월.

_____ (2014b), 「독일 68운동과 반(反)슈프링어 캠페인」, 『독일연구』 28/12월.

_____ (2015), 「'68'-문화혁명-국가권력」, 『역사와 문화』 29/5월.

_____ (2016a), 「독일 뉴라이트, 어디서 와서 어디로 가는가」, 『서양사론』 129/6월.

_____ (2016b), 「독일 68운동의 '공공역사' I: 대학생 베노 오네조르크 추모조형물」, 『독일연구』 32/8월.

_____ (2016c), 「독일 68운동의 역사는 다시 써야 하는가: 서독경찰 쿠라스의 정체와 동독의 영향력 문제를 중심으로」, 『역사와 세계』 50/12월.

_____ (2017), 「민주주의 위기와 독일 68운동: APO(의회외부저항운동)의 '위대한 거부'」, 『서양사론』 134/9월.

_____ (2018a), 「독일 68운동의 아이콘, 루디 두치케의 이상과 현실」, 『서양사론』 136/3월.

_____ (2018b), 「독일과 프랑스 68혁명의 결정적 사건과 5월의 폭발」, 『역사학보』 238/6월.

_____ (2018c), 「독일 68운동의 비판과 반(反)비판: 폭력 문제를 중심으로」, 『서양사론』 138/9월.

정현백 (2008), 「68학생운동의 한국적 수용」, 『독일연구: 역사·사회·문화』 16/12월.

주트, 토니 (2008), 『포스트워 1945~2005』 조행복 옮김, 플래닛. (Tony Judt, *Postwar: A History of Europe since 1945*, New York, 2005.)

카치아피카스, 조지 (1999), 『신좌파의 상상력』, 이재원·이종태 옮김, 이후.

크나베, 후베르투스 (2004), 『슈타지 문서의 비밀: 서독 총리실을 점령하라!』, 김주일 옮김, 월간조선사.

프레미옹, 이브 (2003), 『역사의 격정: 자율적 반란의 역사』, 김종원·남기원 옮김, 미토. (Yves Frémion, *The Orgasms of History: 3000 Years of Spontaneous Insurrection*, Edinburgh, 2002.)

프레이저, 로널드 (2002), 『1968년의 목소리—"불가능한 것을 요구하다!"』, 안효상 옮김, 박종철출판사.

한경식 (2001), 『The Beatles Collection—비틀즈의 음악세계: 전곡해설집』, 친구미디어.

홉스봄, 에릭 (1997), 『극단의 시대: 20세기 역사』 하권, 이용우 옮김, 까치. (Eric Hobsbawm, *The Age of Extremes: The Short Twentieth Century, 1914-1991*, London, 1994.)

Aftenberger, Ines (2007), *Die Neue Rechte und der Neorassismus*, Graz.

Ahlers, Conrad (1979), "Ein 'Abgrund von Landesverrat'," Roderich Klett, Wolfgang Pohl eds., *Stationen einer Republik*, Stuttgart.

Ahrweiler, Georg (1967), "Polizei probt den Notstand," *Marburger Blätter* No. 113, Juli.

Ali, Tariq (1987), *Street Fighting Years: An Autobiography of the Sixties*, London. (타리크 알리, 『1960년대 자서전: 열정의 시대 희망을 쏘다』, 안효상 옮김, 책과함께, 2008.)

Altvater, Elmar, Bernhard Blanke, Rudi Dutschke, Hans-Jürgen Krahl, Helmut Schauer (1967), "Resolution der 22. ordentlichen Delegiertenkonferenz des SDS (8.9.1967) zum Kampf gegen Manipulation und für die Demokratisierung der Öffentlichkeit," Otto, Karl A. 1977.

Altvater, Elmar, Nele Hirsch, Gisela Notz, Thomas Seibert et. al. (2008), *"Die letzte Schlacht gewinnen wir!" 40 Jahre 1968: Bilanz und Perspektiven*, Hamburg.

Aly, Götz (2008), *Unser Kampf. 1968: Ein irritierter Blick zurück*, Frankfurt a.M.

Amann, Melanie, Matthias Bartsch, Jan Friedmann, Nils Minkmar, Michael Sauga and Steffen Winter (2016), "The Hate Preachers: Inside Germany's Dangerous New Populist Party," *Spiegel Online International* 2. 10, http://www.spiegel.de/international/europe/alternative-for-germany-shows-its-true-right-wing-colors-a-1076259.html.

Apin, Nina (2007), "Fassaden des Schweigens," http://www.taz.de/1/archiv/?dig=2007/06/01/a0204.

Arendt, Hannah (1970), *On Violence*, New York/London. (한나 아렌트, 김정한 옮김, 『폭력의 세기』, 이후, 1999.)

Arnold, Heinz Ludwig (2007), "Aufstieg und Ende der Gruppe 47," *Aus Politik und Zeitgeschichte* 25.

Aron, Raymond (1968), *La Révolution Introuvable. Réflexions Surlesévénements de Mai*, Paris.

Arrighi, Giovanni, Terence K. Hopkins, and Immanuel Wallerstein (1989), *Anti-Systemic Movements*, London.

Aust, Stefan (1993), "1968 und Medien," Edmund Jacoby, Georg M. Hafner eds., *1968: Bilderbuch einer Revolte*, Frankfurt a.M.

＿＿＿ (2008), *Der Baader-Meinhof Komplex*, Hamburg.

Baer, Willi, Karl Heinz Dellwo eds. (2011), *Paris Mai 68. Die Phantasie an die Macht*, Hamburg.

Bartsch, Günter (1975), *Revolution von rechts?: Ideologie und Organisation der Neuen*

Rechten, Freiburg im Breisgau.

Bathke, Peter and Anke Hoffstadt eds. (2013), *Die Neuen Rechten in Europa: Zwischen Neoliberalismus und Rassismus*, Köln.

Bauß, Gerhard (1977), *Die Studentenbewegung der sechziger Jahre in der Bundesrepublik und Westberlin*, Köln.

Becker, Thomas P., Ute Schröder eds. (2000), *Die Studentenproteste der 60er Jahre. Archivführer-Chronik-Bibliographie*, Köln.

Behre, Silja (2008), "Vom Erinnern und Vergessen: Rückblick auf 1968 von 1977 bis 2008," *Geschichte in Wissenschaft und Unterricht*.

_____ (2016), *Bewegte Erinnerung: Deutungskämpfe um "1968" in deutsch-französischer Perspektive*, Tübingen.

Beier, Brigitte, Beatrix Gehlhoff, and Ernst Christian Schütt (2016), *Schicksalsorte der Deutschen: 55 Orte, die Geschichte machten*, Berlin.

Belinda, Davis, Wilfried Mausbach, Martin Klimke, Carla MacDougall eds. (2012), *Changing the World, Changing Oneself: Political Protest and Collective Identities in West Germany and the U. S. in the 1960s and 1970s*, New York/Oxford.

Benz, Wolfgan ed. (1989), *Die Geschichte der Bundesrepublik Deutschland: Kultur*, Frankfurt a/M.

Berg, Hanjo (1967), "Dieser Tage in Berlin," *skizze. studenten zeitung an der universität kiel* Nr. 4, Juni.

Berlit, Anna Christina (2007), *Notstandskampagne und Roter Punkt: Die Studentenbewegung in Hannover 1967-1969*, Bielefeld.

Bernhard, Patrick (2005), *Zivildienst zwischen Reform und Revolte: Eine bundesdeutsche Institution im gesellschaftlichen Wandel 1961-1982*, München.

Bieling, Rainer (1988), *Die Tränen der Revolution. Die 68er zwanzig Jahre danach*, Berlin.

Bohrer, Karl Heinz (1967), "Die linke Minderheit: Theorie und Praxis der Rebellen von Berlin," *Frankfurter Allgemeine Zeitung* 6. 22, 베를린 APO-문서고, SDS/RC.

Bölsche, Jochen ed. (2004), *Rudolf Augstein. Schreiben, was ist: Kommentare, Gespräche, Vorträge*, München.

Böning, Holger (2008), "Das politische Lied der sechziger Jahre," *Der Deutsch Unterricht* 1. 1

Borowsky, Peter (1989), "Große Koalition und Außerparlamentarische Opposition," *Informationen zur politischen Bildung* 58.

Bösch, Frank and Constantin Goschler (2009), "Der Nationalsozialismus und die

Deutsche Public History," Frank Bösch and Constantin Goschler eds., *Public History. Öffentliche Darstellungen des Nationalsozialismus jenseits der Geschichtswissenschaft*, Frankfurt a.M.

Bothien, Horst-Pierre (2007), *Protest und Provokation. Bonner Studenten 1967/1968*, Essen.

Botsch, Gideon (2013), "Continues within Germany's 'National Opposition': From the Deutsche Reichspartei to the Nationaldemokratische Partei Deutschlands, 1949~2010," Nicola Kristin Karcher and Anders G. Kjøstvedt eds., *Movements and Ideas of the Extreme Right in Europe: Positions and Continuities*, Frankfurt a.M.

Brauner-Orthen, Alice (2001), *Die Neue Rechte in Deutschland: Antidemokratische und rassistische Tendenzen*, Opladen.

Brawand, Leo (1995), *Rudolf Augstein*, Düsseldorf.

Brenner, Michael (2010), *Kinder der Verlierer. Erinnerungen einer Generation*, Norderstedt.

Bude, Heinz (1997), *Das Altern einer Generation: Die Jahrgänge 1938~1948*, Frankfurt a.M.

Budzinski, Klaus (1969), *Rainer Hachfeld, Marx und Maoritz*, Bern/München/Wien.

Budzinski, Klaus, Rainer Hachfeld (1969), *Marx und Maoritz*, Bern/München/Wien.

Butterwegge, Christoph (2013), "Sarrazynismus: Eine Katastrophe für die politische Kultur der Bundesrepublik und eine Gefahr für die Demokratie," Peter Bathke and Anke Hoffstadt eds., *Die Neuen Rechten in Europa: Zwischen Neoliberalismus und Rassismus*, Köln.

Cauvin, Thomas (2016), *Public History. A Textbook of Practice*, New York.

Chaussy, Ulrich (1983), *Die drei Leben des Rudi Dutschke. Eine Biografie*, Neuwied.

Ciesla, Burghard (2014), "Was war der 17. Juni 1953?," Patrick Oelze ed., *Revolutionen: Ein historisches Lesebuch*, Berlin.

Cohn-Bendit, Daniel, Reinhard Mohr (1988), *1968. Die letzte Revolution, die noch nichts vom Ozonloch wußte*, Berlin.

Conze, Eckart (2009), *Die Suche nach Sicherheit: Eine Geschichte der Bundesrepublik Deutschland von 1949 bis in die Gegenwart*, München.

Craig, Gordon A. (1984), *The Germans*, Middlesex.

Dahrendorf, Ralf (1984), *Reisen nach innen und außen. Aspekte der Zeit*, Stuttgart.

Daniel, Ute (2001), *Kompendium Kulturgeschichte: Theorien, Praxis, Schlüsselwörter*, Frankfurt a.M.

Dannenbaum, Uwe (2015), *Berlin 1968: Die Studentenrevolte in Bildern*, Berlin.

Debray, Regis and Fidel Castro (1968), *Der lange Marsch. Wege der Revolution in Lateinamerika* Rudi Dutschke ed., München.

Deffner, Ingo (2005), *Die Reaktionen der Parteien und der Öffentlichkeit auf die Wahlerfolge der NPD in der zweiten Hälfte der 60er Jahre*, München.

della Porta, Donatella (1995), *Social Movements, Political Violence, and the State: A Comparative Analysis of Italy and Germany*, Cambridge.

Derix, Simone (2009), *Bebilderte Politik. Staatsbesuch in der Bundesrepublik 1949–1990*, Göttingen.

Der SDS-Bundesvorstand (1967), "Niederlage oder Erfolg der Protestaktion: Erklärung des SDS," 6. 6, ASV-UA(악셀슈프링어 출판사 기업문서고).

Deutscher Gewerkschaftsbund ed. (1967), *Notstand: Der DGB zur Notstandsgesetzgebung*, Düsseldorf.

Deutsches Historisches Museum ed. (2016), *Deutsche Geschichte in Bildern und Zeugnissen*, Stuttgart.

Doering-Manteuffel, Anselm (1983), *Die Bundesrepublik Deutschland in der Ära Adenauer. Außenpolitik und innere Entwicklung 1949–1963*, Darmstadt.

Doerry, Martin, Hauke Janssen eds. (2013), *Die Spiegel: Affäre. Eine Skandal und seine Folgen*, München.

Doggett, Peter (2007), *There's a Riot Going on: Revolutionaries, Rock Stars and the Rise and Fall of '60s Counter-Culture*, Edinburgh/New York/Melbourne.

Dohms, Peter and Paul Johann (2008), *Die Studentenbewegung von 1968 in Nordrhein-Westfalen*, Siegburg.

Dostal, Caroline (2006), *1968: Demonstranten vor Gericht. Ein Beitrag zur Justizgeschichte der Bundesrepublik*, Frankfurt a.M.

Dotterweich, Volker ed. (1998), *Kontroversen der Zeitgeschichte: Historisch-politische Themen im Meinungsstreit*, München.

Dutschke, Gretchen (1998), *Rudi Dutschke. Wir hatten ein barbarisches, schönes Leben. Eine Biographie*, München.

Dutschke, Gretchen ed. (2003), *Rudi Dutschke. Jeder hat sein Leben ganz zu leben. Die Tagebücher 1963–1979*, Köln.

Dutschke-Klotz, Gretchen (1996), *Wir hatten ein barbarisches, schönes Leben. Rudi Dutschke. Eine Biografie*, Köln.

Dutschke-Klotz, Gretchen, Helmut Gollwitzer, and Jürgen Miermeister eds. (1980), *Rudi Dutschke. Mein langer Marsch. Reden, Schriften und Tagebücher aus zwanzig Jahren*, Hamburg.

Dutschke-Klotz, Gretchen, Jürgen Miermeister, and Jürgen Treulieb eds. (1983), *Rudi Dutschke. Die Revolte. Wurzeln und Spuren eines Aufbruchs*, Hamburg.

Dutschke, Rudi (1967a) "Zum Verhältnis von Organisation und Emanzipationsbewegung," *Oberbaum Blatt* no. 5/7. 12.

_____ (1967b), "Diskussion zu 'Das Problem der Gewalt in der Opposition'," Herbert Marcuse, *Das Ende der Utopie: Herbert Marcuse diskutiert mit Studenten und Professoren Westberlins an der Freien Universität Berlin über die Möglichkeiten und Chancen einer politischen Opposition in den Metropolen in Zusammenhang mit den Befreiungsbewegungen in den Ländern der Dritten Welt*, Berlin.

_____ (1967c), "Wir fordern die Enteignung Axel Springers. Spiegel-Gespräch mit dem Berliner FU Studenten Rudi Dutschke(SDS)," *Der Spiegel* no. 29/7. 10.

_____ (1968), "Die Widersprüche des Spätkapitalismus, die antiautoritären Studenten und ihr Verhältnis zur Dritten Welt," Uwe Bergmann, Rudi Dutschke, Wolfgang Lefèvre, and Bernd Rabehl, *Rebellion der Studenten oder die neue Opposition. Eine Analyse*, Hamburg.

_____ (1971) "'Steine sind ohnmächtig': Gespräch mit Manfred W. Hentschel," Georg Wolf ed., *Wir Leben in der Weltrevolution*, München.

_____ (1978a), "Warum ich Marxist bin-doch Marx sagte: 'Ich bin kein Marxist'," Fritz Raddatz ed., Warum ich Marxist bin, München.

_____ (1978b), "Wer hat Angst vor der Wiedervereinigung?" das da/avanti Nr. 4/April.

_____ (1980), *Geschichte ist machbar*, Berlin.

_____ (1981), *Aufrecht gehen. Eine fragmentarische Autobiographie*, Berlin.

Dutschke, Rudi and Hans-Jürgen Krahl (1980), "Das Sich-Verweigern erfordert Guerilla-Mentalität," Jürgen Miermeister ed., *Rudi Dutschke. Geschichte ist machbar. Texte über das herrschende Falsche und die Radikalität des Friedens*, Berlin.

Dutschke, Rudi, Günter Gaus im Gespräch mit Rudi Dutschke, Sendreihe (1968) "Zu Protokoll: Rudi Dutschke," SWF/ARD(1967. 3. 12), *Rudi Dutschke Zu Protokoll. Fernsehinterview von Günter Gaus*, Frankfurt a.M.

Dworok, Gerrit and Christoph Weißmann eds. (2013), *1968 und die 68er: Ereignisse, Wirkungen und Kontroversen in der Bundesrepublik*, Wien/Köln/Weimar.

Ebbinghaus, Angelika and Marcel van der Linden (2009), "1968: Ein Blick auf die Protestbewegungen 40 Jahre danach aus globaler Perspektive," Angelika Ebbinghaus and Max Henninger eds., *1968: Ein Blick auf die Protestbewegungen 40 Jahre danach aus globaler Perspektive*, Wien.

Eckert, Roland (2010), "Kulturelle Homogenität und aggressive Intoleranz. Eine Kritik der Neuen Rechten," *Aus Politik und Zeitgeschichte(APuZ)* 44. (Online: *Bun-*

deszentrale für Politische Bildung Oktober, http://www.bpb.de/apuz/32421/
kulturelle-homogenitaet-und-aggressive-intoleranz-eine-kritik-der-neu-
en-rechten?p=0.)

Eley, Geoff (2002), *Forging Democracy: The History of the Left in Europe, 1850-2000*,
Oxford. (제프 일리, 『The Left, 1848~2000: 미완의 기획, 유럽좌파의 역사』, 유
강은 옮김, 뿌리와 이파리, 2008.)

Etzemüller, Thomas (2005), *1968: Ein Riss in der Geschichte? Gesellschaftlicher Um-
bruch und 68er-Bewegungen in Westdeutschland und Schweden*, Konstanz.

Fahlenbrach, Kathrin (2002), *Protest-Inszenierungen. Visuelle Kommunikation und
kollektive Identitäten in Protestbewegungen*, Wiesbaden.

Fedders, Jonas (2016), "Die Wahlerfolge der 'Alternative für Deutschland' im Kon-
text rassistischer Hegemoniebestrebungen," Alexander Häusler ed., *Die Alter-
native für Deutschland: Programmatik, Entwicklung und politische Verortung*,
Wiesbaden.

Feit, Margret (1987), *Die "Neue Rechte" in der Bundesrepublik: Organisation-Ideolo-
gie-Strategie*, Frankfurt a.M.

Fels, Gerhard (1998), *Der Aufruhr der 68er: Zu den geistigen und sozialen Grundlagen
der Studentenrevolte*, Bonn.

Fest, Joachim C. (1981), *Aufgehobene Vergangenheit. Portraits und Betrachtungen*,
Stuttgart.

Fetscher, Iring and Günter Rohrmoser (1981), *Ideologien und Strategien, Analysen
zum Terrorismus* vol. 1, Bundesministerium des Innern ed., Opladen.

Fichter, Tilman P. and Siegward Lönnendonker (2008), *Kleine Geschichte des SDS.
Der Sozialistische Deutsche Studentenbund von Helmut Schmidt bis Rudi Dutsch-
ke*, Bonn.

_____ (2011), *Dutschkes Deutschland. Der sozialistische Deutsche Studentenbund, die
nationale Frage und die DDR-Kritik von lins*, Essen.

Fink, Carole, Philipp Gassert, Detlef Junker eds. (1998), *1968. The World Transfor-
med*, Washington.

Fischer, Thomas (1989), *Die "Neue Rechte": Eine Herausforderung für die westdeutsche
Linke*, Darmstadt.

Forsbach, Ralf (2011), *Die 68er und die Medizin: Gesundheitspolitik und Patientenver-
halten in der Bundesrepublik Deutschland(1960-2010)*, Göttingen.

Frank, Tobias (2015), *Die AfD bei der Bundestagswahl 2013: Determinaten und Erklä-
rungen ihres Wahlerfolgs*, Marburg.

Frei, Norbert (1989), "Die Fress," Wolfgan Benz ed., *Die Geschichte der Bundesrepub-*

lik Deutschland: Kultur, Frankfurt a.M.

_____ (2008), *1968. Jugendrevolte und globaler Protest*, München.

Frese, Matthias and Julia Paulus (2005), "Geschwindigkeit und Faktoren des Wandels: die 1960er Jahre in der Bundesrepublik," Matthias Frese, Julia Paulus and Karl Teppe eds., *Demokratisierung und gesellschaftlicher Aufbruch. Die sechziger Jahre als Wendezeit der Bundesrepublik*, Paderborn.

Frese, Matthias, Julia Paulus, and Karl Teppe eds. (2005), *Demokratisierung und gesellschaftlicher Aufbruch. Die sechziger Jahre als Wendezeit der Bundesrepublik*, Paderborn.

Fuhrer, Armin (2009), *Wer erschoss Benno Ohnesorg? Der Fall Kurras und die Stasi*, Berlin.

Füssel, Stephan ed. (1999), *50 Jahre Frankfurter Buchmesse 1949-1999*, Frankfurt.

_____ (2007), *Die Politisierung des Buchmarkts. 1968 als Branchenereignis*, Wiesbaden.

Gäsche, Daniel (2008), *Born to be wild. Die 68er und die Musik*, Liepzig.

Gehring, Sebastian (2011), "The Milieus of West German Terrorism," Martin Klimke, Jacco Pekelder and Joachim Scharloth eds., *Between Prague Spring and French May: Opposition and Revolt in Europe, 1960-1980*, New York/Oxford.

Geiger, Helmut and Armin Roether eds. (1999), *Dutschke und Bloch: Zivilgesellschaft damals und heute*, Mössingen Talheim.

Geiges, Lars, Stine Marg, and Franz Walter (2015), *Pegida: Die schmutzige Seite der Zivilgesellschaft?*, Bielefeld.

Gessenharter, Wolfgang (1994), *Kippt die Republik? Die Neue Recht und ihre Unterstützung durch Politik und Medien*, München.

_____ (2000), "Zur Funktion neurechter Freund-Feindbilder in Geschichte und Gegenwart der Bundesrepublik," Michael Th. Greven and Oliver von Wrochem eds., *Der Krieg in der Nachkriegszeit*, Opladen.

_____ (2004), "Im Spannungsfeld: Intellektuelle Neue Rechte und demokratische Verfassung," Gessenharter and Pfeiffer eds., *Die Neue Rechte*.

_____ (2010), "Was ist Rechtsextremismus? Zentrale Aspekte eines vielschichtigen Problems," Holger Spöhr and Sarah Kolls eds., *Rechtsextremismus in Deutschland und Europa*.

Gessenharter, Wolfgang and Thomas Pfeiffer eds. (2004), *Die Neue Rechte: eine Gefahr für die Demokratie*, Wiesbaden.

Gilcher-Holtey, Ingrid (1995), *"Die Phantasie an die Macht." Mai 68 in Frankreich*, Frankfurt a/M.

_____ (2001), *Die 68er Bewegung: Deutschland-Westeuropa-USA*, München. (잉그리트 길혀홀타이, 『68운동: 독일·서유럽·미국』, 정대성 옮김, 들녘, 2006.)

_____ (2003), "'1968': Eine versäumte Kontroverse?," Martin Sabrow, Ralph Jessen and Klaus Gorße Kracht eds., *Zeitgeschichte als Streitgeschichte. Große Kontroversen seit 1945*, München.

_____ (2004), "Was kann Literatur und wozu schreiben? Das Ende der Gruppe 47," *Berliner Journal für Soziologie* 2.

_____ (2006), "Transformation durch Subversion: Die Neue Linke und die Gewaltfrage," Freia Anders and Ingrid Gilcher Holtey eds., *Herausforderungen des staatlichen Gewaltmonopols: Recht und politisch motivierte Gewalt am Ende des 20. Jahrhunderts*, Frankkfurt and New York.

_____ (2007), "Die APO und der Zerfall der Gruppe47," *Aus Politik und Zeitgeschichte* 25.

_____ (2008), "Vis Ludens," Nicole Colin, Beatrice de Graaf, Jacco Pekelder and Joachim Umlauf eds., *Der "Deutsche Herbst" und die RAF in Politik, Medien und Kunst: Nationale und internationale Perspektiven*, Bielefeld.

_____ (2009), *1968: Eine Zeitreise*, Frankfurt a/M. (잉그리트 길혀홀타이, 『68혁명, 세계를 뒤흔든 상상력』, 정대성 옮김, 창비, 2009.)

_____ (2018), "Political Participation and Democratisation in the 1960s: The Concept of Participatory Democracy and its Repercussions," Jussi Kurunmäki, Jeppe Nevers and Henk te Velde eds., *Democracy in Modern Europe: A Conceptual History*, Oxford and New York: Berghahn.

Gilcher Holtey, Ingrid ed. (2008), *1968: Vom Ereignis zum Mythos*, Frankfurt a/M.

_____ (2013), *"1968": Eine Wahrnehmungsrevolution? Horizont Verschiebungen des Politischen in den 1960er und 1970 Jahren*, München.

_____ (2014), *A Revolution of Perception? Consequences and Echoes of 1968*, New York/Oxford.

Gildea, Robert, James Mark, and Anette Warring eds. (2013), *Europe's 1968: Voices of Revolt*, Oxford.

Gödden, Walter (2017), *1968: Pop, Protest und Provokation in 68 Stichpunkten. Ein Materialienbuch*, Bielefeld.

Goes, Thomas E. and Violetta Bock (2017), *Ein unanständiges Angebot? Mit linkem Populismus gegen Eliten und Rechte*, Köln.

Görtemaker, Manfred (1999), *Geschichte der Bundesrepublik Deutschland. Von der Gründung bis zur Gegenwart*, München.

Greiwe, Ulrich (2003), *Augstein. Ein gewisses Doppelleben*, München.

Greß, Franz, Hans-Gerd Jaschke, and Klaus Schöneskäs (1990), *Neue Rechte und Rechtsextremismus in Europa: Bundesrepublik, Frankreich, Großbritannien*, Opladen.

Grimberg, Steffen (2002), "Staatsstreich im Regen," *tageszeitung* 10. 26.

Grönert, Alexander ed. (2008), *Politik, Pop und Afri-Cola. 68er Plakate* eine Ausstellung des Deutschen Plakat Museums im Museum Folkwang, Essen: 12. Januar bis 16. März 2008, Essen and Bottrop.

Großkopff, Rudolf (2007), *Unsere 60er Jahre: Wie wir wurden, was wir sind*, Frankfurt a.M.

Grossmann, Heinz, Oskar Negt eds. (1968), *Die Auferstehung der Gewalt. Springerblockade und politische Reaktion in der Bundesrepublik*, Frankfurt a/M.

Günter Gaus im Gespräch mit Rudi Dutschke, Sendreihe (1968), "Zu Protokoll Rudi Dutschke," SWF/ARD, 1967. 3. 12, *Rudi Dutschke Zu Protokoll. Fernsehinterview von Günter Gaus*, Frankfurt a.M.

Habermas, Jürgen (1969), *Protestbewegung und Hochschulreform*, Frankfurt a.M.

_____ (1990), *Die nachholende Revolution. Kleine politische Schriften VII*, Frankfurt a.M.

Hagener Geschichtsverein e.V. ed. (2004), *Hagen 1968. Eine Stadt im Umbruch: Erinnerungen Hagener Zeitzeugen Teil 3*, Hagen.

Hanshew, Karrin (2012), *Terror and Democracy in West Germany*, New York.

Häusler, Alexander and Rainer Roeser (2015), *Die rechten 'Mut'-Bürger: Entstehung, Entwicklung, Personal and Positionen der Alternative für Deutschland*, Hamburg.

Häusler, Alexander ed. (2016), *Die Alternative für Deutschland: Programmatik, Entwicklung und politische Verortung*, Wiesbaden.

Heidkamp, Konrad (2007), "Der Soundtrack zur Revolte—Von Jimi Hendrix bis Franz Josef Degenhardt: Die Musik der 68er war so vielstimmig wie ihr Protest," *Die Zeit: Zeitgeschichte, Das Jahr der Revolte* 2.

Heimlich, Steven (2009), *Rechte Leute von links: Die 68er-Bewegung im Fokus der "Neuen Rechten"*, Marburg.

Hemler, Stefan (2006), "Aufbegehren einer Jugendszene," Gerhard Fürmetz ed., *Schwabinger Krawalle*, Essen.

Henning, Markus and Rolf Raasch (2016), *Neoanarchismus in Deutschland: Geschichte, Bilanz und Perspektiven der antiautoritären Linken*, Stuttgart.

Hentschel, Rüdiger (2013), "'Der Abarbeitungsprozess begann': Rudi Dutschke als Intellektueller," Richard Faber and Uwe Puschner eds., *Intellektuelle und Antiintellektuelle in 20. Jahrhundert*, Frankfurt a/M.

Hermann, Kai (1967), *Die Revolte der Studenten*, Hamburg.

_____ (1968), "Der Aufstand nach dem Attentat," *Zeit* Nr. 16, 4. 19.

Hey, Bernd and Volkmar Wittmütz (2008), *1968 und die Kirchen*, Bielefeld.

Hildebrand, Klaus (1984), *Von Erhard zur Großen Koalition 1963-1969* (*Geschichte der Bundesrepublik Deutschland* 5Bd., Karl Dietrich Bracher, Theodor Eschenburg, Joachim C. Fest and Eberhard Jäckel eds., Bd. 4), Stuttgart.

Hildebrandt, Dietrich (1991), *"... und die Studenten freuen sich!" Studentenbewegung in Heidelberg 1967-1973*, Heidelberg.

Hilwig, Stuart J. (1998), "The Revolt against the Establishment: Students versus the Press in West Germany and Italy," Carole Fink, Philipp Gassert, Detlef Junker eds., *1968. The World Transformed*, Washington.

Hobsbawm, Eric (2010), *Zwischenwelten und Übergangszeiten: Interventionen und Wortmeldungen*, Friedrich-Martin Balzer and Georg Fülberth eds., Köln.

Hofacker, Ernst (2016), *1967: Als Pop unsere Welt für immer veränderte*, Stuttgart.

Hoffmann, Uwe (1999), *Die NPD: Entwicklung, Ideologie und Struktur*, Frankfurt a.M.

Hölker, Marie (2016), *'Alternative für Deutschland.' Ist die AfD eine rechtspopulistische Partei?*, München.

Holl, Kurt and Claudia Glunz eds. (1998), *1968 am Rhein: Satisfaction und Ruhender Verkehr*, Köln.

Horn, Gerd-Rainer (2007), *The Spirit of '68: Rebellion in Western Europe and North America, 1956-1976*, Oxford.

Horvath, Peter (2010), *Die inszenierte Revolte. Hinter den Kulissen von '68*, München.

Jacobshagen, Arnold and Markus Leniger eds. (2007), *Rebellische Musik: Gesellschaftlicher Protest und kultureller Wandel um 1968*, Köln.

Jacoby, Edmund, Georg M. Hafner eds. (1993), *1968: Bilderbuch einer Revolte*, Frankfurt a.M.

Jäger, Herbert, Gerhard Schmidtchen, and Lieselotte Süllwold (1981), *Lebenslaufanalysen* Analysen zum Terrorismus vol. 2, Bundesministerium des Innern ed., Opladen.

Juchler, Ingo (2017), *1968 in Berlin: Schauplätze der Revolte Ein historischer Stadtführer*, Berlin.

Jung, Dae Sung (2016), *Der Kampf gegen das Presse-Imperium: Die Anti Springer Kampagne der 68er Bewegung*, Bielefeld.

Jürgs, Michael (1995), *Der Fall Axel Springer. Eine deutsche Biographie*, München.

Kailitz, Steffen (2004), *Politischer Extremismus in der Bundesrepublik Deutschland*, Wiesbaden.

Kaleta, Philip, Anna Reimann, and Severin Weiland (2016), "Programmpläne: Die AfD Positionen zum Islam im Faktencheck," *Spiegel Online* 4. 18, http://www.spiegel.de/politik/deutschland/afd-was-stimmt-an-den-thesen-zum-islam-a-1087824.html.

Karcher, Nicola Kristin and Anders G. Kjøstvedt eds. (2013), *Movements and Ideas of the Extreme Right in Europe: Positions and Continuities*, Frankfurt a.M.

Karl, Michaela (2003), *Rudi Dutschke. Revolutionär ohne Revolution*, Frankfurter a.M.

Kastner, Jens and David Mayer eds. (2008), *Weltwende 1968? Ein Jahr aus globalgeschichtlicher Perspektive*, Wien.

Kean, Hilda and Paul Martin eds. (2013), *The Public History Reader*, London/New York.

Kellein, Thomas ed. (2009), *1968: die große Unschuld* (begleitet die Ausstellung "1968. Die Große Unschuld" vom 15. März bis 2. August 2009 in der Kunsthalle Bielefeld), Köln.

Kellerhoff, Sven Felix (2010), *Die Stasi und der Westen. DerKurras-Komplex*, Hamburg.

Kellershohn, Helmut (2016), "Riss im Gebälk: Flügelkämpfe in der jungkonservativen Neuen Rechten und der AfD," Alexander Häusler ed., *Die Alternative für Deutschland*.

Kemper, Peter (2009), *Jimi Hendrix—Leben·Werk·Wirkung: Suhrkamp BaisBiographie 40*, Frankfurt a/M.

Kepplinger, Hans Mathias (1999), "Publizistische Konflikte," Jürgen Wilke ed., *Mediengeschichte der Bundesrepublik Deutschland*, Köln.

Kersting, Franz-Werner (2005), "'Unruhediskurs.' Zeitgenössische Deutungen der 68er-Bewegung," Matthias Frese, Julia Paulus, and Karl Teppe eds., *Demokratisierung und gesellschaftlicher Aufbruch. Die sechziger Jahre als Wendezeit der Bundesrepublik*, Paderborn.

Kersting, Franz-Werner, Jürgen Reulecke, Hans-Ulrich Thamer eds. (2010), *Die zweite Gründung der Bundesrepublik. Generationswechsel und intellektuelle Wortergreifungen 1955-1975*, Stuttgart.

Kießling, Simon (2006), *Die antiautoritäre Revolte der 68er: Postindustrielle Konsumgesellschaft und säkulare Religionsgeschichte der Moderne*, Köln/Weimar/Wien.

Kleßmann, Christoph (1988), *Zwei Staaten, eine Nation. Deutsche Geschichte 1955-1970*, Göttingen.

_____ (1991), "1968: Studentenrevolte oder Kulturrevolution?," Manfred Hettling ed., *Revolution in Deutschland? 1789-1989*, Göttingen.

Klimke, Martin (2010), *The Other Alliance: Student Protest in West Germany and the*

United States in the Global Sixties, Princeton.

Knabe, Hubertus (1999), *Die Unterwanderte Republik. Stasi im Western*, Berlin.

_____ (2001a), *Der diskrete Charme der DDR: Stasi und Westmedien*, Berlin/München.

_____ (2001b), "'Hetzer, Fälscher, Meinungsmacher.' Die Anti-Springer-Kampagne: Wie SED und MfS die West-Berliner Studentenbewegung manipulierten," *Frankfurter Allgemeine Zeitung* 3. 22.

Koenen, Gerd (2002), *Das rote Jahrzehnt: Unsere kleine deutsche Kulturrevolution 1967–1977*, Köln.

Köhler, Lotte and Hans Saner eds. (1985), *Hannah Arendt and Karl Jaspers, Briefwechsel 1926–1969*, München.

Köhler, Otto (2003), *Rudolf Augstein. Ein Leben für Deutschland*, München.

Koszyk, Kurt (1990), "Das Ende der Vielfalt. Die Monopolisierungs-Tendenzen auf dem Pressemarkt," *Unsere Medien Unsere Republik* 6. 6.

Kozicki, Norbert (2008), *Aufbruch in NRW: 1968 und die Folgen*, Essen.

Kraft, Sandra (2010), *Vom Hörsaal auf die Anklagebank: Die 68er und das Establishment in Deutschland und den USA*, Frankfurt a.M./New York.

Kraus, Dorothea (2007), *Theater-Proteste: Zur Politisierung von Straße und Bühne in den 1960er Jahren*, Frankfurt a.M.

Kraushaar, Wolfgang (1998a), *1968. Das Jahr, das alles verändert hat*, München.

_____ (1998b), "Unsere unterwanderten Jahre. Die barbarische und gar nicht schöne Infiltration der Studentenbewegung durch die Organe der Staatssicherheit," *Frankfurter Allgemeine Zeitung* 4. 7.

_____ (2000), *1968 als Mythos, Chiffre und Zäsur*, Hamburg.

_____ (2001), "1968 und Massenmedien," *Archiv für Sozialgeschichte* 41.

_____ (2005), "Rudi Dutschke und der bewaffnete Kampf," Wolfgang Kraushaar, Jan Philipp Reemtsma and Karin Wieland, *Rudi Dutschke Andreas Baader und die RAF*, Hamburg.

_____ (2006), "Kleinkrieg gegen einen Großverleger. Von der Anti-Springer-Kampagne der APO zu den Brand- und Bombenanschlägen der RAF," Wolfgang Kraushaarg ed., *Die RAF und der linke Terrorismus* vol. 2, Hamburg.

_____ (2008), *Achtundsechzig: Eine Bilanz*, Berlin.

_____ (2009), "Hitlers Kinder? Eine Antwort auf Götz Aly," 3. 25, https://www.perlentaucher.de/essay/hitlers-kinder-eine-antwort-auf-goetz-aly.html.

_____ (2017a), *Die blinden Flecken der RAF*, Stuttgart.

_____ (2017b), "Rudi Dutschke nahm sich Jesus Christus als Vorbild," *Zeit Online* 6. 1, http://www.zeit.de/gesellschaft/zeitgeschehen/2017-05/wolfgang-kraushaar-1968er-bewegung-rudi-dutschke-protestantismus-interview.

Kraushaar, Wolfgang ed. (1998), *Frankfurter Schule und Studentenbewegung. Von der Flaschenpost zum Molotowcocktail 1946–1995*, vol. 1: *Chronik*, Frankfurter a.M.

_____ (2006), *Die RAF und der linke Terrorismus* 2vols, Hamburg.

Kraushaar, Wolfgang, Jan Philipp Reemtsma and Karin Wieland (2005), *Rudi Dutschke Andreas Baader und die RAF*, Hamburg.

Krautkrämer, Felix (2014), *Aufstieg und Etablierung der 'Alternative für Deutschland': Geschichte, Hintergründe und Bilanz einer neuen Partei*, Berlin.

Kröger, Claus (2006), "'Establishment und Avantgarde zugleich?' Siegfried Unseld und der Börsenverein des Deutschen Buchhandels 1967/68," Ingrid Gilcher Holtey ed., *Zwischen den Fronten. Positionskämpfe europäischer Intellektueller im 20. Jahrhundert*, Berlin.

Krüger, Heike (2012), "Die Notstandsgesetze im Spiegel ihrer Zeit," Martin Löhnig, Mareike Preisner and Thomas Schlemmer, *Reform und Revolte*, Tübingen.

Kruip, Gudrun (1999), *Das „Weltl": „Bild" des Axel Springer Verlags. Journalismus zwischen westlichen Werten und deutschen Denktraditionen*, München.

Kühne, Hans-Jörg (2006), *Bielefeld '66 bis '77: Wildes Leben, Musik, Demos und Reformen*, Bielefeld.

Kurbjuweit, Dirk, Sven Röbel, Michael Sontheimer, and Peter Wensierski (2009), "Verrat vor dem Schuss," *Der Spiegel* 22/5. 22.

Kutschke, Beate (2013), "Anti-authoritarian Revolt by Musical Means on Both Sides of the Berlin Wall," Beate Kutschke, Barley Norton eds., *Music and Protest in 1968*, Cambridge.

Kutschke, Beate ed. (2008), *Musikkulturen in der Revolte: Studien zu Rock, Avantgarde und Klassik im Umfeld von "1968"*, Stuttgart.

Lahusen, Christian (2002), "Transnationale Kampagnen sozialer Bewegungen. Grundzüge einer Typologie," *Forschungsjournal Neue Soziale Bewegungen. Transnationale Aktionsnetzwerke: Chancen für eine neue Protestkultur?* Vol. 1/ March.

Langguth, Gerd (2001), *Mythos '68: Die Gewaltphilosophie von Rudi Dutschke— Ursachen und Folgen des Studentenbewegung*, München.

Langston, Richard (2007), *Visions of Violence. German Avant-Gardes after Facism*, Evanston.

Leggewie, Claus (1989), *REP. Die Republikaner: Phantombild der Neuen Rechten*, Berlin.

_____ (2001), "1968 ist Geschichte," *Aus Politik und Zeitgeschichte* B. 22~23.

Leitner, Kerstin (1967), "Westberliner Demokratie," *Freiburger Studenten Zeitung* No. 4/Juni.

Lenke, Kurt (1998), "Ideengeschichtliche Dispositionen rechtsextremen Denkens," *Aus Politik und Zeitgeschichte* B. 9~10.

Liebel, Manfred (1966), "Die öffentlichen Reaktionen in der Bundesrepublik," Jürgen Seifert ed., *"Spiegel"-Affäre* Vol. 2: *Reaktion der Öffentlichkeit*.

Liege Hubert ed. (1967), *Deutschland 1945~1963*, Hannover.

Liehr, Dorothee (2002), *Von der Aktion gegen den Spiegel zur Spiegel-Affäre. Zur gesellschaftspolitischen Rolle der Intellektuellen*, Frankfurt a.M.

Linder, Werner (1998), "Die Studentenbewegung in Spiegel der Ruhrgebietspresse," *Westfälische Forschungen* 48.

Lönnendonker, Siegward ed. (1998), *Linksintellektueller Aufbruch zwischen „Kulturrevolution" und "Kultureller Zerstörung". Der SDS in der Nachkriegsgeschichte(1946~1969)*, Dokumentation eines Symposiums, Olpaden.

Lönnendonker, Siegward, Bernd Rabehl, and Jochen Staadt (2002), *Die antiautoritäre Revolte. Der Sozialistische Deutsche Studentenbund nach der Trennung von der SPD* Band 1: 1960~1967, Wiesbaden.

Lönnendonker, Siegward, Tilman Fichter eds. (1974), *Hochschule im Umbruch, Teil III: Auf dem Weg in den Dissens(1957~1964)*, Berlin.

Lönnendonker, Siegward, Tilman Fichter, and Jochen Staadt eds. (1983), *Hochschule im Umbruch, Teil V: Gewalt und Gegengewalt(1967~1969)*, Berlin.

Löwenthal, Richard (1970), *Der romantische Rückfall*, Stuttgart.

Lübbe, Hermann (1978), *Endstation Terror. Rückblick auf lange Märsche*, Stuttgart.

Luhmann, Niklas (1992), *Universität als Milieu. Kleine Schriften*, Bielefeld.

Maaß, Sebastian (2014), *Die Geschichte der Neuen Rechten in der Bundesrepublik Deutschland*, Kiel.

Marcuse, Herbert (1967), *One-Dimensional Man*, Beacon: Boston. (*Der eindimensionale Mensch* Berlin. (헤르베르트 마르쿠제, 『일차원적 인간』, 박병진 옮김, 한마음사, 2009.)

Marmulla, Henning (2011), *Enzensbergers Kursbuch: Eine Zeitschrift um 68*, Berlin.

Marquardt, Friedrich-Wilhelm (1998), *Rudi Dutschke als Christ*, Tübingen.

Marwick, Arthur (1998) *The Sixties. Cultural Revolution in Britain, France, Italy, and the United States, c.1958~c.1974*, Oxford.

_____ (2000), "Die 68er Revolution," Peter Wende ed., *Große Revolutionen der Geschichte. Von der Frühzeit bis zur Gegenwart*, München. (아서 마윅, 「68혁명」, 『혁명의 역사』, 권세훈 옮김, 시아출판사, 2004.)

Matz, Ulrich and Gerhard Schmidtchen (1983), *Gewalt und Legitimität*, Analysen zum Terrorismus vol. 4/1, Bundesministerium des Innern ed., Opladen.

Meinhard, Schröder (2017), *Mein 2. Juni 1967: Von der Studentenrevolte zum Kleingärtnerprotest*, Hützel.

Meinhof, Ulrike (1997), "Das Konzept Stadtguerilla," ID-Verlag ed., *Rote Armee Fraktion. Texte und Materialien zur Geschichte der RAF*, Berlin.

Melchert, Florian (2003), *Meinungsfreiheit in Gefahr?: Die medienpolitische Debatte in der Bundesrepublik vom Fernsehstreit bis zur Anti-Springer-Kampagne (1961-1969)*, Unveröffentlichte Diss. Universität Bochum.

Merseburger, Peter (2007), *Rudolf Augstein. Biographie*, München.

Meschkat, Klaus (2008a), "Kontinuität oder Bruch? Außerparlamentarische Opposition und Gewalt," Elmar Altvater, Nele Hirsch, Gisela Notz, Thomas Seibert and Elmar Altvater, *"Die letzte Schlacht gewinnen wir!" 40 Jahre 1968: Bilanz und Perspektiven*, Hamburg.

_____ (2008b), "'Germany 1968-SDS, Urban Guerillas and Visions of Räterepublik'-interview with Klaus Meschkat," *1968 Revisited: 40 Years of Protest Movements*, Heinrich Böll Stiftung, Brussel.

_____ (2010), *Konfrontationen: Streitschriften und Analysen 1958 bis 2010*, Hanover.

Meyer, Gerhard (2002), "Die 68er-Bewegung und die zeitgenössischen Medien," *Geschichte Lernen* 86/March.

Meyn, Hermann (1969), *Massenmedien in der Bundesrepublik Deutschland*, Berlin.

Michels, Eckard (2017), *Schahbesuch 1967: Fanal für die Studentenbewegung*, Berlin.

Miermeister, Jürgen (1986), *Rudi Dutschke mit Slebstzeugnissen und Bilddokumenten*, Reinbek.

Miermeister, Jürgen ed. (1980), *Rudi Dutschke. Geschichte ist machbar. Texte über das herrschende Falsche und die Radikalität des Friedens*, Berlin.

Miermeister, Jürgen, Jochen Staadt eds. (1980), *Provokationen. Die Studenten und Jugendrevolte in ihren Flugblättern 1965-1971*, Darmstadt.

Möller, Harald (2014), *Der Schahbesuch 1967 und "politische Theorie." Was geschah am 1. und 2. Juni 1967 in Berlin und wie lässt es sich erklären? 19 Theorien und "Erklärungsansätze"*, Berlin.

Mosler, Peter (1977), *Was wir wollten, was wir wurden. Studentenrevolte-zehn Jahre danach*, Hamburg.

Müller, Michael Ludwig (2008), *Berlin 1968: Die andere Perspektive*, Berlin.

Müller-Enbergs, Helmut and Cornelia Jabs (2009), "Der 2. Juni 1967 und die Staatssicherheit," *Deutschland Archiv: Zeitschrift für das vereinigte Deutschland 3*.

Mündemann, Tobias (1988), *Die 68er. ...und was aus ihnen geworden ist*, München.

Naeher, Gerhard (1991), *Axel Springer. Mensch, Macht, Mythos*, Erlangen/Bonn/ Wien.

Nagel, Katja (2009), *Die Provinz in Bewegung: Studentenunruhen in Heidelberg 1967-1973*, Heidelberg.

Negt, Oskar (1971), "Die Neue Linke und die Institutionen," *Politik als Protest*, Frankfurt a.M.

Nevermann, Kurt ed. (1967), *Der 2. Juni 1967. Studenten zwischen Notstand und Demokratie: Dokumente zu den Ereignissen anläßlich des Schah-Besuchs*, Köln.

Notstandsgesetze: Grundgesetz, Auszug (1968), *Bundesleistungsgesetz, Arbeitssicherstellungsgesetz, Ernährungssicherstellungsgesetz, Verkehrssicherstellungsgesetz, Wirtschaftssicherstellungsgesetz, Gesetz über die Erweiterung des Katastrophenschutzes, Gesetz zur Beschränkung des Brief-, Post- und Fernmeldegeheimnisses und andere Gesetze*, München.

Øhrgaard, Per (2000), "'ich bin nicht zu herrn willy brandt gefahren'—Zum politischen Engagement der Schriftsteller in der Bundesrepublik am Beginn der 60er Jahre," Axel Schildt, Detlef Siegfried, Karl Christian Lammers eds., *Dynamische Zeiten*, Hamburg

Ott, Ulrich, Friedrich Pfäfflin eds. (1998), *Protest! Literatur um 1968*, Marbach.

Otto, Karl A. (1977), *Vom Ostermarsch zur APO. Geschichte der außerparlamentarischen Opposition in der Bundesrepublik 1960-70*, Frankfurt a.M.

_____ (1989), *Die außerparlamentarische Opposition in Quellen und Dokumenten (1960-1970)*, Köln.

Pekelder, Jacco (2012), "The RAF and the Left in West Germany: Communication Processes between Terrorists and Their Constituency in the Early 1970s," Klaus Weinhauer and Jörg Requate eds., *Gewalt ohne Ausweg?: Terrorismus als Kommunikationsprozess in Europa seit dem 19. Jahrhundert*, Frankfrut a.M.

Perels, Joachim (1998), "Der Kampf gegen die Notstandsgesetze als Aneignung der Verfassung," Michael Buckmiller and Joachim Perels eds., *Opposition als Treibkraft der Demokratie: Bilanz und Perspektiven der zweiten Republik*, Hannover.

Pfahl-Traughber, Armin (1998), *"Konservative Revolution" und "Neue Rechte": Rechtsextremistische Intellektuelle gegen den demokratischen Verfassungsstaat*, Opladen.

_____ (2004), "Die 'Umwertung der Werte' als Bestandteil einer Strategie der 'Kulturrevolution'. Die Begriffsumdeutung von Demokratie durch rechtsextremistische Intellektuelle," Gessenharter and Pfeiffer eds., *Die Neue Rechte*.

_____ (2006), *Rechtsextremismus in der Bundesrepublik*, München.

_____ (2010), "'Kulturrevolution von rechts': Der intellektuelle Rechtsextremismus von der 'Konservativen Revolution' zur 'Neuen Rechten'," *Holger Spöhr and Sarah Kolls, eds., Rechtsextremismus in Deutschland und Europa: Aktuelle Entwicklungstendenzen im Vergleich*, Frankfurt a.M.

Pfeiffer, Thomas (2004), "Avangarde und Brücke: Die Neue Rechte aus Sicht des Verfassungsschutzes NRW," Wolfgang Gessenharter and Thomas Pfeiffer eds., *Die Neue Rechte: eine Gefahr für die Demokratie*, Wiesbaden.

Philipps, Robert (2012), *Sozialdemokratie, 68er-Bewegung und gesellschaftlicher Wandel 1959-1969*, Baden Baden.

Pilzweger, Stefanie (2015), *Männlichkeit zwischen Gefühl und Revolution: Eine Emotionsgeschichte der bundesdeutschen 68er-Bewegung*, Bielefel.

Porta, Donatella della (2008), "'1968': Zwischennationale Diffusion und Transnationale Strukturen: Eine Forschungsagenda," Ingrid Gilcher-Holtey ed., *1968: Vom Ereignis zum Mythos*, Frankfurt a.M.

Prasse, Jan-Ole (2010), *Der kurze Höhenflug der NPD: Rechtsextreme Wahlerfolge der 1960er Jahre*, Marburg.

Prien, Carsten (2015), *Dutschkismus: die politische Theorie Rudi Dutschkes*, Ousia.

Pross, Harry (1987), "Presse: Konzentration und Alternative," Hilmar Hoffmann/Heinrich Koltz eds., *Die Sechziger. Die Kultur unseres Jahrhunderts*, Düsseldorf.

Rabehl, Bernd (1998a), "Ein Volk ohne Kultur kann zu allem verleitet werden," *Junge Freiheit* Nr. 52~53.

_____ (1998b), "Medien," Christiane Landgrebe and Jörg Plath eds., *'68 und die Folgen: Eine unvollständiges Lexikon*, Berlin.

_____ (2002), *Rudi Dutschke. Revolutionäre im geteilten Deutschland*, Schnellroda.

_____ (2007), *Linke Gewalt. Der kurze Weg zur RAF*, Schnellroda.

Reimer, Uwe (1993), *Die Sechziger Jahre. Detuschland zwischen Protest und Erstarrung(1962-1972)*, Frankfurt a.M.

Reinicke, Helmut (2012), *Rudi Dutschke: Aufrecht Gehen. 1968 und der libertäre Kommunismus*, Hamburg.

Renz, Andreas (1992), *Die Studentenproteste von 1967/68 im Spiegel der Münchner Pressringer-Press*, München.

Republikanischen Club ed. (1967), *Springer Enteignen? Materialien zur Diskussion*, Berlin.

Reynolds, Susan ed. (2009), *Woodstock Revisited: 50 far out, Groovy, Peace-Loving, Flashback-Inducing Stories from Those Who Were There*, Avon.

Richter, Pavel A. (2008), "Die Außerparlamentarische Opposition in der Bundesrepublik Deutschland 1966 bis 1968," Ingrid Gilcher-Holtey ed., *1968: Vom Ereignis zum Mythos*, Frankfurt a.M.

R. M. S trecker (1967), "Politischer Mord," *DISKUS*(Frankfurter Studentenzeitung) No. 5/Juli.

Rohstock, Anne (2010), *Von der "Ordinarienuniversität" zur "Revolutionszentrale"?: Hochschulreform und Hochschulrevolte in Bayern und Hessen 1957-1976*, München.

Rott, Wilfred (2009), *Die Insel. Eine Geschichte West-Berlins 1948-1990*, München.

Ruof, Alexander (2001), *Verbiegen, Verdrängen, Beschweigen: Die Nationalgeschichte der 'Jungen Freiheit'. Über den Zusammenhang von Nationalismus und Geschichtsrevisionismus*, Münster.

Sabrow, Martin, Ralph Jessen, Klaus Große Kracht eds. (2003), *Zeitgeschichte als Streitgeschichte. Große Kontroversen seit 1945*, München.

Salzinger, Helmut (1972), *Rock Power oder Wie musikalisch ist die Revolution? Ein Essay über Pop-Musik und Gegenkultur*, Frankfurt a.M.

Sander, Helke Beilage (2007), *DVD Box(5DVDs)*, Berlin.

Sarrazin, Thilo (2010), *Deutschland schafft sich ab: Wie wir unser Land aufs Spiel setzen*, München.

_____ (2012), *Europa braucht den Euro nicht*, München.

Sayer, Faye (2015), *Public History. A Practical Guide*, London/Oxford.

Schäfer, Friedrich (1966), *Die Notstandsgesetze: Vorsorge für den Menschen und den demokratischen Rechtsstaat*, Köln.

Schaffer, Florian (2013), *Die NPD: Rechtsextrem, radikal oder doch nur (rechts-) populitisch? Geschichte, Prozess und mögliche Verfassungsfeindlichkeit*, München.

Schauer, Helmut ed. (1967), *Notstand der Demokratie: Referate, Diskussionsbeiträge u. Materialien vom Kongress am 30. Okt. 1966 in Frankfurt a. Main*, Frankfurt.

Schildt, Axel (2000), "Materieller Wohlstand pragmatische Politik-kulturelle Umbrüche. Die 60er Jahre in der Bundesrepublik," Axel Schildt/Detlef Siegfried/ Karl Christian Lammers eds., *Dynamische Zeiten. Die 60er Jahre in den beiden deutschen Gesellschaften*, Hamburg.

_____ (2001), "Vor der Revolte: Die sechziger Jahre," *Aus Politik und Zeitgeschichte* B. 22~23.

_____ (2011), "Überbewertet? Zur Macht objektiver Entwicklungen und zur Wirkungslosigkeit der '68er'," Udo Wengst ed., *Reform und Revolte: Politischer und gesellschaftlicher Wandel in der Bundesrepublik Deutschland vor und nach 1968*, München.

Schlicht, Uwe (1980), *Vom Burschenschafter bis zum Sponti: Studentische Opposition gestern und heute*, Berlin.

Schmidt, Daniel (2010), "'Die geistige Führung verloren.' Antworten der CDU auf die Herausforderung '1968'," Franz-Werner Kersting, Jürgen Reulecke, Hans-Ulrich Thamer eds., *Die zweite Gründung der Bundesrepublik. Generationswechsel und intellektuelle Wortergreifungen 1955-1975*, Stuttgart.

Schmidt, Mathias R. (1983), *Bob Dylan und die sechziger Jahre: Aufbruch und Abkehr*, Frankfurt a.M.

Schmidtke, Michael (2003), *Der Aufbruch der jungen Intelligenz. Die 68er Jahre in der Bundesrepublik und den USA*, Frankfurt a.M./New York.

Schneider, Michael (1986), *Demokratie in Gefahr? Der Konflikt um die Notstandsgesetze: Sozialdemokratie, Gewerkschaften und intellektueller Protest (1958-1968)*, Bonn.

Schneider, Peter (2008), *Rebellion und Wahn: Mein '68*, Köln.

_____ (2009) "Ein armer, aggressiver Tropf. Der 2. Juni 1967 in neuen Licht," *Der Spiegel* 5. 25.

Schneider, Rolf (1998), "Prag 1968," Christhiane Landgrebe, Jörg Plath eds., *'68 und die Folgen*.

Schneider, Ute (1999a), "Die Buchmesse im Gegenwind: Das Jahre 1967~1969," *Börsenblatt für den deutschen Buchhandel* 10. 2, ASV-UA(악셀슈프링어 출판사 기업 문서고).

_____ (1999b), "Literarische und politische Gegenöffentlichkeit. Die Frankfurter Buchmesse in den Jahren 1967 bis 1969," Stephan Füssel ed., *50 Jahre Frankfurter Buchmesse 1949-1999*, Frankfurt.

Schneider, Wolf (2000), *Die Grunder+Jahr Story. Ein Stück deutsche Pressegeschichte*, München.

Schoenbaum, David (1968), *„Ein Abgrund von Landesverrat". Die Affäre um den „Spiegel"*, Wien.

Schöpf, Joachim (1983), *Die Spiegel-Affäre des Franz Josef Strauß*, Hamburg.

Schröder, Dieter (2004), *Augstein*, München.

Schubert, Dietrich (2007), *Alfred Hrdlicka. Beträge zu seinem Werk*, Worms.

Schulz, Kristina (2002), *Der lange Atem der Provokation: Die Frauenbewegung in der Bundesrepublik und in Frankreich 1968-1976*, Frankfurt a.M.

Schütt, Hans-Dieter (2008), *Alfred Hrdlicka. Stein Zeit Mensch*, Belin.

Schwab, Andreas, Beate Schappach, and Manuel Gogos eds. (2008), *Die 68er: kurzer Sommer lange Wirkung* (eine Ausstellung des Historischen Museums, Frankfurt am Main: 1. Mai bis 31. August 2008), Essen.

Schwarz, Hans-Peter (2008), *Axel Springer. Die Biografie*, Berlin.

Schwenger, Hannes (2013), "Hysteriker-Streit: Dutschke, Mahler, Rabehl und die nationale Frage: Wie viel rechtes Denken gab es bei den 68er-Linken?," *Der Tagesspiegel 7. 8.*

Schwilk, Heimo and Ulrich Schacht eds. (1994), *Die selbstbewusste Nation*, Berlin.

SDS Westberlin und Internationales Nachrichten- und Forschungs-Institut(INFI) Redaktion eds. (1968), *Internationaler Vietnam-Kongress Februar 1968 Westberlin. Der Kampf des vietnamesischen Volkes und die Globalstrategie des Imperialismus*, Westberlin.

Sedlmaier, Alexander (2018), *Konsum und Gewalt: Radikaler Protest in der Bundesrepublik*, Berlin.

Seidman, Michael (2004), *The Imaginary Revolution: Parisian Students and Workers in 1968*, New York.

Seifert, Jürgen (1990), "Die Spiegel-Affäre," Georg M. Hafner/Edmund Jacoby eds., *Die Skandale der Republik*, Hamburg.

Seifert, Jürgen ed. (1996), *Die "Spiegel"-Affäre* Vol. 1: *Die Staatsmacht und ihre Kontrolle* Vol. 2: *Die Reaktion der Öffentlichkeit*, Olten.

Seiffert, Jeanette (2009), *"Marsch durch die Institutionen?" Die 68er in der SPD*, Bonn.

Seitenbecher, Manuel (2008), *Den deutschen "Cäsar" bezwingen: Die 1960er und die Kampagne gegen Springer*, Marburg.

_____ (2013), *Mahler, Maschke und Co.: Rechtes Denken in der 68er-Bewegung?*, Paderborn.

Sellhorn, Werner ed. (1968), *Protestsongs*, Berlin.

Sepp, Benedikt (2013), *Linke Leute von rechts? Die nationalrevolutionäre Bewegung in der Bundesrepublik*, Marburg.

Seyer, Ulrike (2007), "Die Frankfurter Buchmesse in den Jahren 1967~1968," Stephan Füssel ed., *Die Politisierung des Buchmarkts. 1968 als Branchenereignis*, Wiesbaden.

Siegfried, Detlef (2006a), *Time Is on My Side: Konsum und Politik in der westdeutschen Jugendkultur der 60er Jahre*, Göttingen.

_____ (2006b), "Unsere Woodstock: Jugendkultur, Rockmusik und gesellschaftlicher Wandel um 1968," *Rock! Jugend und Musik in Deutschland*, Berlin.

_____ (2006c), "Protest am Markt," Christian von Hodenberg/Detlef Siegfried eds., *Wo '1968' liegt. Reform und Revolte in der Geschichte der Bundesrepublik*, Göttingen.

_____ (2008) *Sound der Revolte. Studien zur Kulturrevolution um 1968*, München.

_____ (2018), *1968: Protest, Revolte, Gegenkultur*, Stuttgart.

Sievers, Rudolf ed. (2004), *1968: Eine Enzyklopädie*, Frankfurt a.M.

Søe, Christian (1972), *Politische Kontrolle und Verantwortlichkeit in der Bundesrepublik Deutschland am Ende der Adenauer-Ära. Eine Verlaufsanalyse der Spigel-Affäre*, Berlin.

Sommer, Theo (2002), "Augstein raus und Strauß hinein!," *Zeit* 44.

Sontheimer, Kurt (1976), *Das Elend unserer Intellektuellen*, Hamburg.

Sontheimer, Michael (2016), "'Es lebe die Weltrevolution!' Die Studentenbewegung erschüttert die Bundesrepublik," *Der Spiegel Geschichte, Die 60er Jahre: Pop, Protest und Fortschrittsglaube* 8.

Sösemann, Bernd (1999), "Die 68er-Bewegung und die Massenmedien," Jürgen Wilke ed., *Mediengeschichte der Bundesrepublik Deutschland*, Köln/Weimar/Wien.

Soukup, Uwe (2007), *Wie Starb Benno Ohnesorg? Der 2. Juni 1967*, Berlin.

_____ (2010), "Der Tod Benno Ohnesorgs am 2. Juni 1967 in Berlin," Willi Baer, Carmen Bitsch and Karl-Heinz Dellwo eds., Der 2. Juni 1967, Hamburg.

_____ (2017), *Der 2. Juni 1967: Ein Schuss, der die Republik veränderte*, Berlin.

Speit, Andreas (2008), "Intellektuelle Aufrüstung," Andrea Röpke and Andreas Speit eds., *Neonazis in Nadelstreifen: Die NPD auf dem Weg in die Mitte der Gesellschaft*, Berlin.

Spernol, Boris (2008), *Notstand der Demokratie: Der Protest gegen die Notstandsgesetze und die Frage der NS-Vergangenheit*, Essen.

Spiegel-Redaktion (1968), "Was denken die Berliner über die Studenten?: Blitzumfrage des SPIEGEL über die Reaktion auf die Oster-Demonstration in Berlin," *Der Spiegel* no. 17/4. 22.

Spöhr, Holger and Sarah Kolls eds. (2010), *Rechtsextremismus in Deutschland und Europa: Aktuelle Entwicklungstendenzen im Vergleich*, Frankfurt a.M.

Staadt, Jochen (2009), *Tobias Voigt, Stefan Wolle, Feind-Bild Springer: Ein Verlag und seine Gegner*, Göttingen.

Staadt, Jochen, Tobias Voigt, and Stefan Wolle (2009), *Feind-Bild Springer: Ein Verlag und seine Gegner*, Göttingen.

Stadler, Friedrich (2010), "Das Jahr 1968 als Ereignis, Symbol und Chiffre gesellschaftlicher und wissenschaftlicher Konfliktzonen," Oliver Rathkolb/idem eds., *Das Jahr 1968: Ereignis, Symbol, Chiffre*, Göttingen.

Staib, Klaus (2009), *Rockmusik und die 68er Bewegung: Eine historisch-musikwissenschaftliche Analyse*, Hamburg.

Stallmann, Martin (2017), "Rezension zu: Dae Sung Jung: Der Kampf gegen das Presse-Imperium. Die Anti-Springer-Kampagne der 68er-Bewegung. Bielefeld 2016," *H-Soz-Kult*, www.hsozkult.de/publicationreview/id/rezbuecher-26307.

Stamm, Karl-Heinz (1988), *Alternative Öffentlichkeit. Die Erfahrungsproduktion neuer sozialer Bewegungen*, Frankfurt a/M.

Stankiewitz, Karl (2008), *München '68: Traumstadt in Bewegung*, München.

Steinert, Heinz (1984), *Protest und Reaktion* Analysen zum Terrorismus vol. 4/2, Bundesministerium des Innern ed., Opladen.

Stiftung, Heinrich Böll (2008), "'Germany 1968: SDS, Urban Guerillas and Visions of Räterepublik'—interview with Klaus Meschkat," *1968 Revisited: 40 Years of Protest Movements*, Brussel.

Stöss, Richard (2007), "Die 'neue Rechte' in der Bundesrepublik," *Dossier Rechtsextremismus, Bundeszentrale für Politische Bildung* Dezember, http://www.bpb.de/politik/extremismus/rechtsextremismus/41435/die-neue-rechte-in-der-bundesrepublik?p=all.

Stotts, Stuart (2010), *We Shall Overcome: A Song that Changed the World*, London.

Stütten, Johannes, "Rudi Dutschke," and Rainer Rappmann eds. (1995), *Denker, Künstler, Revolutionäre. Beuys, Dutschke, Schilinski, Schmundt: Vier Leben für Freiheit, Demokratie und Sozialismus*, Bonn.

Suri, Jeremi (2005), *Power and Protest: Global Revolution and the Rise of Detente*, Cambridge.

Tanner, Jakob (1998), "'The Times They Are A Changin.' Zur subkulturellen Dynamik der 68er Bewegungen," Ingrid Gilcher Holtey ed., *1968: Vom Ereignis zum Gegenstand der Geschichtswissenschaft*, Göttingen.

Terhoeven, Petra (2017), *Die Rote Armee Fraktion: Eine Geschichte terroristischer Gewalt*, München.

Teufel, Fritz (1980), "Rudi, der Kampf geht weiter!," *Die tageszeitung* 1. 15.

Theising, Gisela (2008), "Jimi Hendrix: Ikone der psychedelischen Popkultur," Gerhard Paul ed., *Das Jahrhundert der Bilder, Band II: 1949 bis heute*, Bonn.

Thomas, Nick (2003), *Protest movements in 1960s West Germany. A Social History of Dissent and Democracy*, Oxford/New York.

Thränhardt, Dietrich (1996), *Geschichte der Bundesrepublik Deutschland*, Frankfurt a.M.

Timm, Uwe (2005), *Der Freund und der Fremde*, Köln.

Touraine, Alain (1968), *Le Communisme Utopique. Le Mouvement de Mai 68*, Paris.

Trittin, Jürgen (2013), "68 hat das Land demokratisiert," 10. Januar 2008, Gerrit Dworok and Christoph Weißmann eds., *1968 und die 68er: Ereignisse, Wirkungen und Kontroversen in der Bundesrepublik*, Wien/Köln/Weimar.

Tschernitschek, Marc (2013), *Der Todesschütze Benno Ohnesorgs Karl-Heinz Kurras, die Westberliner Polizei und die Stasi*, Marburg.

Verhandlungen des Deutschen Bundestages (1968), Stenographische Berichte, 5. Wahlperiode, 169. Sitzung, 30. April, vol. 67.

Verlinden, Karla (2015), *Sexualität und Beziehungen bei den "68ern": Erinnerungen ehemaliger Protagonisten und Protagonistinnen*, Bielefel.

Vogel, Meike (2010), *Unruhe im Fernsehen: Protestbewegung und öffentlich-rechtliche Berichterstattung in den 1960er Jahren*, Göttingen.

von Baeyer-Katte, Wanda, Dieter Claessens, Feger Hubert, and Friedhelm Neidhardt (1982), *Gruppenprozesse* Analysen zum Terrorismus vol. 3, Bundesministerium des Innern ed., Opladen.

von Becker, Peter (1998), "Mythos, Heldenlied, Verwünschungsarie: 30 Jahre nach der Kulturrevolte 1968," Christiane Landgrebe, Jörg Plath eds., *'68 und die Folgen: Eine unvollständiges Lexikon*, Berlin.

von Hodenberg, Christina (2006), *Konsens und Krise. Eine Geschichte der westdeutschen Medienöffentlichkeit 1945-1973*, Göttingen.

von Lucke, Albrecht (2008), *68 oder neues Biedermeier. Der Kampf um die Deutungsmacht*, Berlin.

von Paczensky, Gert (1967), "Springer: die anonyme Macht," *Neue Politik* 41/10. 14.

Voßberg, Henning (1979), *Studentenrevolte und Marxismus. Zur Marxrezeption in der Studentenbewegung auf Grundlage ihrer politischen Sozialisationsgeschichte*, München.

Wagenbach, Kalus, Winfried Stephan, Michael Krüger eds. (1979), *Vaterland, Muttersprache. Deutsche Schriftsteller und ihr Staat von 1945 bis heute*, Berlin.

Wagner, Thomas (2017), *Die Angst Macher: 1968 und die Neuen Rechten*, Belin.

Wallerstein, Immanuel (1999), *The End of the World As We Know It: Social Science for the Twenty first Century*, Minneapolis.

_____ (2004), *World-Systems Analysis: An Introduction*, Durham.

Walz-Richter, Brigitte (2001), *'68-Eine Weltrevolution: Media '68 und Il manifesto*, Berlin.

Weber, Wolfgang (1998), "Die 'Kulturrevolution' 1968," Volker Dotterweich ed., *Kontroversen der Zeitgeschichte: Historisch-politische Themen im Meinungsstreit*, München.

Wehler, Hans-Ulrich (1995), "Angst vor der Macht? Die Machtlust der 'Neuen Rechten'," Christian Jansen ed., *Von der Aufgabe der Freiheit. Politische Verantwortung und bürgerliche Gesellschaft im 19. und 20. Jahrhundert. Festschrift für Hans Mommsen zum 5. November 1995*, Berlin.

_____ (2013) "Weckruf für die Demokratie-die SPIEGEL-Affäre: 50 Jahre danach," Martin Doerry/Hauke Janssen eds., *Die Spiegel: Affäre. Eine Skandal und seine Folgen*, München.

Weinhauer, Klaus (2004), "Terrorismus in der Bundesrepublik der Siebzigerjahre: Aspekte einer Sozial- und Kulturgeschichte der Inneren Sicherheit," *Archiv für Sozialgeschichte* 44.

Weinhauer, Klaus, Jörg Requate, and Heinz-Gerhard Haupt eds. (2006), *Terrorismus in der Bundesrepublik: Medien, Staat und Subkulturen in den 1970er Jahren*, Frankfurt a/M.

Weiß, Matthias (2001), "Journalisten: Worte als Taten," Norbert Frei ed., *Karrieren im Zwielicht. Hitlers Eliten nach 1945*, Frankfurt a.M.

Weiß, Volker (2011), *Deutschlands neue Rechte. Angriff der Eliten: von Spengler bis Sarrazin*, Paderborn.

Weißmann, Karlheinz (2018), *Kulturbruch '68: Die linke Revolte und ihre Folgen*, Berlin.

Weißmann, Karlheinz and Rainer Zitelmann (1993), *Westbindung: Chancen und Risiken für Deutschland*, Frankfurt a.M.

Weitbrecht, Dorothee (2012), *Aufbruch in die Dritte Welt. Der Internationalismus der Studentenbewegung von 1968 in der Bundesrepublik Deutschland*, Göttingen.

Werner, Alban and Richard Gebhardt (2013), "Bedingt abkehrbereit: Warum es in der Bundesrepublik (noch) keine erfolgreiche rechtspopulistische Partei gibt," Bathke and Hoffstadt eds., *Die Neuen Rechten in Europa*.

Wilhelmer, Bernhard (1967) "Bericht," *FU SPIEGEL* No. 59/Juli.

Winkler, Heinrich August (2000), *Der lange Weg nach Westen*, Vol. 2: *Deutsche Geschichte von „Dritten Reich" bis zur Wiedervereinigung*, München.

_____ (2014), *Geschichte des Westens: Vom Kalten Krieg zum Mauerfall*, München.

Winkler, Willi (2012), "Berliner Polizei vertuschte den gezielten Schuss," *Süddeutsche.de* 1. 22.

Wolff, Frank, Eberhard Windhaus eds. (1977), *Studentenbewegung 1967-69. Protokolle und Materialien*, Frankfurt a.M.

Wolff, Karl Dietrich and Frank Wolff (1968), "Zur den Oster-Aktionen," *neue kritik* 9/47.

Wolfrum, Edgar (2001), "'1968' in der gegenwärtigen deutschen Geschichtspolitik," *Aus Politik und Zeitgeschichte* B. 22~23.

_____ (2006), *Die 60er Jahre. Eine dynamische Gesellschaft*, Darmstadt.

_____ (2007), *Die geglückte Demokratie. Geschichte der Bundesrepublik Deutschland von ihren Anfängen bis zur Gegenwart*, Bonn.

Wolle, Stefan (2014), "Der Aufstand. Flächenbrand in der DDR," Patrick Oelze ed., *Revolutionen: Ein historisches Lesebuch*, Berlin.

Woods, Roger (2007), *Germany's New Right as Culture and Politics*, New York.

Zöller, Elisabeth (2017), *Verändert die Welt!: Das Leben des Rudi Dutschke*, Berlin.

찾아보기
(사항)

303

찾아보기
(인명)